[illegible]
1846.

Monat.	Tag.			
März	16	Zucker		
		Butter		
		[illegible]		12
		Stecknadel		1
		Milch		22
		Almosen		1
	17	Zucker		2
	18	Zucker		3
		Brod		10½
		Vom [illegible]	70 ₰	
		[illegible] Trinkgeld		12
[illegible]	19	Zucker		3
		[illegible] für [illegible]		3
	20	Zucker		3
		Brod		10½
		Almosen		2
✝	21	Zucker		3
	22	Zucker		3
		Porto für Clara		8
	23	Zucker		3
		Brod		10½
		Zucker		1
	24	Zucker		3
		Porto [illegible]		5
		Porto		15
[illegible]	26	Zucker		3
		Porto an Clara		8
		[illegible]		1
	26	Zucker		3
		Milchgeld		16
		Brod		11
	27	Zucker		3
		Porto nach [illegible]		3
		Porto an das gute Clärchen		8
		Porto für Clara u. [illegible]		9
	28	Zucker		3
		[illegible]		18
		[illegible]		1
		Salz		3
		[illegible]		3
	29	Zucker		4
		[illegible]		4
				44 18 ₰

[illegible]
2004

Irene Ferchl · Wilfried Setzler

Mit Mörike von Ort zu Ort

Irene Ferchl · Wilfried Setzler

Mit Mörike von Ort zu Ort

Lebensstationen des Dichters in Baden-Württemberg

Silberburg-Verlag

Irene Ferchl, geboren 1954 am Bodensee, lebt als freie Kulturjournalistin in Gerlingen. Seit 1993 Herausgeberin des *Literaturblatts für Baden und Württemberg,* Autorin unter anderem von *Stuttgart. Literarische Wegmarken in der Bücherstadt* (2000). Leiterin des Projekts »Ein blaues Band – Mörike 2004«.
Im vorliegenden Buch hat sie die Kapitel zu Ludwigsburg, Plattenhardt, Eltingen, Wermutshausen, Schwäbisch Hall, Mergentheim, Stuttgart, Lorch und Fellbach geschrieben.

Wilfried Setzler, geboren 1943 in Pforzheim, leitet das Kulturamt der Universitätsstadt Tübingen und ist Honorarprofessor an der Fakultät für Geschichte und Philosophie der Universität Tübingen. Herausgeber und Autor zahlreicher Publikationen zur südwestdeutschen Landeskunde und Geistesgeschichte.
Im Silberburg-Verlag liegen von Wilfried Setzler vor: *Hesse in Tübingen* (120 Seiten, 23 Abbildungen, ISBN 3-87407-509-5) und *Tübingen* (Bildband mit Fotos von Rainer Fieselmann und Manfred Grohe, 144 Seiten, 200 Farbaufnahmen, Großformat, fester Einband mit Schutzumschlag, ISBN 3-87407-330-0).
Von Wilfried Setzler stammen im vorliegenden Buch die Kapitel: Urach, Tübingen, Neckar, Oberschwaben, Albtrauf, Cleversulzbach, Schwarzwald, Bodensee, Blaubeuren und Bebenhausen.

1 2 3 4 5 08 07 06 05 04

Umschlag: Anette Wenzel, Tübingen.
Druck: Grammlich, Pliezhausen.
Printed in Germany.

ISBN 3-87407-577-X

Inhalt

Vorderes Vorsatzblatt:
Zwei Seiten aus Mörikes *Mergentheimer Haushaltungs-Buch*, 1846

Seite 2:
Fotografie von Friedrich Brandseph, 1864

Irrwitzige Mäander

Bald an die Ufer des Sees, der uns von ferne die Herzen
Lockt in jeglichem Jahr, Glückliche! kehrst du zurück.
Tag und Nacht ist er dein, mit Sonn' und Mond, mit der Alpen
Gluth und dem trauten Verkehr schwebender Schiffe dazu.
Denk' ich an ihn, gleich wird mir die Seele so weit wie sein lichter
Spiegel; und bist *du* dort – ach wie ertrag' ich es hier?

Das Gedicht, das Eduard Mörike »Einer Reisenden« gewidmet hat, spricht von Sehnsucht zu einem fernen Ort, aber der Reise dorthin bedarf es vielleicht gar nicht: Es genügt der Gedanke, um die Seele zu weiten.

Mörike war kein Reisender, er hätte sich nie auf den weiten Weg nach Bordeaux gemacht wie Friedrich Hölderlin oder nach Rom wie Wilhelm Waiblinger. Aus Württemberg kam er zeitlebens kaum hinaus, einzelne Reisen nach München oder Regensburg blieben die Ausnahme. Nur der Bodensee war ein immerhin dreimal angesteuertes Ziel, wurde zeitweilig sogar als möglicher Lebensmittelpunkt in Erwägung gezogen. Innerhalb der Grenzen des Königreichs Württemberg, zumal in der Region um Stuttgart, zwischen Ludwigsburg und Tübingen, dem Schwarzwald und dem Neckar war er jedoch ständig unterwegs.

Schulische, berufliche und familiäre Gründe bedingten schon damals eine gewisse Mobilität: Man wechselte die Ausbildungsorte, besuchte Verwandte und Freunde, wurde auf Vikariats- und Pfarrverweserstellen nicht immer den eigenen Wünschen entsprechend versetzt. Dass Mörike diese Stellen häufiger als seine Kollegen wechselte, hat mit seiner Unentschiedenheit, den schwankenden Stimmungen, seiner Unrast ebenso zu tun wie mit seiner lebenslangen Krankheit – vermutlich litt er an Multipler Sklerose. Immer wieder bat er um Urlaub, um sich neu zu orientieren oder sich in eine Kur zu begeben. Nach dem vergleichsweise langen Aufenthalt als Pfarrer in Cleversulzbach suchte er nach einem klimatisch angenehmen Wohnort, wo die Miete zudem erschwinglich sein würde. Denn auch die ständigen Geldsorgen trieben Mörike von einem Ort zum andern: Wer ein eigenes Haus besitzt, wird sich eher arrangieren und nicht wegen unangenehmer Nachbarn, fehlendem Garten oder sozialem Abstieg eines Viertels alle paar Monate umziehen, wie Mörike es in seinen späten Stuttgarter Jahren getan hat. Schon in dieser Zeit der beginnenden Industrialisierung wurde Wohnraum in Gewerberaum umfunktioniert, und der Baulärm muss für den sensiblen Dichter manchmal schlicht unerträglich gewesen sein. Dass von den vielen Häusern, die Mörike zwischen 1851 und 1875 bewohnte, kein einziges mehr steht, ist hingegen eine traurige Bilanz von Weltkrieg und Nachkriegszeit.

Umso reizvoller sind Besuche dort, wo es noch authentische Stätten seines Lebens und Wirkens zu sehen gibt: das Geburts- und Wohnhaus der Kindheit in Ludwigsburg, das Seminar in Urach und das Stift in Tübingen, Pfarrhäuser nicht nur in Ochsenwang und Cleversulzbach mit den beiden Mörike-Museen, sondern auch in Plattenhardt, Eltingen, Owen und so weiter; die Orte, an denen Mörike zur Erholung weilte wie Teinach, Nagold, Rötenbach oder Bebenhausen im Schönbuch. Manchmal wurden Kurorte zum längeren Wohnsitz wie Mergentheim oder Lorch, andere Städte wiederum hat er bei Besuchen nur kurz gestreift, aber in reizvollen Schilderungen verewigt.

Eines darf man nicht vergessen: Mörike war – trotz seiner Gebrechen – fast immer zu Fuß unterwegs, längere Strecken legte er mit Postkutsche oder Pferdewagen und später sogar gerne mit der Eisenbahn zurück. Aber von Ort zu Ort mehrere Wegstunden zu laufen, war zu seiner Zeit eine Selbstverständlichkeit.

Peter Härtling nannte Eduard Mörike einmal einen »neurotischen Flüchter auf engstem Raum«, und sicher war er von einer ständigen inneren Unruhe getrieben. Dieser Unbehaustheit, diesem Umherziehen verdanken wir Gedichte und vor allem Briefe mit anschaulichen, poetischen, witzigen Schilderungen. Dass Mörike gleichzeitig Skizzen seiner Umgebung anfertigte, ist ein Glücksfall – können wir so doch viele seiner Lebensstationen beinahe wie mit seinen eigenen Augen betrachten.

Eine Spurensuche mit Mörike durch das Land geht kreuz und quer, »irrwitzige Mäander« bildend, wie Härtling es ausdrückte. Als Ordnungsprinzip haben wir uns im Wesentlichen an der Chronologie von Mörikes Leben orientiert, sodass die Kapitel, nacheinander gelesen, eine Art Biografie ergeben. Die Lektüre nur eines Abschnitts zu dem jeweils besuchten Ort ist jedoch genauso möglich.

Wichtig war uns, Mörike selbst zu Wort kommen zu lassen, in längeren Passagen aus Briefen oder in einigen Gedichten.

Im 19. Jahrhundert wurde auf Rechtschreibung kein Wert gelegt, daher sind selbst die Schreibweisen der Namen unterschiedlich, die Schwester Klara wird mal Klärchen, mal Clärchen genannt, die Ehefrau Margarethe mit und ohne h geschrieben.

Wir zitieren, soweit möglich, nach der im Verlag Klett-Cotta erscheinenden Historisch-kritischen Gesamtausgabe der *Werke und Briefe*, das darin noch nicht Vorliegende nach der Ausgabe *Sämtliche Werke* in zwei Bänden, herausgegeben von Helmut Koopmann.

Ohne die Unterstützung der Mörike-Arbeitsstelle und der Bildabteilung im Deutschen Literaturarchiv in Marbach könnte ein solches Buch nicht entstehen, besonderer Dank gebührt deshalb Hans-Ulrich Simon, Albrecht Bergold und Michael Davidis. Außerdem danken wir den Museen und Archiven in den jeweiligen Städten, die uns mit Informationen und Material versorgt haben.

Irene Ferchl und Wilfried Setzler

»Aber mit der ganzen Wonne
jener Ludwigsburger Sonne!«

Kindheit in Ludwigsburg

»Ludwigsburg ist unstreitig die schönste und wohlgebauteste Stadt in Württemberg und ohne Zweifel eine der schönsten in Deutschland. Der Umfang ihrer Mauern ist sehr groß. [...] Aber innerhalb derselben befinden sich große und weitläufige Spatziergänge, Gärten und Felder. Die Straßen der Stadt sind breit, reinlich und heiter.« Es sind immer wieder dieselben Topoi, die die Besucher beeindrucken, auch Johann Daniel Georg Memminger in seinem 1817 erschienenen Werk *Stuttgart und Ludwigsburg mit ihren Umgebungen*. Besonders bemerkenswert findet er »das Königliche Residenzschloß, das unten, an dem östlichsten Ende der Stadt liegt, und ob es gleich aus mehreren, in Zeit und Bauart verschiedenen, Theilen zusammengesetzt ist, doch ein sehr harmonisches und geistvolles Ganze bildet, in welchem [...] der Charakter des Großen und Erhabenen in hohem Grade ausgedrückt ist«.

1704 hatte Herzog Eberhard Ludwig von Württemberg an der Stelle des früheren Erlachhofs mit dem Bau eines Schlosses für Jagd- und Sommeraufenthalte begonnen, entschied dann in absolutistischer Manier, eine Stadt anzugliedern und lud mit Privilegien zur Ansiedlung ein. Unter seinem Nachfolger Carl Eugen, der seine Residenz von 1764 bis 1775 ins Ludwigsburger Schloss verlegte, erlebte die Stadt ihre Blütezeit mit glanzvollen Festen, Maskeraden und Feuerwerken, venezianischen Messen und Opernaufführungen.

In seinem *Bilderbuch aus meiner Knabenzeit* beschreibt Justinus Kerner, 1786 in Ludwigsburg geboren, wie die Stadt nach Abzug des Hofes sehr verödet sei und wie auffallend »die Menschen-

Schloss Ludwigsburg und die Emichsburg. Gouache von Johann Spahr, um 1810

leere in den langen weitgebauten Straßen. Ich erinnere mich noch mancher Sonntage, wo nachmittags der große Marktplatz vor unserm Hause so still war, daß man auf demselben fast die Perpendikel der benachbarten Thurmuhr gehen hörte. In den Arkaden waren oft die einzige Bevölkerung die Hühner des Italieners Menoni, und nur das Krähen derselben unterbrach die Stille, die oft ringsum herrschte.«

»Dadurch, daß Herzog Friedrich mit einem prächtigen Hofstaate seine Sommerresidenz in Ludwigsburg genommen hatte und mehr Militär als früher anwesend war, hatte Ludwigsburg ein etwas lebendigeres Ansehen gewonnen, aber es reichte auch dieses doch noch nicht hin, die langen Straßen und weiten Plätze wirklich zu beleben«, berichtet Kerner für die Jahre um 1800 und nennt die Stadt in seinem *Reiseschatten* »Grasburg«, weil allenthalben Gras zwischen den Pflastersteinen wuchs.

Rund 5000 Einwohner hat Ludwigsburg zu dieser Zeit, dazu kommen noch eine Besatzung von 1500 bis 2000 Soldaten und in den Sommermonaten der Hof, sodass zusammen doch immerhin 7000 bis 8000 Menschen dort leben. Aber es ist nicht mehr die Rokoko-Metropole mit verschwenderischem Hofleben, sondern eine verschlafene Garnisonstadt von marodem Charme, in der, so Kerner, »Todtenstille herrschte, die nur von dem Gesumse der Bienen um die Blüthen der Bäume unterbrochen wurde. [...] Wir gingen durch helle, niedlich gebaute Straßen, die meistens nur durch Kinder belebt waren. Besonders fiel mir in dieser Hinsicht der große, leere Marktplatz auf. Derselbe bildete ein großes Viereck, und die Häuser, welche ihn umgaben, hatten alle Bogengänge. Unter diesen wimmelte es von spielenden Kindern, Schwalben und Hühnern, deren lautes Geschrei weit umherschallte.«

Eduard Mörike, Friedrich Theodor Vischer und David Friedrich Strauß, alle wie Kerner in nächster Umgebung dieses Marktplatzes geboren und aufgewachsen, könnten unter diesen Kindern gewesen sein ...

Marktplatz. Kolorierte Radierung, 19. Jahrhundert

Ein starker Sohn

Am 8. September 1804 notiert der Landvogtei- und Oberamtsarzt Karl Friedrich Mörike in seinen Kalender: »Gebahr mir meine Frau einen starken Sohn. Die Geburt war gut und erfolgte Mittags ½ 12 Uhr.«

Stadtplan Ludwigsburg
1 Geburtshaus, Kirchstraße 2
2 Wohnhaus, Obere Marktstraße 2
3 Ehemalige Lateinschule, Obere Marktstraße 1
4 Städtisches Museum, Wilhelmstraße 3
5 Markplatz
6 Holzmarkt mit Obelisk
7 Gasthof »Zum Holländer«, Bauhofstraße 13
8 Emichsburg
9 Residenzschloss Ludwigsburg
10 Salon

Eduard wird als siebtes Kind von Charlotte Dorothea Mörike geboren, aber nur zwei, Karl und Luise, sind noch am Leben. Die Familie wohnt im Zentrum von Ludwigsburg in der Kirchstraße 2, damals Obere Kirch-Gasse. Seit 1994 stoppt hier eine blaue Stele von Christiane Möbus allzu eilige Passanten, lockt zum Lesen der Anfangszeile »Frühling läßt sein blaues Band / Wieder flattern durch die Lüfte« auf dem Pflaster und zum Blick an der Fassade hinauf.

In der nahe gelegenen Evangelischen Stadtkirche wird der Sohn eine Woche später auf den Namen Eduard Friedrich getauft; das Taufregister verzeichnet eine beeindruckende Patenliste aus fünfzehn Verwandten und Bekannten – alle Pfarrer und Personen von gesellschaftlichem Rang der schwäbischen Ehrbarkeit.

»Es schreibt sich die Familie, seitdem sie in Württemberg bürgerlich ist, von Neuenstadt am Kocher her, wohin die ältesten bekannten Vorfahren aus

Havelberg in Preussen eingewandert sind«, heißt es später in Mörikes Lebenslauf; der Großvater väterlicherseits war der Ludwigsburger Hofmedikus Johann Gottlieb Mörike, der von mütterlicher Seite ist Christian Friedrich Beyer, Pfarrer in Beuren. Dieser gratuliert seiner Tochter zur glücklichen Entbindung, meint sie aber ermahnen zu müssen: »Mache Dich nur nicht zu grün sondern führ Dich auf, wie es einer Kindbetterin zukomt.« Nach Eduard wird sie noch sechs Kinder gebären, von denen vier – August, Ludwig, Adolf und Klara – am Leben bleiben.

Haus Kirchstraße 2. Fotografie, 1954

Charlotte Dorothea Mörike geborene Beyer (1771–1841) ist eine mit praktischer Vernunft begabte Frau, humorvoll und weltoffen, mit allen Kräften besorgt um des Wohl ihrer Familie, auch eine nimmermüde Märchenerzählerin und zeichnerisch begabt.

In einem Brautbrief wenige Monate vor der Hochzeit mit Karl Friedrich 1793 schreibt sie:

»Ach! daß ich aber doch bald so glüklich sein möchte meinen eintzigen Wunsch von welchem das gantze Glük meines Lebens abhängt, erfühlt zu sehen – meinen Doctor zu besitzen. Guter Lieber Mo...

Leben Sie wohl – Bester! u. empfangen Sie Millionen Küsse, von der, die bis ins Grab unveränderlich sein wird

Gantz die Ihrige *Lotte B:*«

Sie wird ihren Mann um 24 Jahre überleben und mit fast siebzig Jahren im Pfarrhaus ihres Sohnes in Cleversulzbach sterben.

Karl Friedrich Mörike (1763–1817) hatte die Niederen Evangelisch-theologischen Seminare in Blaubeuren und Bebenhausen besucht, dann am Stift in Tübingen Theologie studiert. Trotz einjährigem Vikariat wandte er sich jedoch der Medizin zu. Nach der Ausbildung an der Hohen Carlsschule erweiterte er seine Kenntnisse der Geburtshilfe in Wien, besuchte mehrere deutsche Universitätsstädte und ließ sich als praktischer Arzt in Ludwigsburg nieder. 1793 erwarb er den Doktorgrad und wurde Oberamtsarzt. Trotz der starken beruflichen Belastung beschäftigte er sich mit philosophischen Themen, las sogar Philosophen seiner Zeit wie Schelling und schrieb über medizinische Probleme, das Nervenfieber zum Beispiel. Im Zusammenhang mit der Schilderung einer Ruhrepidemie im Jahr 1811 hat sich von ihm eine detaillierte Beschreibung Ludwigsburgs erhalten, in der er die Topographie und die daraus resultierenden klimatischen Bedingungen darstellt. Vor allem sah er die Notwendigkeit, das Sumpfgebiet südwestlich des Sees trockenzulegen. Er schildert aber auch die heftigen Winde, die durch die breiten, geradlinigen Straßen pfiffen und die nicht selten Schnupfen und Katarrh verursachten.

Die Mutter, Charlotte Dorothea Mörike, getuschter Schattenriss

Frühe dichterische Versuche

Eduard Mörike ist seinen Eltern sehr zugetan. In seinem 1834 zu seiner Investitur in Cleversulzbach geschriebenen Lebenslauf charakterisiert er sie:

»Die Verhältnisse meiner Eltern waren für die erste Entwicklung der Kinder günstig genug; allein es konnte der Vater bei einem äußerst geschäftvollen Amte, das ihn den Tag über meist außer dem Hause festhielt, bei der rastlosen Thätigkeit womit er selbst daheim nur seiner Wissenschaft lebte, an unserer Erziehung nur den allgemeinsten Antheil nehmen. Wenn er auf uns wirkte, so geschah es zufällig durch einzelne Winke oder gewißermaßen stillschweigend durch den so liebevollen als ernsten Eindruck seiner ganzen Persönlichkeit. [...] Dagegen konnte uns im Sittlichen die Mutter auch statt alles Andern gelten. Durch ihre Zärtlichkeit, ihr reines Beispiel und durch ein Wort zur rechten Zeit gesprochen, übte sie ohne studirte Grundsätze und ohne alles Geräusch eine unwiderstehliche sanfte Gewalt über die jungen Herzen aus.«

Der Vater, Karl Friedrich Mörike, getuschter Schattenriss

An seinem elften Geburtstag verfasst Eduard »Ein Wort der Liebe den besten Eltern«, ein Gedicht in elf Strophen, aus denen respektvolle Verehrung, aber auch Herzlichkeit und Kinderglück spricht:

1

Dieses Morgens sanfte Stille
Stimme mich zu dem Gebet,
Das aus meines Herzens Fülle
Für Sie! beste Eltern, fleht.

Heute habet Ihr das Leben,
Nächst der Gottheit, mir gegeben;
Nehmen Sie nun das Bestreben,
Sie dafür zu preisen, an!

2

Noch lacht, wie die Frühlingssonne,
Mir der Kindheit Rosenschein;
Fühle schon eilf Jahr die Wonne:
Ihres Daseins mich zu freun.

Freuden habt Ihr mir bereitet,
Mich an Eurer Hand geleitet,
Oh, daß Ihr Euch auch so freuet,
An dem Tag, der mich Euch gab.

3

Ach! der Leidenden so viele,
Die der Krankheit Last gedrückt,
Hat mit warmem Mitgefühle,
Ihre Hülfe schnell erquickt.

Vater! der Sie durch Ihr Leben
Mir des Fleißes Beispiel geben,
Möcht ich immer mich bestreben,
Menschenfreund! wie Sie zu sein!

4

Mutter! Ihrer zarten Liebe,
Ihres Beispiels hoher Kraft
Dank ich alle edlen Triebe,
Jede gute Eigenschaft.

Sie, die Ernst mit Milde paaren,
Nicht die größte Mühe sparen,
Meine Sitten zu bewahren,
Seien durch mich selbst belohnt.

In der Schule

1808 zieht die Familie in die Obere Marktstraße 2, in ein größeres Haus, »89. Schuh lang, mit gewölbtem Keller, eigner Einfarth, Hof, Gumpbronnen, Stallung, remise und Garten«, in dem die Kinder unter Maulbeerbäumen spielen.

Bei Spaziergängen und Ausflügen trägt der kleine Eduard ein Husarenjäckchen und einen passenden Spielzeugsäbel, den er Jahrzehnte später seinem Patenkind Eduard, Sohn des Freundes Wilhelm Hartlaub, mit einem Gedicht schickt:

Sieh, diesen Säbel, zur Husaren-Uniform,
Trug er durch Hof und Garten, Straßen und Allee.
Das schmucke Kleid (Du sahst wohl noch ein Stück davon,
Scharlachen, fein, mit Silberschnörkelwerk besezt)
Es ist schon lang, mit allem Zubehör, dahin. [...]

Mörikes Husarenjäckchen

Der Säbel ging verloren, aber das Jäckchen gelangte mit Mörikes gegenständlichem Nachlass ins Deutsche Literaturarchiv, das heute die umfangreichste Mörike-Sammlung besitzt. Beide Gegenstände spielen eine Rolle in Mörikes früher Erzählung *Lucie Gelmeroth*, deren Schauplatz deutlich erkennbar Ludwigsburg ist.

»Mein Vater hatte mir einen vollständigen türkischen Anzug machen lassen, meiner Rolle gemäß, welche überdies einen berittenen Mann verlangte, was durch die Gunst des königlichen Stallmeisters erreicht wurde, der eines der artigen, gutgeschulten Zwergpferdchen abgab. Da sämtliche Mitspielende zur festgesetzten Abendstunde schon in vollem Kostüm und nur etwa durch einen Überwurf gegen die Neugier und Zudringlichkeit der Gassenjugend geschützt, jedes einzeln von seinem Hause aus, nach dem Salon gebracht wurden, so war es meiner Eitelkeit doch nicht zuwider, daß, als der Knecht den mir bestimmten kleinen Rappen in der Dämmerung vorführte, ein Haufe junger Pflastertreter mich aufsitzen und unter meinem langen Mantel den schönen krummen Säbel, den blauen Atlas der Pumphosen, die gelben Stiefelchen und silbernen Sporen hervorschimmern sah.«

Obere Marktstraße mit Mörikes Wohnhaus in der Mitte rechts. Ansichtskarte, um 1910.

Der erwähnte Salon, wo den Kindern »der fürstliche Duft der Orangerie« zuwehte und »die hundertfältigen Lichter aus den Kastanienschatten entgegenflimmerten«, bevor die zu Ehren des Geburtstags der Herzogin geplante Theateraufführung in Sturm, Regen und Chaos versank, ist (bis heute) ein Waldgebiet am südlichen Ende der Königsallee.

Man könnte sich vorstellen, wie sich – etwa bei Spaziergängen mit dem älteren Bruder Karl, der »den gewöhnlichsten Erscheinungen einen höheren und oft geheimnisvollen Reiz zu geben« verstand – Schloss und Gärten mit ihren Alleen und Orangerien dem jungen Mörike eingeprägt und später auch einige Bilder von *Mozart auf der Reise nach Prag* grundiert haben. Allerdings hat er erst nach Niederschrift dieser Novelle erfahren, dass Mozart im Sommer 1763 mit seinem Vater von Stuttgart nach Ludwigsburg gefahren war, um hier den Herzog zu treffen. »Also hätten die kleinen Füße doch auch auf jenem Pflaster gewandelt!«, kommentiert er freudig überrascht.

Vorläufig nehmen Mörikes eigene kleine Füße den kurzen Weg in die schräg gegenüber dem Wohnhaus liegende Lateinschule Obere Marktstraße / Ecke Wilhelmstraße, in die er am 23. April 1812 eingetreten ist. Schon im Juli schreibt er stolz an Karl: »Im Lateinischen bin ich jetzt so weit gekommen, daß ich tueor conjugiren kann.« Allerdings ist Eduard kein guter Schüler, sondern verträumt und verspielt, sammelt lieber Steine und Käfer als zu lernen.

Der drei Jahre ältere Friedrich Notter schildert später, er »zeichnete sich damals durch ungewöhnliche Schönheit und Zartheit, ja, falls mich die Erinnerung nicht täuscht, durch entschiedene Idealität der Züge aus, so daß ich, als ich später von seiner dichterischen Begabung vernahm, diese mir als etwas in seiner körperlichen Bildung zum voraus zweifellos angedeutet Gewesenes erschien.« Der Lehrer, so Notter weiter, habe wohl die

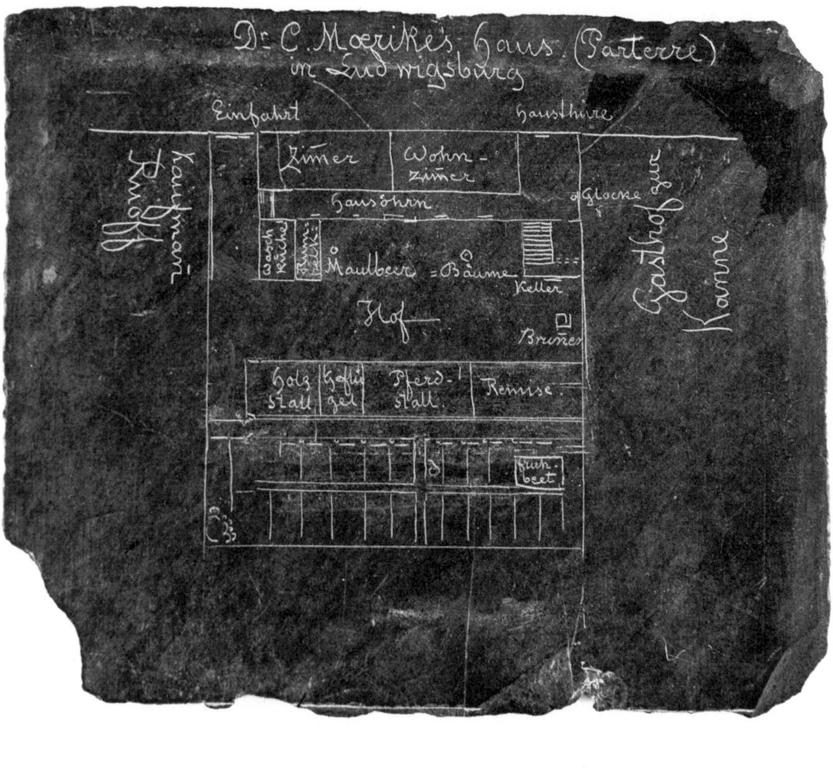

Grundriss des Wohnhauses Obere Marktstraße 2

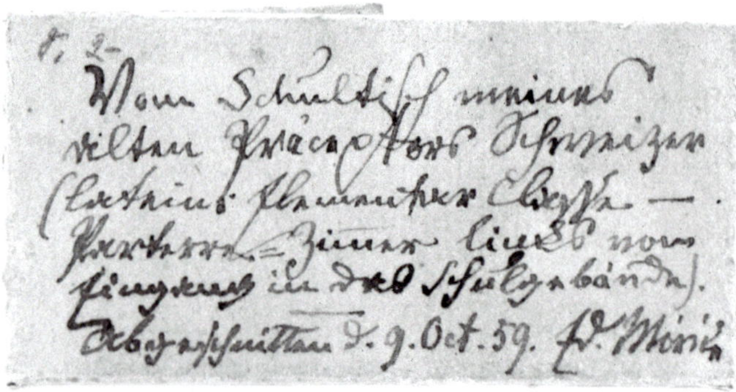

Von Mörike beschriftetes Holzstück von seinem Schultisch

Keime des künftigen Dichterberufs in dem blondgelockten Knaben schon damals und zwar auf höchst originelle Weise geahnt, denn »als er denselben nämlich eines Tages wie gewöhnlich sinnend und in sich selbst versenkt auf der Schulbank sitzen sah, trat er plötzlich vor ihn und frug mit halb mitleidigem Spotte: ›Nun, von welchem Brückle hast jetzt eben wieder 'nunter guckt?‹«

Erste Liebe

Außer zu den Geschwistern, den Mitschülern und Freunden Ernst Friedrich Kauffmann, Rudolf Lohbauer, Ferdinand Jung und Hermann Hardegg, bei denen Eduard wegen seines mimischen Talents beliebt ist, gibt es enge Kontakte zur Verwandtschaft in Benningen, einem Dorf fünf Kilometer – eine Wegstunde – nördlich von Ludwigsburg am Neckar gelegen. Hier leben die Schwester der Mutter, Tante Klara Elisabeth Neuffer geborene Beyer (1780–1835), und ihr Mann, der Pfarrer Christoph Friedrich Ludwig Neuffer (1768–1836), über den es in Mörikes Lebenslauf heißt: »Von jeher hatte zwischen ihm u. den Meinen

Das Pfarrhaus in Benningen am Neckar. Skizze von Mörike

ein steter traulicher Verkehr bestanden, in seinem gastfreundlichen Hause war die reinste Anmuth eines gesellig heitern Familienlebens zu finden.« Mit der gleichaltrigen Kusine Klara, genannt Clärchen, verbindet Eduard eine herzliche Kinderfreundschaft und erste Jugendliebe. In seinem Gedicht »Erinnerung. An C. N.«, das er als frühestes in seine Sammlung aufnahm, spricht er das Erwachen sexueller Bewusstheit und den gleichzeitigen Abschied von der Kindheit an:

> […]
> Und im Weitergehen dacht' ich
> Unsrer ersten Jugendspiele,
> Dachte an dein heimathliches
> Dorf und seine tausend Freuden.
> – »Weißt du auch noch«, frug ich dich,
> »Nachbar Büttnermeisters Höfchen,
> Wo die großen Kufen lagen,
> Drin wir Sonntags nach Mittag uns

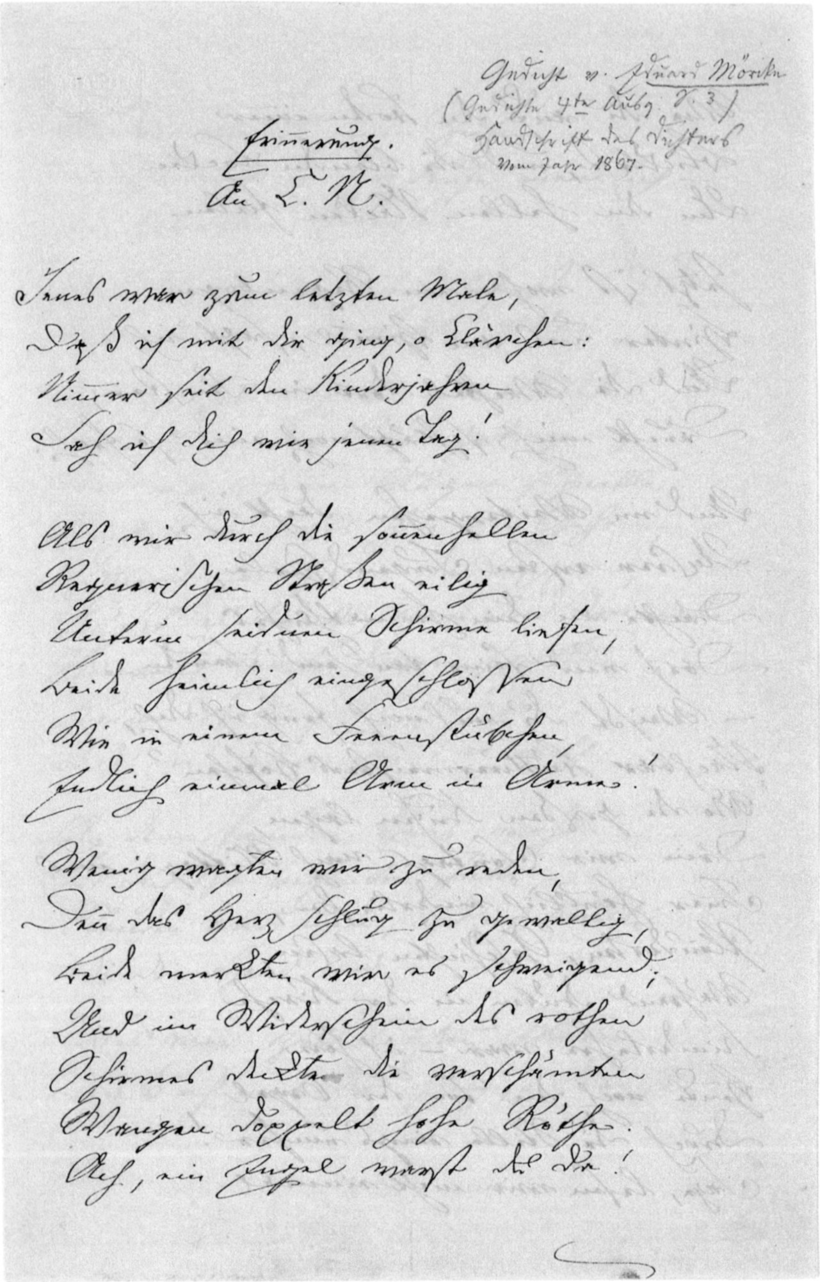
Gedicht v. Eduard Mörike
(Gedichte 4te Aufl. S. 3)
Handschrift des Dichters
vom Jahr 1867.

Erinnerung.
An C. N.

Jenes war zum letzten Male,
Daß ich mit dir ging, o Klärchen:
Nimmer seit den Kinderjahren
Sah ich dich wie jenen Tag!

Als wir durch die sonnenhellen
Regnerischen Straßen eilig
Unter einem Schirme liefen,
Beide heimlich eingeschlossen
Wie in einem Feenstübchen,
Endlich einmal Arm in Arme!

Wenig wagten wir zu reden,
Denn das Herz schlug zu gewaltig,
Beide merkten wir es schweigend;
Und im Widerschein des rothen
Schirmes deckten die verschämten
Wangen doppelt hohe Röthe.
Ach, ein Engel warst du da!

Immer häuslich niederließen,
Plauderten, Geschichten lasen,
Während drüben in der Kirche
Kinderlehre war – (ich höre
Heute noch den Ton der Orgel
Durch die Stille rings umher):
Sage, lesen wir nicht einmal |
Wieder wie zu jenen Zeiten
– Just nicht in der Kufe, mein' ich –
Den beliebten Robinson?«
[...]
Dieses war zum letztenmale,
Daß ich mit Dir ging, o Clärchen!
Ja, das war das letztemal,
Daß wir uns wie Kinder freuten.

Mörikes Kusine Klara (Clärchen) Neuffer. Scherenschnitt

Abschied von der Vaterstadt

Ein gravierendes, seinen weiteren Lebensweg bestimmendes Ereignis erlebt Eduard Mörike 1817: den Tod seines Vaters. Nach einem Schlaganfall infolge ständiger Überanstrengung in einen hoffnungslosen, invaliden Zustand versetzt, muss er seinen Beruf aufgeben und stirbt nach jahrelangem Leiden: »In einer Nacht, wir Kinder schliefen schon, rief man uns unvermuthet an sein Bette, er lag bewußtlos da und man erwartete sein Ende; wir knieten um ihn auf dem Boden, die Mutter betete, und noch höre ich den Ton womit das Lied von ihr gelesen wurde: ›Gott der Tage, Gott der Nächte, meine Seele harret dein!‹ Hierauf entfernte man die Kinder, da sich die Auflösung noch länger zu verzögern schien. Am andern Morgen, bei unserm Erwachen, sagte man uns das ganz unfaßliche Wort, daß wir jetzt keinen Vater mehr hätten. Dies war der 22. September 1817. Beim Leichenbegängnis trat der Oheim, [...] der würdige Präsident Georgii, des-

Linke Seite: »Erinnerung«. Gedichthandschrift der Erstfassung von 1822

sen Namen kein Vaterlandsfreund ohne Hochachtung nennt, mit der Erklärung hervor, er wünsche mich zu sich nach Stuttgart zu nehmen und meine Bildung zu fördern, ein Anerbieten, das meine Mutter mit Dank, ich selbst mit Begierde ergriff.«

Eduard Mörike geht also nach Stuttgart und besucht das dortige »Gymnasium Illustre«, die Brüder leben bei Verwandten in Nürtingen, die Schwestern ziehen im Jahr darauf mit der Mutter ebenfalls nach Stuttgart.

Das Ludwigsburger Haus wird verkauft, aber Mörike stattet der Heimatstadt gelegentlich Besuche ab, über die er wehmütige Berichte verfasst, wie im Mai 1831 in einem Brief an seine Verlobte Luise Rau:

Der Bruder Ludwig, Onkel Gottlieb mit dessen Sohn Theodor und ich »fuhren zusammen nach meinem väterlichen Ludwigsburg; es war beschlossen daß die wenigen Stunden rein nur den heiligsten Erinnerungen, d. h. der Stadt selbst und ihren alten Plätzchen sollten gewidmet – nichts wollte man sehen was an das neuere Zeitalter mahnte und auf alle Besuche wurde verzichtet. Es war das heiterste Wetter, wir durchzogen die Straßen, die Alleen, ich betrat – als ein Fremder mit wunderlichem Schauer das Haus meiner Eltern – o! wie viel Schönes ist da im Hof und Garten umgestaltet! Als ich einen Stumpf der herrlichen Maulbeerbäume, die mit Zweigen sonst das Dach erreichten, so kläglich aus der Erde blicken sah brannte mein Inneres von Schmerz – ich dachte lebhaft Deiner, ich weiß nicht warum, als wäre auch *Dir* das Alles genommen! – –

Wir durchstrichen die melankolischen Gänge der königl. Anlage; in der Emichsburg hört ich die Windharfen flüstern wie sonst, die süßen Töne schmolzen alles Vergangene in mir auf – ich sah die unterirdisch aufbewahrten Ritter-antiquitäten wieder die ich als Knabe, des Jahres einmal, mit schüchterner Ehrfurcht betrachten durfte, ich sah vom Thurm die Umgegend, die Wege all wo wir Kinder mit Vater u. Mutter ausflogen!«

Die Emichsburg, die in den Parkanlagen östlich des Schlosses gelegene, um 1800 errichtete Nachbildung einer Ritterburg mit efeuumsponnenem Rundturm und Zinne, benannt nach Emich, dem sagenhaften Stammvater des württembergischen Grafengeschlechts, kann man bis heute besuchen.

Zu Justinus Kerners 200. Geburtstag 1986 wurde wieder eine Äolsharfe angebracht. Sie fasziniert durch ihren rätselhaften, an- und abschwellenden, überirdischen Klang. Wie seine Zeitgenossen Jean Paul, Novalis oder E. T. A. Hoffmann verwendet auch Mörike das Äolsharfen-Motiv als Klage der Toten, und als Bild für die poetische Inspiration.

An eine Äolsharfe

Angelehnt an die Epheuwand
Dieser alten Terrasse,
Du, einer luftgebornen Muse
Geheimnißvolles Saitenspiel,
Fang' an,
Fange wieder an
Deine melodische Klage!

Ihr kommet, Winde, fern herüber,
Ach! von des Knaben,
Der mir so lieb war,
Frisch grünendem Hügel.
Und Frühlingsblüthen unterweges streifend,
Übersättigt mit Wohlgerüchen,
Wie süß bedrängt ihr dieß Herz!
Und säuselt her in die Saiten,
Angezogen von wohllautender Wehmuth,
Wachsend im Zug meiner Sehnsucht,
Und hinsterbend wieder.

Aber auf einmal,
Wie der Wind heftiger herstößt,
Ein holder Schrei der Harfe
Wiederholt, mir zu süßem Erschrecken,
Meiner Seele plötzliche Regung;
Und hier – die volle Rose streut, geschüttelt,
All' ihre Blätter vor meine Füße!

Mörikes Gedicht, dessen symbolischer und rhythmischer Reichtum hier nur angedeutet werden kann, spielt auf zwei schicksalshafte Ereignisse im Sommer 1824 an: auf den Tod des Lieblingsbruders (»der Knabe, der mir so lieb war«) und die endgültige Trennung von Maria Meyer.

Wenige Tage nach dem gemeinsamen und beide stark beeindruckenden Besuch der Mozart-Oper »Don Giovanni« in Stuttgart stirbt der siebzehnjährige August völlig überraschend an einem »Nervenschlag« in der Ludwigsburger Apotheke, in der er seit kurzem arbeitet. Eigentlich hat er Arzt werden wollen, aber die Familie fürchtet, das Medizinstudium nicht finanzieren zu können. Für Eduard Mörike bedeutet dieser Tod ein lebenslanges Trauma, er fühlt sich schuldig, weil er den Bruder von seinem Berufsziel abzubringen suchte, den Tod vielleicht sogar als Selbstmord versteht, und schreibt völlig verstört: »O Ihr glaubet nicht wie fürchterlich Alles geworden ist – Morgen früh wird er begraben. Jezt kommt mir vor, als wär ich nur um Seinetwillen auf diese Welt gekommen und müsse auch fort mit ihm. *Gar gar* nichts mehr weiß ich das mich ferner freuen kann.«

Begegnung mit Peregrina

Wiewohl Mörike bereits das Niedere Evangelisch-theologische Seminar in Urach durchlaufen und im Tübinger Stift das Studium der Theologie begonnen hat, begegnet er seiner Peregrina, der größten Leidenschaft seines Lebens, in Ludwigsburg. Während der Osterferien 1823 lernen Mörike und Rudolf Lohbauer in einem Wirtshaus in der Unteren Stadt (an derselben Stelle ist noch heute der Gasthof »Zum Holländer« in der Bauhofstraße 13) die dort tätige Maria Meyer kennen. Das Mädchen ist von ungewöhnlicher Schönheit, fasziniert ihre Umgebung gleichermaßen durch ihre Bildung wie ihr geheimnisvolles Wesen. Der Gaststättenbesitzer Wilhelm (»Helm«) Mergenthaler hat sie kurz vorher ohnmächtig vor dem Tor gefunden, mitgenommen und gleich eingestellt.

Wie man heute weiß, wurde Maria Meyer 1802 als uneheliches Kind in Schaffhausen geboren, erlebte eine unstete Jugend, zog im Gefolge der sektiererischen Wanderpredigerin Baronin Juliane von Krüdener herum, verbrachte einige Zeit in einem Armenhaus (wie es heißt »wegen physischer und moralischer Verderbtheit«) und arbeitete als Magd in Rheinfelden und Bern. Dann verliert sich ihre Spur, bis sie in Ludwigsburg auftaucht und im Haus der Witwe Lohbauer lebt; Ende des Jahres 1823 verschwindet sie wieder, taucht dann unter ähnlich seltsamen Umständen in Heidelberg auf und wiederum im Juli 1824 in Tübingen. Von dort schiebt man sie mit Reisegeld nach Schaffhausen ab, sie kehrt aber im April 1826 noch einmal nach Tübingen zurück und versucht, mit Mörike in Kontakt zu kommen. Zehn Jahre später heiratet sie den Tischler Andreas Kohler und lebt mit ihm im Thurgau. Sie stirbt 1865 und wird auf dem Friedhof in Sirnach begraben.

Um diese Gestalt einer rastlosen, rätselhaften Fremden und vor allem um Eduard Mörikes verzweifelte Liebe zu ihr ranken sich – umso mehr, als Briefe und Quellen fehlen, fast alle Spuren von ihm absichtlich verwischt wurden – zahlreiche Legenden und Erzählungen: Peter Härtling nähert sich dem Geschehen erfundenermaßen bis in eine Schlafzimmerintimität in *Die dreifache Maria*, Albrecht Bergold rekonstruiert Marias mächtige

Anziehungskraft und Eduards Träume, zwischen »Heiliger Liebe« und »amour fou« zu dieser »Fremdlingin« schwankend, aus dem Tagebuch der warnenden, mahnenden Schwester Luise. Diese notiert etwa am 10. Juli 1824 in ihr Tagebuch über einen Brief von Eduard: »Der Brief schien in einer heftig schmerzlichen ja fast kranken Bewegung des Gemüthes geschrieben, und spricht nur den einen sehnsüchtigen Wunsch aus ein 8 bis 14 Tage unter uns zu seyn um hier wieder an Geist und Körper zu geneßen, besonders Mariens (Meier) Nähe zu entfliehn.«

Albrecht Goes glaubt, dass Mörike in dieser Krise nahe daran war, Hölderlins »verrücktes« Schicksal zu erleiden. Fest steht, dass Mörike schon in der Situation völliger innerer Desorientierung das erste Gedicht des »Peregrina«-Zyklus schrieb und das »Rätsel seines Lebens« darin wie später im *Maler Nolten* (in der Figur der Elisabeth) auf höchste literarische Art mystifizierte.

Peregrina
(Aus: *Maler Nolten*)

III
Ein Irrsal kam in die Mondscheingärten
Einer einst heiligen Liebe.
Schaudernd entdeckt' ich verjährten Betrug.
Und mit weinendem Blick, doch grausam,
Hieß ich das schlanke,
Zauberhafte Mädchen
Ferne gehen von mir.
Ach, ihre hohe Stirn,
War gesenkt, denn sie liebte mich;
Aber sie zog mit Schweigen
Fort in die graue
Welt hinaus.

Krank seitdem,
Wund ist und wehe mein Herz.
Nimmer wird es genesen!

Als ginge, luftgesponnen, ein Zauberfaden
Von ihr zu mir, ein ängstig Band,
So zieht es, zieht mich schmachtend ihr nach! |
– Wie? wenn ich eines Tags auf meiner Schwelle
Sie sitzen fände, wie einst, im Morgen-Zwielicht,
Das Wanderbündel neben ihr,
Und ihr Auge, treuherzig zu mir aufschauend,
Sagte, da bin ich wieder
Hergekommen aus weiter Welt!

Späte Reminiszenzen

Über zwanzig Jahre später hat Mörike überlegt, sich in Ludwigsburg niederzulassen, wo er sich übrigens mehrmals vergeblich um die Erlangung des Bürgerrechts bemühte; er hat dann aber Schwäbisch Hall und Mergentheim vorgezogen.

Der Arzt und Schriftsteller Justinus Kerner, der Professor der Ästhetik Friedrich Theodor Vischer, 1848 Abgeordneter der Nationalversammlung in der Frankfurter Paulskirche, der Theologe David Friedrich Strauß, Autor des *Leben Jesu* – Porträt-Reliefs von ihnen und von Eduard Mörike schmücken den 1953 wieder errichteten Obelisken auf dem Holzmarkt, von wo aus die Knaben im Winter den Kaffeeberg mit dem Schlitten hinunterfuhren bis zum Hauptportal des Ludwigsburger Schlosses. Ihre Geburts- und Wohnhäuser sind anhand von Tafeln leicht zu identifizieren und im Städtischen Museum (Wilhelmstraße 9) erinnert eine Dauerausstellung an die vier berühmten Ludwigsburger, die Freunde und Kollegen waren, die sich zankten und liebten, die alle lebenslang miteinander in freundschaft-

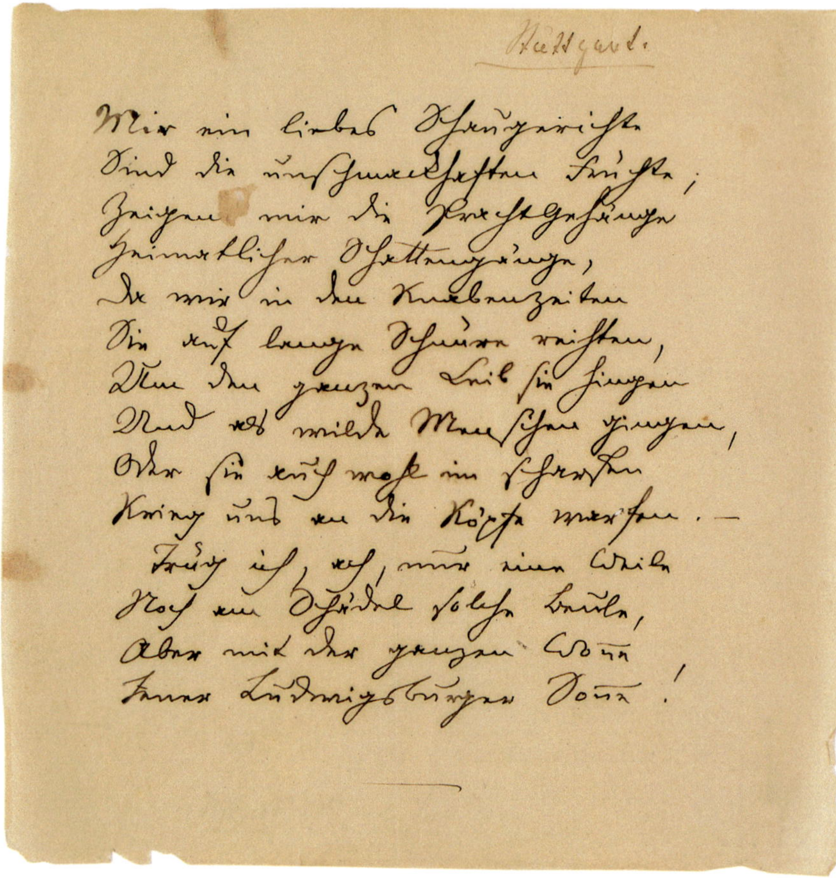

»Mit einem Teller wilder Kastanien« für Klara Mörike. Handschrift Mörikes

licher Verbindung standen und die ihrer Heimatstadt je nach Temperament eher sympathische oder eher kritische Notate hinterließen.

Nur Strauß, der bei allen vieren »eine besondere Anhänglichkeit an ihre Vaterstadt« konstatierte, kehrte im Alter zurück: »Es geht mir mit Ludwigsburg, wie mirs mit der Theologie geht; ich schimpfe unaufhörlich über sie und doch habe ich sie unendlich lieb. Sie ist ein langweiliges, ödes steifes Nest, mit ihren geradlinigen Gassen so leer wie Dogmen; und doch hat sie einen

Salon und Alleen und Anlagen und Mysterien, die ich zeitlebens lieben werde.«

Für Mörike sind es eher die »tausend Kleinigkeiten«, die seine Erinnerungen speisen, das können auch Kastanien sein, die er beim Spaziergang durch den Schlossgarten in Mergentheim aufsammelt und seiner Schwester Klara auf einem Teller mit einem Gedicht überreicht, mitgeteilt am 29. September 1845 in einem Brief an Wilhelm Hartlaub.

Mit einem Teller wilder Kastanien

Mir ein liebes Schaugerichte
sind die unschmackhaften Früchte;
Zeigen mir die Prachtgehänge
Heimatlicher Schattengänge,
Da wir in den Knabenzeiten
Sie auf lange Schnüre reihten,
Um den ganzen Leib sie hingen
Und als wilde Menschen gingen,
Oder sie auch wohl im scharfen
Krieg uns an die Köpfe warfen. –
Trüg ich, ach! nur eine Weile
Noch am Schädel solche Beule,
Aber mit der ganzen Wonne
Jener Ludwigsburger Sonne!

*»Da seid ihr alle wieder aufgerichtet,
besonnte Felsen, alte Wolkenstühle!«*

Seminarist in Urach

Urach hatte, als die Postkutsche am 27. November 1818 mit Eduard Mörike und seiner ihn begleitenden Mutter das Stadttor passierte, schon bessere Tage gesehen, damals, als die Stadt noch Landeshauptstadt und Residenz der württembergischen Grafen gewesen war, als Graf Ludwig (1412–1450), seine Frau Mechthild (1419–1482) und deren Sohn Eberhard im Bart (1445–1496) das neue Wasserschloss hatten errichten und mit dem festlichen Palmensaal hatten ausschmücken lassen, damals, als die herrliche spätgotische Amanduskirche erbaut, der schöne Brunnen am Marktplatz eingeweiht, das großartige Spital gestiftet worden war. Doch das war nun schon lange her. Das Schloss war weitgehend verwaist, diente nur noch selten königlichem Jagdvergnügen, das Spital heruntergekommen, ja, die ganze Stadt wirkte trotz mancher Eruption und Anstrengung, trotz manchem glanzvollem Zeugnis aus der Vergangenheit nun eher verschlafen, behäbig, ärmlich.

Vom Musensitz zum Maultierstall

Am schlimmsten hatte der Niedergang den »Mönchshof« getroffen, eine dreiflügelige Anlage um einen Innenhof mit Kreuzgang, die sich hufeisenförmig der Amanduskirche zuwandte. Gebaut worden war sie unter dem württembergischen Grafen Eberhard im Bart für die 1477 ins Land gerufene Klerikergemeinschaft der »Kanoniker vom gemeinsamen Leben«. Nach Einführung der Reformation in Württemberg 1534 und der Auflösung der inzwischen in ein weltliches Chorherrenstift umgewandel-

ten Gemeinschaft wurden die Stiftsgebäude nach und nach regelrecht degradiert. Zunächst dienten sie einige Zeit als Druckerei, dann als Lager, als Zunftstube der Weber, als Wohnort des zweiten Stadtpfarrers, schließlich seit 1810 als Gestüt und Fohlenhof: Vom Musensitz zum Maultierstall, oder – feiner und gelehrter – »olim musis, nunc mulis«, kommentierte dies ein Spottvers treffend.

Die Oberamtsstadt Urach, Lithographie um 1830

Allerdings waren damals nun doch auch Zeichen von Verbesserungen der herrschenden Zustände in der Stadt, von Aufbruchsstimmung und Erneuerungswillen erkennbar, ohne die Eduard Mörike wohl nicht nach Urach gekommen wäre. 1817 war der Ort, rund 3000 Einwohner beherbergend, zur Oberamtsstadt erhoben worden. Etwa gleichzeitig hatte König Wilhelm von Württemberg den Stadtvätern das Angebot unterbreitet, sein Gestüt nach Güterstein auszulagern und in dem zentral gelegenen Mönchshof eines der vier Niederen Evangelisch-theologischen Seminare Württembergs zu etablieren, sofern sich Urach an den Umbaukosten beteilige. Und da die Stadt dies mit der stattlichen Summe von 9000 Gulden dann auch tat, konnte gerade rechtzeitig für Mörikes Jahrgang das Vorhaben in die Tat umgesetzt werden. Wie wichtig und eilig man es hatte, verdeutlicht die Bauzeit: Im August 1818 begann der Umbau und schon am 27. November wurden die Räume vom ersten Jahrgang der Seminaristen, der ersten Promotion, wie man dies nannte, bezogen, darunter der 14-jährige Eduard Mörike. Bis 1977 nahm der einstige Mönchs- und Fohlenhof seine neue Funktion als Ausbildungsstätte künftiger Theologen wahr, seit 1980 dient die Anlage der württembergischen Landeskirche als »Einkehrhaus«.

Der Stadtplan von 1823 mit der Amanduskirche und dem daran anschließenden Seminar im Burgbezirk

Vier Jahre weiterer Schulausbildung lagen nun also vor Eduard Mörike und den anderen mit ihm aufgenommenen jungen Zöglingen: insgesamt 39 Stipendiaten und fünf Hospites, zahlende Gasthörer. Eigentlich wäre er ja lieber Maler, Dichter oder Schauspieler geworden, doch nun also war der klassische Ausbil-

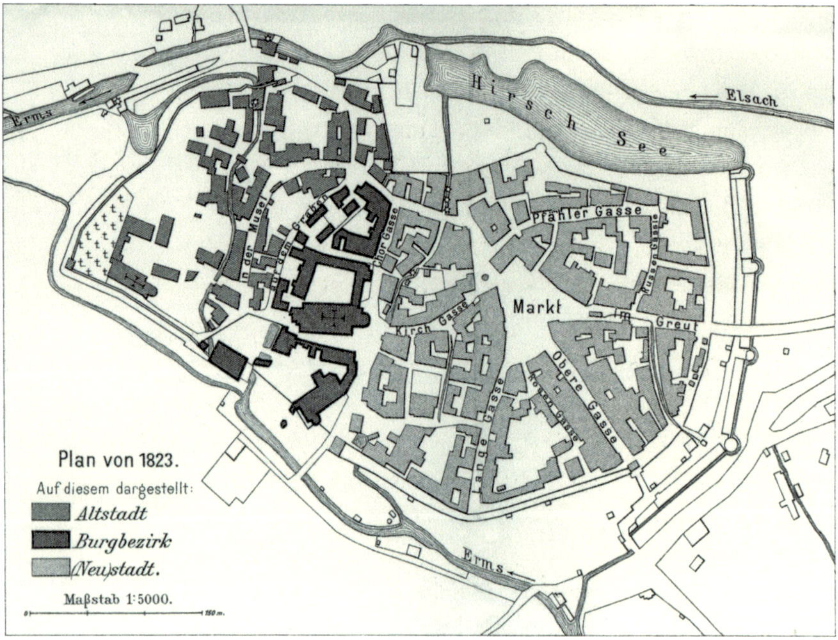

dungsweg zum Pfarramt vorprogrammiert. Vom »Niederen« in Urach sollte der Weg ins Höhere Seminar, nämlich zum Evangelischen Stift in Tübingen, und damit zum Studium der Theologie führen. Dass es dabei auch Stolpersteine zu überwinden galt, hatte Mörike gerade erst erfahren. Beinahe hätte er den Einstieg, die Zulassung für Urach verpasst, denn im dafür notwendigen Landexamen, einer Ausleseprüfung für die Aufnahme, war er unter den 81 Bewerbern, weit von einem der siegreichen ersten rund 30 Plätzen entfernt, nur auf »locus« 64 gekommen.

Dass er nun trotzdem im Uracher Seminar Einzug nehmen konnte, verdankte er der Fürsprache seines Rektors am Stuttgarter Gymnasium und der Hilfe seines einflussreichen Onkels Friedrich Eberhard von Georgii, bei dem er seit dem Tod des Vaters untergekommen war. Mit Blick auf die schwierige finanzielle Situation der Familie und sein tadelloses Wesen – er sei »sehr gutartig und nicht schlecht«, war ihm bescheinigt worden – wurde Eduard »gnadenhalber« aufgenommen. Und somit kam er, wie es das unter Herzog Christoph 1559 begründete württembergische Schulsystem ermöglichte, als Stipendiat in den Genuss »freier Beköstigung, Wohnung und Unterbringung, Unterricht und Erziehung«.

Die Schulzeit in Urach bildete einen wichtigen Abschnitt seines Lebens. Hier wurde nicht nur seine Ausbildung weiter getragen, hier lernte er Freunde kennen, von denen er manchem lebenslang eng verbunden blieb, hier entstanden seine ersten Gedichte.

Ordnung hinter Klostermauern

Im Schülermund hieß das Seminar im Mönchshof schlicht Kloster und klösterlich mutet das strenge Reglement des dortigen Lebens auch an. So wurden die Zöglinge nicht nur verpflichtet auf »gänzliches Sichenthalten aller Unsauberkeit in Gedanken,

Das 1818 errichtete »Niedere Evangelisch-theologische Seminar« mit der Amanduskirche

Worten, Werken; Wahrhaftigkeit, Gehorsam, brüderliches Betragen gegen die Mitzöglinge, Höflichkeit, gute Sitten bei Tisch, Vermeiden allen unziemlichen Lärms, Tobens und Singens, aufmerksame Stille in der Kirche, in Hörsaal und Arbeitsstube. [...] Reinlichkeit am Körper, bei Büchern, Kleidern, Räumen, Verzicht auf unerlaubte Vergnügungen und Genüsse«, nein, auch der ganze Tagesablauf war genau geregelt vom Aufstehen am Morgen – sommers um fünf, winters um sechs Uhr – und dem Morgengebet über den Unterricht, das Essen, die Freizeit bis zum Schlafengehen: »Um drei Viertel auf 9 Uhr ist das Abendgebet, nach welchem es den Seminaristen frei steht, entweder zu Bette zu gehen, oder bis 10 Uhr zu studieren. Ueber diese Stunde hinaus soll Niemand aufbleiben. Die Nacht über wird das Seminar geschlossen.«

Die meiste Zeit des Tages beanspruchte der rund 35 Wochenstunden umfassende Unterricht, der von den altsprachlichen Fächern – Hebräisch, Griechisch, Latein – dominiert wurde, dazu kamen Religion, Philosophie, Französisch, Geschichte, deutsche Literatur, Mathematik und Geographie.

Natürlich war auch die Kleidung vorgeschrieben. Zum Gottesdienst und zu sonstigen Feierlichkeiten hatten die Knaben »in schwarzem Rock, schwarzer Weste, schwarzen Beinkleidern und Strümpfen und Schuhen, nebst einer weißen oder schwarzen Halsbinde« zu erscheinen. »Bey allen andern Gelegenheiten«, so heißt es in Paragraph 29 der Instruktionen für das Seminar vom 2. November 1818, »dürfen sie dunkelgraue oder blaue Oberröcke, mit Knöpfen von gleicher Farbe, schwarzer Weste, langen schwarzen Beinkleidern mit ganz schwarzen, leichten, kein Geräusch verursachenden Stiefeln, nebst einem runden Hute, oder anständiger Kappe, tragen.«

Zur klösterlichen Atmosphäre trugen zudem die beengten Wohnverhältnisse bei. Tagsüber hatten sich die über 40 Zöglinge vier Arbeitsstuben zu teilen, nachts schliefen, alten Klosterverhältnissen entsprechend, die Schüler alle zusammen in einem großen Schlafraum, dem »Dorment«.

Von Krankheit und Freunden

Für Mörike begann der Uracher Aufenthalt gleich recht misslich. Schon in der zweiten Woche erkrankte er an Scharlach, einer unangenehmen und damals nicht ganz ungefährlichen Krankheit, die anfänglich mit hohem Fieber, dann mit einem Schälen der Haut verbunden war und nachhaltig das Sehvermögen seiner Augen schwächte.

Allerdings hatte dieser Auftakt in der Krankenstube auch seine erfreulichen Seiten. Neugierig, »wunders halber«, besuchten ihn seine Kameraden, als die Krankheit im Abklingen war, ja, sie »strömten« geradezu in den Freistunden zu ihm. Darunter war auch Wilhelm Hartlaub (1804–1885), Pfarrerssohn aus dem fränkischen Wermutshausen bei Mergentheim, der sich von so einem Besuch notierte: »Wie ward mir. Mit hundert Scherzen erfreute und unterhielt er den Haufen um sich her, jedoch nichts

Unrechtes, nichts Gewöhnliches kam aus seinem Munde, den heitersten Sonnenschein verbreitete sein Wesen, in dem es jedem sogleich wohl wurde. Der Haufen verlief sich dann wieder, wie er gekommen. [...] Von diesem Tag an schloß ich ihn für immer ins Herz.« Aus dieser Begegnung entstand eine lebenslange intime Freundschaft.

Wilhelm Hartlaub blieb nicht der einzige Freund. Zum engeren Freundeskreis zählten auch der Stuttgarter Schuhmachersohn Roland Flad (1804–1830) und Johannes Mährlen (1803 bis 1874) aus Ulm, der 1820 ins Seminar kam.

Eine besondere Dimension gewann gegen Ende der Uracher Zeit die Beziehung zu dem genialisch-aufbrausenden, frühreifen Wilhelm Waiblinger (1804–1830), die sich, da Waiblinger als Hospitant 1820 nur wenige Stunden im Seminar zugebracht hatte und im Oberen Gymnasium in Stuttgart seine Schulausbildung vollendete, zunächst aus einer immer inniger werdenden Korrespondenz entwickelte. Waiblinger sandte Mörike seine Tagebücher, im Gegenzug deckte ihm dieser »sein ganzes Herz« auf. Im letzten Schuljahr, am 11. Februar 1822, sind die beiden dann erstmals zusammengetroffen, weitere Treffen folgten.

In seinem Tagebuch schreibt Anfang April 1822 Wilhelm Waiblinger über seinen Freund: »Mörike ist ein tiefes, schönes Gemüt, ringend, und doch nicht krampfhaft, nicht wund, sondern stark, kräftig und gesund. [...] Sein heitrer Humor, sein Witz, der mich unendlich an ihn fesselt, gleicht schimmernden Regentropfen in wechselndem Farbenspiele, die das glühende Licht der Sonne durchschauert. Diese Sonne ist sein Herz. Er ist ganz Natur, nie legt er Fremdes in sich hinein, seine Eigentümlichkeit ist ihm genug. [...] Er ist unendlich liebenswürdig in diesem Hinleben und wird zum angenehmsten Gesellschafter, wie er denn auch arglos und beruhigt, sich der tüchtigsten Lustigkeit hingeben kann.«

In der Hütte »Sorgenfrey«

Der Uracher Wasserfall, Stahlstich von 1845

Weil der Alltag im Seminar von Unterricht und Reglementierung bestimmt war, hatte die Freizeit eine hohe Bedeutung – und zwar die reguläre wie diejenige, die man sich gegen alle Regeln verschaffte. Einen Ausgleich fanden die Seminaristen auf dem Turnplatz und der Kegelbahn, vor allem aber in Spaziergängen und Streifzügen außerhalb ihrer Klostermauern, die schon auch mal nächtlich überwunden wurden. So durchzog Mörike mit seinen Seminarfreunden, vor allem mit Hartlaub, die Urach umgebenden Wiesen und Wälder, schnitzte »verschlungene, bedeutungsvolle Namenszüge« in Baumrinde. Ein beliebter Weg führte unterhalb von Hohenurach das Seltbachtal entlang zum Uracher Wasserfall. In dessen Nähe, irgendwo unterhalb der Eppenzillfelsen, hat sich Mörike halb in den Berg hinein aus Reisig und Holz eine verborgene Hütte mit einer Moosbank und einer Holztür gebaut, die er »Sorgenfrey« nannte und meist allein aufsuchte, um bei Kerzenschein zu lesen, zu träumen, zu fantasieren, zu dichten, Sorgen los zu werden: »Lieber, in dieser abgeschiedenen Zelle bey diesem brennenden, freundlichen Lichte – da, ich kann Dirs nicht nennen, wie ich mich da fühle«, schrieb er am 25. Februar 1822 an Wilhelm Waiblinger.

Manchmal allerdings musste er sich in »Sorgenfrey« auch seine Sorgen und Ängste aus der Seele schreiben. So entstand etwa das »In der Hütte am Berg« überschriebene Gedicht, das ihm »auf eine üble Nachricht hin« aus »der Seele geflossen« war:

»Was ich lieb' und was ich bitte
Gönnen mir die Menschen nicht,
Darum, kleine, moos'ge Hütte,
Meid ich so des Tages Licht.

Bin herauf zu dir gekommen,
Wo ich oft der Welt vergaß
Gerne sinnend bei dem frommen
Roten Kerzenschimmer saß.

Weil ich drunten mich verliere
In dem Treiben bang und hohl,
Schließe dich, du kleine Türe,
Und mir werde wieder wohl!« –

So der Einsamkeit gegeben,
Hing ich alten Träumen nach,
Doch der Flamme ruhig Weben
Trost in meine Trauer sprach.

– Leise, wie durch Geisterhände,
Öffnet sich die Türe bald,
Und es tritt in meine Wände
Eine liebliche Gestalt.

Was ich lieb und was ich flehte,
Freundlich, schüchtern vor mir stand,
Ohne Sinn und ohne Rede
Hielt ich die geliebte Hand;

Fühle Locken bald und Wange
Sanft ans Antlitz mir gelegt,
Während sich im sel'gen Drange
Träne mir um Träne regt.

– Freundlich Bild im himmelblauen
Kleide mit dem Silbersaum!
Werde nimmer so dich schauen,
Und mich täuschte nur ein Traum.

Natürlich wird hier nicht nur die Hütte beschrieben, sondern vielmehr ein »geplatzter« Traum, die »üble Nachricht«, die enttäuschte Jugendliebe zu seiner gleichaltrigen Kusine Klara Neuffer. Sie, niemand anders, ist die liebliche Gestalt im himmelblauen Kleide. Als Kinder sind sie viel zusammen gewesen, haben zusammen gelesen, gespielt. Und nun hatte sich dem Seminaristen diese Kinderfreundschaft in der Uracher Ferne inzwischen immer mehr zur Liebe überhöht, während sich bei »Klärchen«, obwohl er sie und die Familie in Bernhausen in den Ferien hin und wieder besuchte, die Beziehung eher lockerte. Während er sich

Die Uracher Hütte, Bleistiftzeichnung von Mörike

die Liebste erträumte, scheint diese zu »einem andern übergegangen« zu sein, wie der siebzehnjährige Mörike seinem Freund Waiblinger kurz vor Weihnachten 1821 beklagte.

Der junge Dichter

Nicht nur das Gedicht »In der Hütte am Berg« ist in Urach entstanden. Mörike galt im Seminar als ein geschickter Versemacher, war ein gefragter Gelegenheitsdichter. Für sein Gedicht »Die Liebe zum Vaterlande«, das er wohl selbst an Silvester 1819 vorgetragen hat, erhielt er hohes Lob. »Von deiner Dichter-anlage hast du in Wahrheit eine schöne Probe angelegt«, schrieb ihm dazu Christoph Neuffer, der Onkel aus Bernhausen. Ein eher kritischer Lehrmeister war ihm Wilhelm Waiblinger, der, als ihm Mörike seine Liebe zur Poesie gestand, meinte: »Auch Du ein Dichter? – Ich wünsche Dir Glück und habe Dich darum lieber – aber bedenke, Du hast ein großes Ziel, es ist nicht leicht etwas Gutes zu liefern.« Und beim Gedicht »In der Hütte am Berg«

vermerkte er formale Fehler: »Wenn auch gleich der Reim einmal gar keiner, die Rundung nicht abgemessen genug und der Periodenbau oft ein wenig verschränkt ist, so zeigt es doch Empfindung und poetischen Geist.«

Mörike selbst nahm in seine 1838 erstmals publizierte Gedichtsammlung nur ein einziges Gedicht aus seiner Uracher Zeit auf, auch dieses wie die »Hütte am Berg« die enttäuschte Liebe zu Klara Neuffer reflektierend: »Erinnerung. An C. N.«.

Abschied

Im Herbst 1822 endete Mörikes vierjährige Uracher Schulzeit. So ganz leicht ist ihm das Lernen nicht gefallen, vor allem fehlte ihm das nötige Sitzfleisch. Immer mal wieder wurde er wegen Vagabundierens, wegen »Versäumnissen der Andacht und des Gottesdienstes« bestraft.

Die Zeugnisse bescheinigen ihm zwar »nicht üble Anlagen« und »gutartige Sitten«, beurteilen jedoch seine sonstigen Leistungen, besonders in den alten Sprachen – Hebräisch war sein Angstfach – als nur »sehr mittelmäßig«. Er sei, schreibt der Ephorus Köstlin abschließend, ein »Freund des Aesthetischen, den trockenern Studien abhold«.

Als Eduard Mörike am 19. September 1822 Urach verließ, begleitete ihn Wilhelm Hartlaub zum Postwagen auf den Marktplatz. Von dort fuhr er dann das Ermstal hinab in einem »vielfachen Wechsel von Stimmungen«, wie er seinem zurückgebliebenen Freund von einem Zwischenaufenthalt in Metzingen schrieb. Da ist die Erinnerung, wie er vor vier Jahren »viel unerfahrener, aber guten Muths« und seine »künftige Laufbahn in Urach nicht einmal recht bedenkend« aufgebrochen war. Da sind das »halb wehmütige« »Scheiden von Urach« und der Blick nach vorn, die »Gedanken an die Vakanz – die Zukunft«, an das Theologiestudium am Evangelischen Stift in Tübingen.

Hohen-Urach und die Bergkette des Ermstals von Süden, Lithographie, um 1830

Trotz aller Zwänge, Vorschriften, Reglements, trotz aller Widrigkeiten scheint sich Mörike im Uracher Seminar insgesamt wohl gefühlt zu haben. Er war beliebt bei Schülern und Lehrern. Seine schauspielerischen Begabungen, seine mimischen und dichterischen Talente brachten ihm bei Theateraufführungen Bewunderung ein. Seine Briefe bezeugen immer wieder auch eine gewisse Fröhlichkeit: »Übrigens steht es bey mir so gut als möglich, ich leide weder an der Gesundheit noch an Unthätigkeit, noch an Mangel des Frohsinns, noch der Wäsche«, meldet er am 13. Mai 1822 nach Hause. In seinen Erinnerungen beurteilt Mörike den Uracher Seminaraufenthalt fast durchgängig als eine besonders schöne und freundliche Zeit. Immer wieder taucht sie, nostalgisch angehaucht, im Briefwechsel mit seinen Freunden auf. In seiner Antrittspredigt in Cleversulzbach 1834 urteilt er rückblickend: »Die prachtvolle Gebirgsgegend, das schöne Tal, worin wir wohnten, das engere Zusammensein mit einer Menge junger, nach Art und Begabung höchst verschiedener Menschen, die Eigentümlichkeit der Lehrer, die Bekanntschaft mit den Büchern, die nicht unmittelbar auf meinen Beruf hinwiesen – dies alles gab dem nun zum Jüngling erwachsenden Knaben in einer abgeschlossenen und einförmigen Lage die mannigfaltigste Anregung.«

Nachklang

Auch im späteren Werk findet man gelegentlich Reminiszenzen an Urach, etwa im *Maler Nolten*, wo man lesen kann. »Der Ort, das Haus, das Tal, wo man erzogen wurde, dünkt uns von einem eigenen Engel behütet, der hier zurückbleibt, indem wir uns in die weite Welt zerstreuen.« Dort findet man auch die Beschreibung eines prachtvollen »Rittersaals«, der sein Vorbild wohl im »Goldenen Saal« des Uracher Schlosses hat.

Das schönste literarische Denkmal der Erinnerung an Urach aber ist das Ende Mai 1827 zum Geburtstag Wilhelm Hartlaubs entstandene Gedicht »Besuch in Urach«:

Nur fast so wie im Traum ist mir's geschehen,
Daß ich in dieß geliebte Thal verirrt.
Kein Wunder ist, was meine Augen sehen,
Doch schwankt der Boden, Luft und Staude schwirrt,
Aus tausend grünen Spiegeln scheint zu gehen
Vergangne Zeit, die lächelnd mich verwirrt;
Die Wahrheit selber wird hier zum Gedichte,
Mein eigen Bild ein fremd und hold Gesichte!

Da seid ihr alle wieder aufgerichtet,
Besonnte Felsen, alte Wolkenstühle!
Auf Wäldern schwer, wo kaum der Mittag lichtet
Und Schatten mischt mit balsamreicher Schwüle.
Kennt ihr mich noch, der sonst hieher geflüchtet,
Im Moose, bei süß-schläferndem Gefühle,
Der Mücke Sumsen hier ein Ohr geliehen,
Ach, kennt ihr mich, und wollt nicht vor mir fliehen? [...]

»O flaumenleichte Zeit der dunklen Frühe«

Theologiestudium in Tübingen

Nach dem Abschluss des Evangelisch-theologischen Seminars in Urach zog Eduard Mörike am Ende der Herbstferien, wohl am 23. Oktober 1822, ins Evangelische Stift in Tübingen ein. Ein vierjähriges Theologiestudium lag vor ihm. Es sollte die wichtigste Etappe seiner Ausbildung, ja, die wichtigste für sein ganzes Leben werden, für seinen Beruf, seine Passion, sein dichterisches Werk. Zweifelsohne hatte Mörike in Tübingen Schlüsselerlebnisse, die ihn, sein Leben und sein Œuvre nachhaltig beeinflusst und bestimmt haben. In die Tübinger Zeit fällt die chaotisch-leidenschaftliche Beziehung zu Maria Meyer, die als Peregrina in seine Gedichte eingegangen und als Zigeunerin Elisabeth im *Maler Nolten* wieder zu finden ist. Am Stift pflegt er die ihn prägenden Freundschaften mit Wilhelm Hartlaub, Rudolf Lohbauer, Wilhelm Waiblinger, Johann Christoph Blumhardt, Johannes Mährlen. Am Tübinger Österberg entsteht Orplid, das Land, »das ferne leuchtet«. Im Presselschen Gartenhaus trifft man sich mit dem kranken Friedrich Hölderlin.

Das Evangelische Stift

Mauern und Graben trennen noch immer dieses Gebäude von der Stadt, die hier 1264 Augustiner-Eremiten eine Heimstatt bot. Auch wenn die Fassade ihr Aussehen nach mehreren Aufstockungen und vielen Umbauten erst gegen Ende des 18. Jahrhunderts erhalten hat, weist noch vieles auf die klösterliche Vergangenheit hin. Wer vom Tor-Eingang her über den Brunnen hinweg den »Klosterberg« aufwärts schaut, kann noch gut den spätgotischen Chorabschluss der einstigen Klosterkirche erken-

Das Evangelische Stift am Neckar, Gouache von 1816

nen, und wer den vom ehemaligen Kreuzgang umgebenen Innenhof des Stifts betritt, dem wird die geschlossene Anlage des 1534 mit Einführung der Reformation in Württemberg aufgehobenen Klosters deutlich.

Im Zusammenhang mit einer Neuordnung des Kirchen- und Schulwesens errichtete der württembergische Herzog Ulrich 1536 ein Stipendium, ein »Stift« zur Ausbildung evangelischer Geistlicher, das er 1547 im ehemaligen Augustinerkloster etablierte. Seine rechtliche und finanzielle Absicherung erfuhr es 1557 unter Herzog Christoph von Württemberg. Seitdem bildet es die Spitze eines größeren Ausbildungssystems, das bis heute – wenn auch vielfach modifiziert – existiert. Neben den schulgeldpflichtigen Lateinschulen gab es in Württemberg für Begabte die Möglichkeit, über eine Aufnahmeprüfung, das »Landexamen«, Zulassung zu den Internat ähnlichen Klosterschulen (heute noch in Blaubeuren und Maulbronn) zu finden, in denen neben dem Unterricht auch Kost und Logis sowie alles, was zum (spartanischen) Leben notwendig war, kostenlos geboten wurde. Nach dem Schulabschluss fand der Absolvent für das vorgesehene Theologiestudium Aufnahme im Evangelischen Stift, das weiterhin kostenlose Unterkunft und Verpflegung bot.

Zugute kommen sollte dieses System – bis ins 20. Jahrhundert hinein Württembergs klassischer Bildungsweg – den (männlichen) Kindern aller Bevölkerungsgruppen, doch diente es vor allem der bürgerlichen Oberschicht, insbesondere dem Pfarrerstand. Trotzdem war es für die soziale Mobilität und zum Abbau sozialer Spannungen von nicht unerheblicher Bedeutung, ermöglichte es doch auch begabten Bauern- und Handwerkerkindern den Aufstieg in einen akademischen Beruf. Zudem sicherte es vielen Söhnen armer Beamten- und Pfarrerswitwen die Ausbildung.

Das Studium

Um den hohen Bedarf an evangelischen Theologen, vor allem an Vikaren, zu decken, hatte die Kirchenleitung 1820 das Studium von fünf auf vier Jahre gekürzt. Trotzdem war das Stift anfangs der 1820er-Jahre heillos überbelegt. Das umgebaute ehemalige Augustinerkloster, das normalerweise rund 120 Stipendiaten Platz bot, die sich 15 Studier- und 25 Schlafzimmer zu teilen hatten, beherbergte im Wintersemester 1822/23, also zum Studienbeginn Mörikes, 172 Zöglinge. 20 weitere lebten außerhalb in vom Stift angemieteten Stadtwohnungen. Klagen über die schlechte Unterbringung im Stift waren an der Tagesordnung. In den Stuben sitze der eine an der zugigen Tür, der andere am heißen Ofen, der dritte blockiere mit seinem Pult das Fenster, sodass nicht gelüftet werden könne, klagte einer der Repetenten. Selbst Ephorus Gottlieb Friedrich Jäger räumte in einem

Schreiben vom 10. März 1823 ein, »daß auf den Stuben durch die vielen Einbauungen auf eine für die Gesundheit nachtheilige Weise Licht u. Luft entzogen werde«, zudem seien manche Schlafkammern zu kalt, »so daß es zweckmäßig seyn dürfte, dieselben zu vertäfern zugleich aber wegen des Ungeziefers das Getäfer mit Holzessig zu tränken«. Wanzen waren keine Seltenheit, Mäuse die Regel. Zur Bekämpfung der Insekten hielt sich Mörikes Freund Blumhardt – unerlaubt – einen Star, Mörike eine Wachtel.

Beanstandet wurden auch immer wieder die hygienischen Verhältnisse. So stellte der königliche Medizinalrat Hochstetter am 23. August 1823 fest, dass nicht nur der Karzer feucht, sondern vor allem auch »der Abtritt« zu klein sei, »wegen Mangel an Steigung« keinen Abfluss habe und »deßhalb schlimme Dünste verbreitet«.

Mörike wohnte fünf Semester im Stift und drei außerhalb. Zunächst bezog er für vier Semester die Stiftsstube »Jerusalem«, die sich im zweiten Stock des Südflügels zur Platanenallee hin be-

»Das theologische Seminarium in Tübingen«, Kupferstich, 1822

fand. Die Stube und eine dazugehörende Schlafkammer teilte er sich mit neun Kommilitonen. Trotz der spartanischen Einrichtung – jeder Seminarist verfügte über ein Pult, einen Stuhl, einen »Bettladen« und einen »Kasten« (Schrank) – herrschte eine drückende Enge. Auch im »Bärenloch«, in der Ecke Bärengraben / Klosterberg gelegen, das er im Wintersemester 1825/26 bezog, war die Wohnsituation trotz eines immerhin vorhandenen Klaviers nicht viel besser.

Die drei Freunde in einem Mantel: Mörike, Johannes Mährlen und Ludwig Bauer. Federzeichnung von Mörike, 1824

Doch nicht nur die Gebäude waren eng, muffig und heruntergewirtschaftet. Engstirnig, altbacken und erneuerungsbedürftig waren auch das alltägliche Leben und die geistig-geistliche Ausbildung. Alles war von einem strengen Reglement durchzogen. Zwölf Famuli hatten darüber zu wachen, mussten »die Verfehlungen gegen die Geseze des Institut notieren« und diese den Repetenten anzeigen. Der Tag begann mit dem »Aufläuten« um fünf Uhr, winters um 6.30 Uhr: Eine halbe Stunde später war gemeinsames Gebet unter Aufsicht eines Repetenten angesagt. Nach dem Waschen und Frühstücken begannen die Horae studiorum, Unterrichtsstunden nach Lehrplan auf den Stiftszimmern, in den Lehrräumen des Stifts oder in den Hörsälen der Universität. Das Mittagessen um 12 Uhr musste nach einem gemeinsamen Tischgebet in »geziemender schwarzer Kleidung« eingenommen werden. Dann endlich – die Stiftstore waren offen – kam der freie Ausgang bis 15 Uhr. Doch dann riefen wieder die Studien. Um 19 Uhr, winters um 18.30 Uhr, hatte man sich zum gemeinsamen Abendessen einzufinden, dem bis 21 Uhr »die unthätige Zeit«

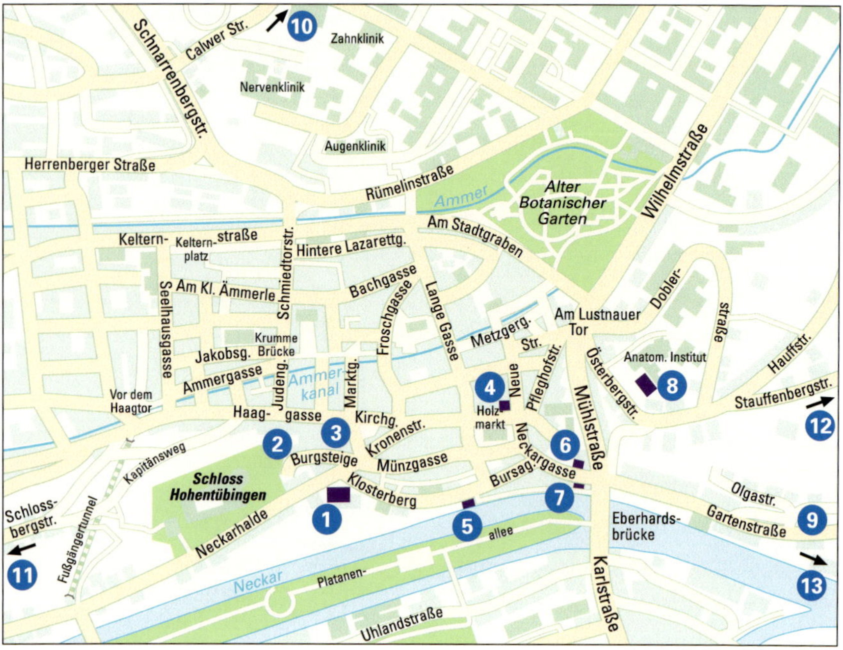

Stadtplan Tübingen
1 Evangelisches Stift
2 Verbindungshaus »Roigel«, ehemalige Schlossküferei mit »Mörikes« Kegelbahn vor dem Schloss
3 Marktplatz
4 Holzmarkt 7, Wohnstätte Mörikes 1824/25
5 Hölderlinturm
6 Neckargasse 19, die alte Studentenkneipe »Beckbeckei«
7 Neckargasse 22, Wohnstätte Mörikes
8 Hier stand einst Waiblingers Gartenhaus
9 Gartenstraße, Synagogendenkmal, ehemaliger Philosophenbrunnen
10 Weg durchs Elysium nach Bebenhausen
11 Spitzberg
12 Österberg
13 »Orplidsland«, Reutlinger Straße, zum Tierheim

folgte; »wo man im Stift entweder in einer Ecke sitzt und raucht, oder auf fremden Stuben und Böden herum die Runde macht, oder Karten spielt und trinkt oder in einem Hörsaal ein Quartet aufführt«, wie Mörike im November 1825 seiner Schwester schreibt. Inzwischen waren – bei Einbruch der Dunkelheit – die Tore geschlossen worden. Die Nachtruhe begann. Doch davor gab es noch das Respondieren: Die Stiftler mussten sich im Speisesaal nach »Promotionen«, Studienjahrgängen, anstellen und in der Reihenfolge ihrer Lokation – der beste zuerst, der mit den schlechtesten Zensuren zuletzt – dem Wochenrepetenten ihren Namen nennen, der dann ihre Anwesenheit quasi abhakte.

Schon am ersten Abend im Stift verstieß Mörike gegen die Hausordnung, saß bis um Mitternacht irgendwo mit Waiblinger zusammen, der ihm aus seinem Roman *Phaethon* vorlas. Die Liste seiner registrierten Verstöße ist lang. Offiziell notiert werden im ersten Semester 24 »Verfehlungen«, im Winterhalbjahr 1824/25 sind es 36 und 1825/26 gar 52. Die meisten Beanstandungen, die in der Regel mit Entzug des Tischweins geahndet werden, beziehen sich auf das Schwänzen von Lektionen, das Fehlen beim Kirchgang, unerlaubte Kleidung (»vestitus illegitimus«), verspätete Rückkehr vom Ausgang (»serus accessus«) und Herumtreiben (»vagatio«). Auch mit Karzer wird Mörike mehrfach bestraft, etwa wegen Rauchens in der Öffentlichkeit (»ob fumum in loco publico haustum«). Ein Dauerthema in den »Incarcerationen- und Annotationen-Verzeichnissen« ist Mörikes mangelnder Fleiß. In der Regel brachte Mörike es auf zehn bis 15 Stunden Karzer pro Semester.

Dennoch – bei allen Vorschriften und Verordnungen, bei aller Disziplinierung verdeutlichen die historischen Quellen auch, dass es einen Unterschied gab zwischen den Erlassen des »Königlichen Studienrats« in Stuttgart und deren Umsetzung vor Ort. Bezeugt sind von Mörike verbotene Wirtshausbesuche in der »Schlossküferei«, der »Krone«, im »Lamm« oder vor allem in der »Beckbeckei« (Neckargasse 19), die sich oft lange über die Sperrstunden hinaus hinzogen, ohne dass es zu Strafen kam. Dergleichen gilt für manchen Exzess im Stift selbst. So notiert Wilhelm Waiblinger am 22. Dezember 1822 nach dem Nachtessen im

Stift »ich und Mörike hinterm Pult: ich mit einem abgeschabtem Magisterhut, wie ein Zigeuner, die Pfeife in der Physiognomie – Mörike mit herunterhängenden Hosen, den Bauch aus dem Hemd streckend ... Lumpenlieder – Travestien«.

Zeugnisse

Nein, ein Kirchenlicht war Mörike nicht, sondern abgelenkt und unkonzentriert, mit dem Kopf mehr bei Freundschaftsbünden, eher der dichterischen Phantasiewelt zugeneigt denn den Studien. In der Lokation seiner Promotion, also in der Reihenfolge der Theologiestudenten seines Studienjahrgangs, nahm er stets einen Platz im letzten Drittel ein. Beim Studienbeginn rangierte er auf Platz 34 von 49, im Sommer 1824 auf Platz 39 von 48, im Schlusszeugnis Herbst 1826 auf Platz 37 von 42. Entsprechend waren seine Zeugnisse. Zwar bescheinigt man ihm wiederholt, ein gutes Gedächtnis zu haben und »im Ganzen ein guter Mensch zu seyn«, doch seine Leistungen in den einzelnen Unterrichtsfächern erreichen in der achtstufigen Bewertung mit seltenen Ausnahmen nur die Noten sechs bis acht: minder gut, mittelmäßig, sehr mittelmäßig. Und über seine Predigten heißt es, sie seien »mittelmäßig disponirt«, »unangemessen ausgeführt« und »stoßweise mit schwachem Organ vorgetragen« worden.

Sein Abschlusszeugnis in deutscher Fassung lautet entsprechend: »Gesundheit hinreichend gut. Mittlere Statur. Hinreichend ausgeschmückte Rede. Fahrige Bewegungen. Hinreichend gute Begabung. Urteilskraft weniger ausgebildet. Treues Gedächtnis. Handschrift nicht schwierig zu lesen. Ehrbare, aber nicht genügend standhafte Sitten. Bereits genügend beharrlicher Fleiß. Hinreichende Mittel. Hat das theologische Studium mit mittelmäßigem Erfolg absolviert. Die mittelmäßig disponierte Predigt hat er auswendig gehalten. In Philologie und Philosophie mittelmäßig.«

Blick über die steinerne Neckarbrücke auf die Neckarfront. Vorne rechts die alte Walkmühle mit dem Turm und dem »blauen Zimmer«, in dem Mörike im Sommersemester 1825 wohnte. Kolorierte Lithographie, um 1825

Freiheit in der Stadt

Freilich ließ es sich am ungezwungensten leben, wenn man eine Stadtwohnung hatte oder wenigstens ein Gartenhaus besaß. Zum Wintersemester 1824/25 bekam Mörike, nachdem auch seine Mutter zugestimmt hatte, erstmals die Erlaubnis, außerhalb zu wohnen. Zusammen mit Ludwig Buttersack, einem Freund aus der Uracher Zeit, bezog er, wie Helmut Hornbogen detektivisch ermittelte, ein Zimmer, eine »wohlgefegte, aufgeräumte und erwärmte Stube«, im Haus Holzmarkt 7, bei der Familie des Theologieprofessors und Frühpredigers an der Stiftskirche Jakob Gottlieb Wurm. Am 20. März 1825 erhielt er dort Besuch von seiner Tante Neuffer aus Bernhausen, Mutter des ihm treulos gewordenen Klärchens. Darüber erzählt er seinem Freund Johannes Mährlen, dass die Tante das Zimmer lobte, dass sie aber auch beim Anblick der »Thee-Chocolade-Caffeemaschine, die hier in Einer Person mit veralteten Spuren sämmtlicher 3 Bestimmungen auf dem Ofen, der unter ihr winselte, in Trauer stand«, zu ihm »mit leiser ängstlicher Stimme – auf das Instrument zeigend« – sagte: »Hör er! Da würd mirs doch ein bißle gräuselen.«

Weit mehr erfahren wir über das von Mörike am 14. April bezogene Zimmer in der Walkmühle (heute Neckargasse 22), das er zunächst ebenfalls mit »Buschack« bewohnte, den schließlich im Mai Johannes Mährlen ablöste. Schon am zweiten Tag teilt er seiner Mutter und Schwester mit: »Ich bin bereits im Stande, Euch von meinem neuen Zimmer aus zu schreiben u. zwar mit so heiterem Muth als auch der Sonnenschein u. die linde Morgenluft, die durch fünf offene Fenster hereinweht, es mit sich bringen muß ... Ich will Euch unsere Wohnung beschreiben. Es ist ein blaues ziemlich großes Zimmer, hat hübsche Vorhänge, Sopha und einige Pfeilerkomödchen. Die längere Seite, woran rechts ein eckigter Erker stößt u. ins Wasser hinunterreicht, hat gerade den Nekkar unter sich und über den grünen Waaßen hin die köstlichste Aussicht. Links, ziemlich nahe, ist die Brücke und das Thor zu sehen. Dabey dicht an unserer Wand in der Tiefe ein Mühlrad und sein Wasser stürzt sich in einer breiten Rinne gefaßt mit unaufhörlichem lauten Geräusch in den vorbeyfließenden Strom. Du solltest sehen wie das in einem schneeweißen Strudel sich mit dem schönsten Apfelgrün an dieser Stelle mischt.«

Wer sich heute das Gebäude anschaut, wird nicht mehr viel davon vorfinden. Das Mühlrad ist verschwunden, das Gebäude vielmal zu wechselnden Nutzungen umgebaut worden und die vom Lustnauer Tor herabstürzende Ammer, die das Mühlrad angetrieben hat, wurde in die Unterwelt verdrängt und dort in einem gemauerten Kanal gebändigt und gefasst. Doch wer von der Neckarbrücke oder noch besser von der Platanenallee aus das Haus beschaut, wird dort ihre Einmündung in den Neckar ebenso wiederfinden wie das große Eckzimmer mit seinem Erkeranbau.

Wie sehr sich Mörike trotz des Lärms dort wohl gefühlt hat, belegen zahlreiche Briefe: »Wie lebendig rauscht das Wasser unter meinem Fenster! Und brennt mein Licht so still und unangefochten noch in meinen eigene Wänden. – Könnt ich diesen Sommer mit beiden Händen aufhalten«, schwärmt er in einem Brief vom 15. August 1825. Doch wirft eine drohende Rückkehr ins Stift ihre Schatten schon voraus: »Ich mache mich gegenwärtig, (mit einiger Anstrengung freilich) mit dem Gedanken vertraut, nächstes Halbjahr wieder im Stift zuzubringen.« Was dann ja auch tatsächlich geschah.

Doch schon im darauf folgenden Semester, es ist sein letztes, verlässt er das Stift wieder und zieht in das benachbarte Haus Clinikumsgasse Nummer 4 zum Schneidermeister Johann Christian Werner. Von seinem neuen Zimmer aus hat er nicht nur Sicht auf den Stiftshof, er hat auch Blickkontakt zur alten Bärenstube. Ja die Zimmer sind sich so nahe, dass Blumhardt sogar Mörikes Wachtel schlagen hört. Doch trotz der Nähe zum Stift war diese Stadtwohnung – auch mit Blick auf das bevorstehende Examen – wohl immer noch weit besser als eine Stiftsstube.

Freunde

Weit wichtiger als alle Studien sind für Eduard Mörike seine Freunde, das Erleben und Pflegen von Freundschaften. Eigentlich war im 19. Jahrhundert, nach Aufklärung und Französischer Revolution, die Zeit der Männerfreundschaften als umfassendes Lebensgefühl abgelaufen und vorbei, doch auf Grund der isolierten Lebensweise überlebte, ja, blühte hinter den Mauern der Klosterschulen und des Stifts die Vorstellung von der Freundschaft als Quelle aller »Lebens-, Liebes- und Geisteskraft« fort. In den Briefen Mörikes und seines Freundeskreises wird eine Welt von Freundschaftsbeteuerungen und Liebesschwüren offenbar, in der Tränen der Sehnsucht, der Freude, der Eifersucht fließen.

Zu Mörikes engstem Freundeskreis zählten seit der Uracher Zeit Wilhelm Hartlaub, Johannes Mährlen und Wilhelm Waib-

In Lohbauers Gartenlaube an der Ammer. Vorne auf der Bank liegend Rudolf Lohbauer, hinten links sitzend Mörike, vorne rechts sitzend Wilhelm Waiblinger, links neben ihm wohl Ernst Friedrich Kauffmann. Tuschzeichnung von Rudolf Lohbauer, 1826

linger. In Tübingen gesellte sich Ludwig Amandus Bauer, der ein Jahr früher ins Stift eingetreten war, hinzu sowie seit 1824 Johann Christoph Blumhardt. Zeitweilig gehörte dem Freundeskreis auch Rudolf Lohbauer an, den Mörike schon aus Ludwigsburg kannte. In Zweier- und Dreierbünden versichern sie sich ihrer Freundschaft, dichten sich gemeinsam an, schreiben sich lange Briefe, tauschen ihre Tagebücher aus, erzählen sich ihre »Geheimnisse«.

Der Welt des Evangelischen Stifts, der württembergischen Pfarrerausbildung, geprägt von Fürsorge, Belehrung und Überwachung wurde eine eigene Phantasiewelt entgegengesetzt, deren Basis, Pfeiler und Schlussstein die Freundschaft bildete. Zu zweit und zu dritt, manches Mal auch in größerer Gesellschaft erleben und durchschwärmen sie Tübingens Landschaft. Da besucht man Quellen und Brunnen, geht durchs Käsenbachtal und das Elysium in den Schönbuch, die Ammer und den Neckar entlang, rund um den Spitzberg und immer wieder zum Österberg. Als Stützpunkte dienen selbst gebaute Hütten, einsame Brunnenstuben, Waiblingers Gartenhaus am Österberg oder Lohbauers Laube an der Ammer.

Wilhelm Waiblinger (1804–1830), Freund Mörikes

Zeitweilig wandelte sich ihnen die Tübinger Landschaft zu sagenhaften Gefilden, fühlten sich die jungen Studenten als mythische Gestalten. Mit »Pfeil und Bogen« zogen Mörike und Bauer zu ihrem Hüttchen auf dem Spitzberg. Beim Schreinermeister Zimmer, dem Kostgeber Hölderlins, hatte sich Mörike »gegen Baare Bezahlung« von acht Gulden und 35 Kreuzern eine »Schweizer Armbrust mit einem Stahlbogen, samt Pfeile u. Hebel« gekauft.

Waiblingers Gartenhaus und Hölderlin

Vor allem aber wurde diese Welt beherrscht von der Poesie. Lektüre und Übersetzungen gehörten zum Unterrichtsstoff der angehenden Theologen. Und die meisten übten sich darin nicht nur an alten überlieferten Texten, sondern versuchten sich auch an neuen eigenen. In Mörikes Freundeskreis fiel dabei Wilhelm Waiblinger, der mit 17 Jahren, gefördert von Gustav Schwab, bereits seinen ersten Roman veröffentlicht hatte, eine besondere Rolle zu.

Vor allem verfügte er, im Frühjahr 1823 von Johann Gottlieb Pressel überlassen, über ein Gartenhaus vor den Toren der Stadt, etwa dort gelegen, wo heute die Alte Anatomie steht (Österbergstraße 3), ein zweistöckiges, von einem schlanken Turm bekröntes, turmartiges, pagodenähnliches Gebäude aus Holz. Hier trafen sich die Freunde in ihren Freistunden, zechten, diskutierten, dichteten, erfanden ihre Geschichten. »Heute las ich Feodor durch. Mörike korrigierte Blatt für Blatt nach. Herrlicher Mittag im Gartenhaus«, notiert Waiblinger am 4. Juni.

Eine besondere Anziehungskraft übte auf Eduard Mörike und seinen Freundeskreis der kranke Dichter Friedrich Hölderlin (1770–1843) aus, der seit 1807 im Haus des Schreinermeisters Ernst Zimmer unten am Neckar untergebracht war. Er, »der für die Welt verschollen ist«, wurde von ihnen zur mythischen Gestalt stilisiert, »deren Jetzt mit dem Einst erschütternd kontrastiert«. Begeistert, »ergriffen, wie mit Götterfingern plötzlich an der leisesten Seelfaser berührt«, las Mörike mit Johannes Mährlen »vor der Allee in Tübingen unter Schlüsselblumen u. Maikäfern« den *Hyperion*. Vor allem Wilhelm Waiblinger war von Hölderlin fasziniert. Er besuchte ihn im Turm schon am zweiten Tag nach seiner Ankunft im Tübinger Stift und nahm ihn dann später immer wieder mit zu Spaziergängen oder in sein Gartenhaus. Er war es auch, der Mörike bei Hölderlin einführte.

Der Bekanntschaft Mörikes mit dem Kranken verdanken wir nicht nur eine größere Zahl von Handschriften, sondern auch zwei Bildnisse des Dichters. Am 27. Juli 1823 besuchten Rudolf Lohbauer und Johann Georg Schreiner, ein Freund aus Ludwigsburg, später Lithograph in Stuttgart, Köln und München, Mörike in Tübingen und dieser »führte sie auch zu Hölderlin; nachher zeichneten sie, gleichsam wehmüthig spielend, das Profil des armen Mannes miteinander auf einen Wisch Papier«. Es entstand dabei die erste bekannte Abbildung des Kranken, eine Bleistiftzeichnung, die – obwohl »in Eile« gemacht – »aus dem nach innen gerichteten Blick Schwermut und Schmerz, erschütternde Hilflosigkeit und Ergebenheit vermittelt«, wie Adolf Beck formuliert. Das zweite Bildnis, eine Kohlezeichnung, fertigte Schreiner, als er zusammen mit Mörike ein weiteres Mal, wohl im Februar 1825, Hölderlin besuchte.

Friedrich Hölderlin, Bleistiftzeichnung von Johann Georg Schreiner, 1823

Der Freundschaft zwischen Waiblinger und Mörike und deren Beziehung zu Hölderlin hat Hermann Hesse in seiner Erzählung *Im Presselschen Gartenhaus* ein literarisches Denkmal gesetzt.

Orplid, mein Land! Das ferne leuchtet.

Zu den begabtesten Dichtern zählte in jenen Jahren neben Mörike und Waiblinger Ludwig Amandus Bauer (1803–1846), der 1821 als Primus seiner Promotion im Stift Aufnahme gefunden hat. 1823 schloss er mit Mörike einen Freundschaftsbund, der lebenslang erhalten blieb.

Romantischer Blick auf Tübingen, den Österberg und das Neckartal um 1840

Ihren Höhepunkt erlebte diese Freundschaft im Sommer 1825, als sich die beiden Freunde auf gemeinsamen Spaziergängen und schwärmerischen Streifzügen ihr eigenes Phantasieland schufen, jene Heimat, »die ihnen die Welt nicht gewähren wollte«: Orplid, eine mythische Insel mit der gleichnamigen Stadt und ihrer Schutzgöttin Weyla, ein traumhaftes Land der Sehnsucht, ein verloren gegangenes Paradies, einst »Augapfel der Himmlischen«, nun wieder entdeckt und mit Leben gefüllt, nach und nach ausgegraben und mit phantastischen Figuren bestückt.

In *Der letzte König von Orplid*, einem »Schattenspiel«, das Mörike als Intermezzo in den ersten Teil seines *Maler Nolten* aufgenommen hat, lässt er den Schauspieler Larkens die Entstehungsgeschichte Orplids erzählen: »Ich hatte in der Zeit, da ich noch auf der Schule studirte, einen Freund, dessen Denkart und ästhetisches Bestreben mit dem meinigen Hand in Hand ging; wir trieben in den Freistunden unser Wesen miteinander, wir bildeten uns bald eine eigene Sphäre von Poesie. [...] Wir erfanden für unsere Dichtung einen außerhalb der bekannten Welt gelegenen

Boden, eine abgeschlossene Insel, worauf ein kräftiges Heldenvolk, doch in verschiedene Stämme, Grenzen und Charakterabstufungen geteilt, aber mit so ziemlich gleichförmiger Religion gewohnt haben soll. Die Insel hieß Orplid und ihre Lage dachte man sich in dem Stillen Ozean zwischen Neuseeland und Südamerika. Orplid hieß vorzugsweise die Stadt des bedeutenden Königreichs, sie soll von göttlicher Gründung gewesen sein, und die Göttin Weyla ... war ihre besondere Beschützerin. Stückweise und nach den wichtigsten Zeiträumen erzählten wir uns die Geschichte dieser Völker. An merkwürdigen Kriegen und Abenteuern fehlte es nicht. Unsere Götterwelt streifte hie und da an die griechische, behielt aber im ganzen ihr Eigentümliches; auch die untergeordnete Welt von Elfen, Feen und Kobolden war nicht ausgeschlossen.«

Als »göttliches Kind« wird Orplid im *Gesang Weyla's* gepriesen:

Du bist Orplid, mein Land!
Das ferne leuchtet;
Vom Meere dampfet dein besonnter Strand
Den Nebel, so der Götter Wange feuchtet.

Uralte Wasser steigen
Verjüngt um deine Hüften, Kind!
Vor deiner Gottheit beugen
Sich Könige, die deine Wächter sind.

Irgendwo zwischen Reutlinger Straße und Blaulach, unterhalb der Schinderklinge, vielleicht dort, wo heute das Tierheim steht, wurde Ende Juli 1825 Orplid geboren. »Es war«, schreibt Bauer an Mörike, »ein herrlicher Morgen: Du führtest mich an die Quelle links der Reutlinger Straße, dann giengen wir noch eine Weile im Walde spazieren, als wir eben von dem Fußwege auf die Straße kommen wollen, sagte ich: wir sollten mit Zweigen eine

Hütte bauen im Walde, und dies sollte vorstellen, wie sich Leute eine Stadt bauen – wie müßte sie doch heißen ? ›Orplid‹, sagtest du […] nach dem 25tn Julius, muß es gewesen sein.«

Auch nachdem Bauer Ende 1825 sein Studium beendet, Tübingen verlassen und als Pfarrverweser in Ernsbach bei Öhringen seinen Dienst angetreten hatte, woben die beiden Freunde an ihrem Phantasieland weiter, verschränkten es mit der Gegenwart, erfanden neue Figuren oder vervollständigten die alten, etwa den »sichern Mann« oder den »Barbier Liebmund Maria Wispel«, der als ein Produkt von Sprachwitz und Situationskomik »zu Mörikes gelungensten Geschöpfen zählt«, wie Hans Egon Holthusen meint.

Und immer wieder Poesie

Nur wenige Gedichte aus der Tübinger Zeit hat Mörike später für wert befunden, in seiner Gedichtsammlung publiziert zu werden. Als 1838 bei Cotta seine *Gedichte* erschienen, eröffnete er den Band auf Vorschlag von Hermann Kurz mit dem 1825 im Stift entstandenen Gedicht »An einen Wintermorgen, vor Sonnenaufgang«, das »mit einer unüberbietbaren herrlichen Zeile« (Holthusen) beginnt: »O flaumenleichte Zeit der dunkeln Frühe«, aber auch in einem schönen Vers endet:

Dort, sieh, am Horizont lüpft sich der Vorhang schon!
Es träumt der Tag, nun sei die Nacht entflohn;
Die Purpurlippe, die geschlossen lag,
Haucht, halbgeöffnet, süße Athemzüge:
Auf einmal blitzt das Aug', und, wie ein Gott, der Tag
Beginnt im Sprung die königlichen Flüge!

Aufgenommen hat er neben den Gedichten »Nächtliche Fahrt«, »Der junge Dichter«, »Gesang zu Zweien in der Nacht« und

Die Kegelbahn in Schlosswirts Garten

»Tag und Nacht« auch »Die Elemente«, die er »auf einem schönen Rasenplätzchen beim Philosophenbrunnen« geschrieben hatte, wahrscheinlich dort, wo heute das Synagogendenkmal steht.

Doch hat Mörike in seiner Tübinger Zeit nicht nur Gedichte geschrieben. Ein Trauerspiel, das nach Meinung seines Freundes Bauer »zum Herrlichsten« gehörte, »was die Dichtkunst je geschaffen hat«, wurde von Mörike am 20. November 1824 zwar vollendet, aber auch sogleich verbrannt, da es dem Dichter »bei'm ersten Durchlesen desselben« so »schien«, als hätte es »nicht die ganze Höhe« seiner »Idee erreicht«. Manches wurde in Tübingen begonnen und erst später fertig, wie etwa das *Märchen vom sichern Mann* oder der *Maler Nolten*, dessen ersten Teile in »dem dämmernden Brunnenstübchen« entstanden sein sollen, dessen Lage im Käspersloch vermutet wird, jener Schlucht, durch die heute der Wilhelm-Schussen-Weg vom Südwestrundfunk zur Brunnenstraße führt.

Ja, es gibt sogar Texte, die fragmentarisch blieben und erst nach Mörikes Tod veröffentlicht wurden, aber eindeutig aus der Tübinger Zeit stammen und Tübinger Erlebnisse verarbeiten. Ein Beispiel dafür ist der erst von Harry Maync 1902 edierte *Spillner*, in dem sich Karzerängste spiegeln: »He! He! brennt's denn in der Stadt, im Stift? Ums Himmels willen, und ich bin hier eingeschlossen! Wenn sie mich vergessen, wenn man mich morgen unterm Schutt hervorzieht.« Im gleichen Stück lässt Mörike auch einen Tübinger Bürger auftreten, der Angst hat, die Universität würde nach Stuttgart verlegt, was ja 1825/26 diskutiert worden war: »Wir haben alle Tür und Fenster im Stift vernageln lassen, daß keiner herauskam. Wir haben bei 9000 Stück Nägel aufgewandt und alle Schreiner und Schlosser haben bei drei Stunden en suite zugenagelt von außen [...] bleiben müssen Sie, wir müssen von Ihnen zehren und leben; wir haben euch Herren so lieb, so lieb.«

Auch die Ballade »Des Schloßküpers Geister zu Tübingen« (»In's alten Schloßwirths Garten / Da klingt schon viele Jahr' kein Glas; / Kein Kegel fällt, keine Karten, / Wächst aber schön lang Gras. / Ich mutterseelalleine, / Setzt' mich an einen langen Tisch; / Der Schloßwirth regt die Beine, / Vom rothen bringt er frisch«) ist erst ein Jahr nach Mörikes Examen verfasst worden. Und nie mehr losgelassen hat Mörike der »Peregrina-Stoff«.

Das zentrale Erlebnis – Maria Meyer

In den Osterferien 1823 besucht Eduard Mörike seinen Freund Rudolf Lohbauer in Ludwigsburg. Dabei kommt es zu einer ersten Begegnung zwischen dem jungen Stiftstudenten und der rätselhaften, unsteten, geheimnisvollen und bezaubernd schönen zwei Jahre älteren Maria Meyer, die als Schankmädchen beim Bierwirt Wilhelm Mergenthaler arbeitet. Zurück in Tübingen korrespondiert er mit ihr. Gegen Ende des Jahres ist Maria Meyer über Nacht aus Ludwigsburg verschwunden und taucht unter merkwürdigen Umständen in Heidelberg auf. Von dort schreibt sie Mörike einen Brief, den er nicht mehr beantwortet. »Ihr Leben, – so viel ist gewiß, hat aufgehört in das Meinige weiter einzugreifen, als ein Traum den ich gehabt und der mir *viel* genüzt«, vertraut er in einem Brief vom 26. Januar 1824 seiner Schwester Luise an. Gleichwohl erkundigt er sich bei Christian Köster, einem Heidelberger Bekannten, über Maria, wohl auch aus Sorge um seine einst an sie gerichteten Briefe. Von Köster erfährt er, dass diese Briefe, die sie offensichtlich auch anderen zeigt und vorliest, »das Einzige von Werth« seien, »was sie mit sich führt!«

Anfang Juli 1824 trifft Maria Meyer überraschend in Tübingen ein. Nach bewährter Manier kam die »heimatlose schöne Vagantin« bei einer angesehenen Tübinger Familie unter: Sie hatte sich wieder einmal ohnmächtig und hilflos vor der Stadt auffinden lassen. Sie beruft sich auf Mörike, wird krank, verlangt ihn zu sehen. »Maria, sein wanderndes Ich, pochte wieder an sein Herz, verlassen, krank, Fremden hingegeben, ohne Halt, ohne Ruhe, in ihm allein die schönre, ätherische Seite ihres Wesens wiedererkennend«, schreibt Ludwig Amandus Bauer an Luise Mörike nach Stuttgart. Mörike ist geschockt, weicht aus, einmal nur besucht er Maria ganz kurz zusammen mit Rudolf Flad, bittet seine eingeweihten Freunde um Rat und Hilfe, wendet sich an seine Schwester, die schon seit langem um die Liebe zu Maria weiß und monatelang moralisierend dagegen angeschrieben hatte: »Die Versuchung fliehen mein geliebter Eduard das ist keine Feigheit, sondern wahrhafte Größe ists, dem zu wiederstehen was uns schmeichelt an sich lockt und blendet.« Dann flüchtet er, zunächst in Krankheit.

Sein Unwohlsein steigert sich. Es kommt zu einer »heftig schmerzlichen ja fast kranken Bewegung des Gemüthes«, als ihn am 10. Juli Freifrau von Tessin, die sich Marias annehmen will, um Auskünfte über sie bittet. Er hält es in Tübingen nicht mehr

Eduard Mörike, Bleistift-zeichnung von Johann Georg Schreiner, 1824

aus. Er will heim. »Ich muß nach Hause!«, hat er mir zugerufen, schreibt Bauer an Luise. Ihr gelingt es, am 13. Juli beim Stuttgarter Hausarzt Schelling, dem Bruder des Philosophen, ein ärztliches Attest zu besorgen, das ihn zur Kur nach Stuttgart beorderte. So kann Mörike am 16. Juli endlich mit Zustimmung der Stiftsleitung aus der »sein Gefühl unheimlich peinigenden Nähe Mariens«, der »heiligen Sünderin«, zu Mutter und Schwestern nach Stuttgart flüchten. Am 28. August 1824 wird Maria Meyer, »die vagabundierende Schönheit von zweifelhaftem Ruhm«, versehen mit reichlich Reisegeld abgeschoben.

Noch einmal tritt Maria Meyer in Mörikes Leben, zwei Jahre später, wieder in Tübingen. Ernst Friedrich Kauffmann berichtet darüber in einem Brief vom 25. April 1826: »Eduard M. tritt soeben ins Zimmer um *neun Uhr*. Er war sehr angegriffen und erzählte mir, daß Marie Mayer heute hier gewesen, und ihm geschrieben habe, er solle zu ihr in die Herberge kommen, und wie er mit dem heftigsten Kampfe den Vorsatz errungen habe sie nicht zu sehen.« Von nun an verschwindet sie aus Mörikes Leben. »Je weiter sie sich aber aus seinem Leben entfernt, ihre Spur sich verliert, um so lebendiger erfüllt sie seine Erinnerung. Er weiß, daß er ihr nicht gewachsen ist. Ihre ungestillte Leidenschaft antwortet seiner unerfüllbaren Sehnsucht«, kommentiert Peter Härtling in seiner 1983 erschienenen Geschichte *Die dreifa-*

che Maria, in der er das Verhältnis beider in Anlehnung an die historischen Quellen beschreibt, aber auch in dichterischer Freiheit ausmalt.

Eduard Mörike selbst hat später fast alle Spuren seines Verhältnisses mit Maria Meyer verwischt, hat Briefe, sofern er ihrer teilhaftig wurde, verbrannt, aus Papieren anzügliche Stellen herausgestrichen, das Thema in Briefen weitgehend tabuisiert.

Angezogen von ihrem »Zauber«, ihrer »Leidenschaft«, abgestoßen und geängstigt von ihrem »Anderssein«, ihrem Ruf, ihrer »Sünde« flüchtete er vor Maria Meyer nicht nur, weil er seine »heile« Welt gefährdet sah, weil er reale Angst um sein Stipendium am Evangelischen Stift hatte – für Stiftler waren Liebesgeschichten und gar Affären ein Relegationsgrund –, sondern auch weil er inzwischen dabei war, seine Zerrissenheit, seinen Zwiespalt dichterisch zu kompensieren, weil Maria für ihn zu einem Bild, zu einer poetischen Abstraktion geworden war. »Maria, die ihm das Rätsel seines Lebens aufgegeben und gelößt hatte, [...] Maria ist selbst die Poesie, wie diese mit raschen Schritten auf- und abfliegend auf schwankender Himmelsleiter«, erklärt Ludwig Amandus Bauer Mörikes Schwester.

In Mörikes Werk hat Maria Meyer zahlreiche Spuren hinterlassen. Wohl erstmals ist sie im 1823 geschriebenen Gedicht »Nächtliche Fahrt« zu finden, am nachhaltigsten und am beeindruckendsten aber im Peregrina-Zyklus, in dem die ganze Kompliziertheit und Komplexität des Liebes-Erlebnisses zu Tage tritt.

Das erste der fünf Gedichte – im Zyklus die Nummer III – ist mitten in der Krise, als Maria überraschend in Tübingen aufgetaucht war, am 8. Juli 1824 entstanden. Bald folgten die andern Gedichte. Am 23. Februar 1829 wurden sie (I, II, III, V) unter der Überschrift »Verzweifelte Liebe« im *Morgenblatt* veröffentlicht. Der Zyklus hat den Dichter nie mehr losgelassen. Immer wieder, sein ganzes Leben lang, arbeitete er an ihm, veränderte, vertauschte, strich und ergänzte.

Die Liebe, sagt man, steht am Pfahl gebunden,
Geht endlich arm, zerrüttet, unbeschuht;
Dieß edle Haupt hat nicht mehr, wo es ruht,
Mit Thränen netzet sie der Füße Wunden.

Ach, Peregrinen hab' ich so gefunden!
Schön war ihr Wahnsinn, ihrer Wange Gluth,
Noch scherzend in der Frühlingsstürme Wuth,
Und wilde Kränze in das Haar gewunden,

War's möglich, solche Schönheit zu verlassen?
– So kehrt nun reizender das alte Glück!
O komm, in diese Arme dich zu fassen!

Doch weh! o weh! was soll mir dieser Blick?
Sie küsst mich zwischen Lieben noch und Hassen,
Sie kehrt sich ab, und kehrt mir nie zurück.

Kein Zweifel, das Verhältnis zu Maria Meyer, die Begegnungen in Ludwigsburg und Tübingen, die Korrespondenz mit ihr und die Diskussion über sie mit Freunden und der Schwester waren für Eduard Mörike mehr als nur ein tiefgreifendes Ereignis. Das Spannungsverhältnis von Verlockung und Gefährdung, von Begehren und Moral bildete ein Schlüsselerlebnis, war elementar und schicksalhaft, wurde zum biographischen Trauma, ja, legte ein Grunddilemma Mörikes offen, das ihn sein Leben lang verfolgte und beherrschte.

»Die duftige Schale der Vergangenheit«

Die Tübinger Jahre dürften für Mörike trotz mancher Schwierigkeiten die glücklichsten gewesen sein. Verbunden blieb er dieser Stadt allemal. Nicht nur in seinem späteren Werk und in seinen

Tübingen von Süden, Gouache, um 1825

Briefen, in denen er immer wieder die Tübinger Zeit beschworen hat, auch in seinen Besuchen wird dies deutlich:

»Kaum sind es 4 Minuten seit ich durch das Neckarthor hereingefahren, die alte Thorlaterne gesehen und aus dem Gefärth gestiegen bin ... daß ich hier in einem Zimmer der WalkMühle sitze, wirklich wieder die alte Melodie des Wassersturzes höre, der mich so hundertmal an Deiner Seite eingesungen!

Als ich über die Neckarbrücke fuhr und die Häußer-FRONTE der Stadt am Neckar hinauf nach alter Weise erleuchtet und dann – Mich selbst ansah da falteten sich unwillkürlich meine Hände u. klemmten sich meine Finger ineinander – ich jauchzte, fast schaudernd in mich hinein«, schreibt er im September 1827 an Johannes Mährlen.

Und in einem Brief an Ernst Friedrich Kauffmann im Oktober 1828 heißt es: »Tübingen ist in der VACANZ wie ein umgestürzter Handschuh: es liegt wie in einem recht leeren und stillen Katzenjammer da, und die gegenwärtige Jahreszeit, die trübe Witterung stimmt vollkommen dazu ... Ein gleich-bewölkter Himmel spinnt die Zinnen und Thürme des Schlosses in dünnen, schiefen Regen ein – dort auf der Hinterseite der Küferey, mit der Aussicht auf das Ammerthal ist die verlassene Laube, wo ich an eben einem solchen Tag mit Bauer zum erstenmal eine getreue Übersetzung des herbstlichen Macbeth las –, die kleine unbesuchte Zechstube, die wir mitten in der schönsten Frühlingsnacht mit Armbrust und Pfeilen, Wein in der Tasche beschlichen und zum Schauplatz von hundert Märchen machten. Ich sah alle die Plätzchen und heimlichen Gänge wieder, die seit Jahr und Tag nicht geläutete Glocke, die wir so gerne gestohlen hätten, um sie bei Nacht in den Sichern-Manns-Wald zu schleppen.«

Noch 1863 bezeichnet er, während seines mehrwöchigen Aufenthalts in Bebenhausen, einen Besuch Tübingens als »die Krone unseres hiesigen Aufenthalts«: Tübingen war und blieb »Orplid, mein Land! Das ferne leuchtet«.

Ein bisschen dazu beigetragen hat wohl auch die Verleihung des »Doktor-Diploms ehrenhalber (also ohne Kosten)«, das ihm die Universität Tübingen auf Vorschlag des Professors für Ästhetik und deutscher Literatur, Friedrich Theodor Vischer, einem Freund Mörikes, am 5. August 1852 verlieh: »Propter insignia quibus in germanico Parnasso suevicae musae laudem auxit merita (wegen der ausgezeichneten Verdienste, durch welche er auf dem deutschen Parnass den Ruhm der Schwäbischen Dichtkunst erhöht hat)«.

»Ich könnte an keinem bessern Orte seyn – aber – was zieht mir das Herz so – was zieht mich hinaus?«

Der Neckar und die wundersame blaue Mauer: Oberboihingen, Möhringen, Köngen, Kirchheim, Nürtingen, Esslingen

Keine Gegend, keine Region hat in Mörikes Werk so viele Spuren hinterlassen wie das Neckartal mit den dahinter aufsteigenden Bergen der Schwäbischen Alb. Hier, in der Lebenswelt des Uracher Seminaristen, des Tübinger Theologiestudenten und des zwischen Filder, Neckar und Alb hin und hergezogenen Vikars und Pfarrverwesers wurzeln Mörikes Landschaftsbilder. Das intensive Erleben der Voralblandschaft, des Albtraufs, die tiefen Eindrücke dieses Naturraums spiegeln sich vielfältig in Mörikes Gedichten und Erzählungen. Mit Vorliebe beschreibt er den Blick vom Neckartal, aus der Gegend um Nürtingen, hin zu den blauen Bergen.

Vom Schuster Seppe heißt es im *Stuttgarter Hutzelmännlein*: »Mit großen Freuden sah er bald von der Bempflinger Höhe die Alb, als eine wundersame blaue Mauer ausgestreckt. Nicht anders hatte er sich immer die schönen blauen Glasberge gedacht, dahinter, wie man ihm als Kind gesagt, der Königin von Saba Schneckengärten liegen.« Und bei seiner Rückkehr blickt er von Wolfschlugen aus auf »die ausgestreckte blaue Alb, den Breitenstein, den Teckberg mit der großen Burg der Herzoge, so einer Stadt beinahe gleichkam, und Hohen-Neuffen, dessen Fenster er von weitem hell herblinken sah. Er hielt dafür, in allen deutschen Landen möge wohl Herrlicheres nicht viel zu finden sein, als dies Gebirg, zur Sommerszeit, und diese weit gesegnete Gegend.«

Auch im *Maler Nolten* kann man die Voralblandschaft entdecken, diesmal vom »Geigenspiel« aus, einem Hügel, dessen Namen sich – nach Mörike – davon ableitet, dass hier einst Jung Volker den vier Winden mit seiner Geige aufgespielt hat: »Hier schaute, gar nicht allzu weit entfernt, eine lang gedehnte Alb-Traufe ernsthaft und groß herüber; sie verschloß beinahe die ganze Ostseite, Berg hinter Berg verschiebend und in einander wickelnd, so doch, sah man zuweilen ein ganz entlegnes Thal, wie es stellenweise von der Sonne beschienen war, mit oder ohne Fernrohr erspähen und sich einander freudig zeigen konnte. [...] Eine bedeutende Ruine krönte die lange Kette des Gebirgs.« Wer diesen Blick sucht, findet ihn vom noch heute so genannten »Geigersbühl« aus, einem 407 Meter hohen Hügel vulkanischen Ursprungs bei Großbettlingen.

Der Suche nach Fossilien im Kalkgestein, der Liebe Mörikes zu den Versteinerungen verdanken »zwei Freundinnen« und wir das 1845 entstandene Gedicht »Der Petrefaktensammler«, eine der schönsten Beschreibungen der Schwäbischen Alb:

> Einmal noch an eurer Seite,
> Meinen Hammer im Geleite,
> Jene Frickenhauser Pfade,
> Links und rechts und krumm und grade,
> An dem Bächlein hin zu scherzen,
> Dieß verlangte mich von Herzen.
> [...]
> Auf dem Boden Hand und Knie,
> Kriecht man fort, o süße Müh'! |
> Und dazwischen mit Entzücken

Nach der Alb hinauf zu blicken,
Deren burggekrönte Wände
Unser sonnig Thalgelände,
Rebengrün und Wald und Wiesen
Streng mit dunkeln Schatten schließen!
Welche liebliche Magie,
Uns im Rücken, übten sie!
Eben noch in Sonne glimmend
Und in leichtem Dufte schwimmend,
Sieht man schwarz empor sie steigen,
Wie die blaue Nacht am Tag!
Blau, wie nur ein Traum es zeigen,
Doch kein Maler tuschen mag.
Seht, sie scheinen nah' zu rücken,
Immer näher, immer dichter,
Und die gelben Regenlichter
All' in unser Thal zu drücken!
Wahrlich, Schön'res sah ich nie. [...]

Die Vikarsknechtschaft beginnt: Von Oberboihingen nach Möhringen

Kaum hat Eduard Mörike im Herbst 1826 sein Theologie-Examen absolviert, tritt er als Vikar in kirchliche Dienste. Zunächst wird er nach Oberboihingen, eine halbe Stunde von Nürtingen, abgeordnet. »Ich machte über diesen ASPECTEN, so freundlich sie aussahen, weder ein gutes noch ein saures, sondern lediglich ein Schaafsgesicht«, meldet er am 5. Dezember 1826 Johannes Mährlen.

Doch blieb dies eine Episode von wenigen Tagen. Denn schon am 19. Dezember sitzt er »in einer warmen Vikarstube« im Pfarrhaus zu Möhringen bei Stuttgart, wo er nun bis Mitte Mai 1827 seinen Dienst verrichtet, der allerdings eher dem eines Privatlehrers gleicht denn dem eines Vikars: »Ich habe wenig zu predigen, dagegen einen jungen Menschen zu unterrichten, dessen Gesellschaft mir viel Unterhaltung macht«, teilt er am 8. April 1827 Wilhelm Hartlaub mit. Sein Schüler ist der 15-jährige Stiefsohn des Pfarrers, mit dem er in einer »artigen Mischung von Kameradschaft Vertraulichkeit und Höflichkeit« umgeht.

Auch die äußeren Bedingungen im Pfarrhaus sind überaus angenehm: »Mein Zimmer ist groß freundlich und neu, es hat ein Nebencabinet, das man mir für den Sommer zu meiner Vogelmenagerie eingeräumt hat. Eins von meinen Fenstern führt sehr niedrig auf ein kleines Gärtchen, das nicht benutzt wird und wo wir vorigen Winter viel auf dem Finkenheerd gefangen haben.«

Die Martinskirche in Möhringen vor 1853

Als erfolgreicher Vogelfänger teilt er denn auch sein parterre liegendes Zimmer gleich mit mehreren Vögeln. In dem Brief an Hartlaub ist von drei Wachteln, einem Star und »ein paar anderer Singvögel auf einem grünen ForchenAst« die Rede. Am liebsten aber hat er den Garten hinterm Haus: »Dieser ist groß und modern angelegt. Im Hintergrund steht eine halbrunde weißgegitterte Hütte mit e. Strohdach auf einem schön beraa'sten Hügel, dort blickt man unmittelbar auf eine stille Wiese, wo (außerhalb des Dorfes) ein neuer Kirchhof zu bauen angefan-

Mörikes Schwester Luise (1798–1827), Miniatur von 1814

gen wurde. Dort kann man nur Dinge wie den SommerNachts-Traum lesen. [...] Nichts gleicht dem Vergnügen, wenn man nach dem Caffee Mittags EN FAMILLE herausgeht, gärtelt und Nichts-thut, und ich bringe auch den Staaren auf der Hand mit heraus.«

Doch besteht dieser Zeitabschnitt nicht nur aus Vogelfang und Nichtstun. In ihn fällt auch der Tod seiner 29-jährigen Schwester Luise, der er sich ganz besonders verbunden wusste.

Sie hat vor allem während seines Tübinger Studiums einen nicht geringen Einfluss auf ihn ausgeübt, besonders was seinen Umgang mit Wilhelm Waiblinger, Rudolf Lohbauer oder Maria Meyer betraf. Sie starb am 31. März 1827 in Nürtingen im Beisein Eduards in den Armen ihrer Mutter.

Ernst Friedrich Kauffmann (1803–1856), Freund Mörikes

... nun in Köngen

Mörikes nächste Station ist Köngen, die er wegen der Nähe zur Mutter in Nürtingen »mit Freuden ergriff«. Kirchentellinsfurt bei Tübingen, das ihm zuerst angeboten worden war, hatte er abgelehnt. Köngen galt mit seinen damals etwa 1800 Einwohnern als ein stattliches Dorf, das eine steinerne Brücke über den Neckar besaß, die durch Wilhelm Hauffs 1826 erschienenen Roman *Lichtenstein* gerade bekannt und berühmt geworden war.

Am 25. Mai 1827 beschreibt er seinem Freund Hartlaub den neuen Wohnsitz: »Das Pfarrhaus steht mit der (einst sehr merkwürdigen) Kirche und dem Schulhaus isolirt auf einer beträchtlichen Anhöhe über dem Dorf. [...] Von dem vordern Fenster aus hat man nur die unbeschreiblich reizende und freye Aussicht auf die Ebene, Hügel und halbversteckte Ortschaften um Nürtingen, den ganz nahen Neckar in geschmeidigen glänzenden Krümmungen. [...] Ferner hat man zum Hintergrund eine große blaue

Gebirgskette, in deren Mitte Neuffen, im Fernrohr zum Zeichnen nahe. Unmittelbar vor meinen Fenstern streckt sich unser Garten schief hinab, terassenförmig und ganz geometrisch angelegt«.

Leider benötigt man heute vor Ort viel Phantasie und Imagination, um dieses Erleben nachzuvollziehen. Das alte Pfarrhaus wich 1842 einem Neubau und das Neckartal ist inzwischen von Gebäuden jeder Art verstellt, nur den Fernblick auf die Schwäbische Alb kann man immerhin noch mehr als nur erahnen.

Mörikes Freude an der Nähe zur Mutter, an der reizenden Lage des Orts, am schönen und bequemen Pfarrhaus wird allerdings bald durch allzu lästige Pflichten getrübt. Am 1. August klagt er seinem Freund Ernst Friedrich Kauffmann: »Ich könnt an keinem bessern Orte seyn, [...] aber – was zieht mir das Herz so – was zieht mich hinaus? Das, daß ich in dieser Art von Lebensweiße u. dieser Beschäftigung meine eigentliche u. wahre Portion von Kräften doch nicht ungehindert, ja fast gar nicht, in Wirkung kann treten lassen. Als Geistlicher, als VICAR besonders, ich meyne als Prediger, steht unser einer unter ganz besondern lähmenden Gesangbuchs-Einflüssen. Du kannst Dir schon denken. Ich möchte oft im eigentlichen Sinne des Worts, hinaus wo eben kein Loch ist.« Ach, wenn nur das Predigen nicht wäre. Unter dem 25. August kann man im Tagebuch nachlesen: »Verdruß über das Predigtwesen vielleicht am höchsten.«

Zum Kränzchen nach Kirchheim

Abwechslungen im Kirchendienst sind ihm immer willkommen. Gelegentlich gibt es mal einen Ausflug auf die Schwäbische Alb. Häufig ist der Gang nach Kirchheim unter Teck. Natürlich sind es mitunter auch Dienstpflichten, die ihn dahin führen, immerhin war die Stadt Sitz des Dekanats und hatte – für Mörike weit wichtiger – eine Poststation. Hier trifft sich auch »allwöchent-

Blick auf Kirchheim unter Teck und die Berge der Schwäbischen Alb, Holzstich, 1866

lich« das »Vikarskränzelein« und dabei oder davor oder danach, oder wie es sich einrichten lässt, trifft sich Mörike mit seinem Freund Johannes Mährlen, der Vikar im nahen Dorf Zell unter Aichelberg ist.

In Kirchheim nimmt Mörike, wie er am 3. Oktober Mährlen mitteilt, auch an einer Theologen-Disputation teil, »die erste, die ich in meinem Leben mitmachte und auch die lezte wahrscheinlich – ein sehr humaner und nicht vielbesagender LOCUS THEOLOGICUS mit gastrologischer Nutzanwendung – ich kann dir weiter nichts davon erzählen, ich that nichts wie essen und trinken [...] und gelernt habe ich auch nichts neues dort, ja ich weiß noch diesen Augenblick nicht, war der Fraß um der DISPUTATION willen oder die Disp. um des Fraßes willen«. Es sollte nicht die letzte Kirchheimer Disputation gewesen sei, die er besuchte. Als Vikar in Owen ist er am 8. Oktober 1830 ein weiteres Mal dabei und wieder hat er den Eindruck, dass das Essen und nicht die Disputation die Hauptsache sei, weshalb er den »unmaasgeblichen

Vorschlag« unterbreitet, »man sollte schon während des Disputieren [...] Messer und Gabel in die Bücher stecken beim Aufschlagen und Bezeichnen der Paginas«, so zumindest behauptet er es gegenüber seiner Braut Luise Rau, der er dann auch im selben Brief, wohl unabsichtlich, zu erkennen ermöglichte, was ihm selbst bei der Disputation am wichtigsten war: »Um vier Uhr stahlen wir Jüngern [...] uns zu einem besondern Glas Weine fort, es wurde spät und später.«

»Damit diß Blatt nicht leer bleibt«

Dem Herbst in Köngen verdanken wir neben den immer grantiger klingenden Briefen auch einige seiner stimmungsvollsten Gedichte. Jenen Brief an Johannes Mährlen vom 3. Oktober 1827, in dem er ihm von der »ersten« Disputation in Kirchheim berichtet, schließt er mit der Bemerkung: »Damit diß Blatt nicht leer bleibt sez ich noch 2 (zum Erstaunen getreuübersezte) Verse aus SHAKESPEARE VENUS und ADONIS.« Natürlich ist der im Brief genannte Bezug auf Shakespeare fingiert. Beide Verse, die er später »Um Mitternacht« überschrieb, sind ureigenste Schöpfung Mörikes.

Gelassen stieg die Nacht ans Land
Hängt träumend an der Berge Wand;
Ihr Auge sieht die goldne Waage nun
Der Zeit in gleichen Schaalen stille-ruhn
Und kecker rauschen die Quellen hervor,
Sie singen der Nacht, der Mutter, ins Ohr
Vom Tage
Vom heute geweßenen Tage!

Das uralt alte Schlummerlied
sie achtets nicht, sie ist es müd,

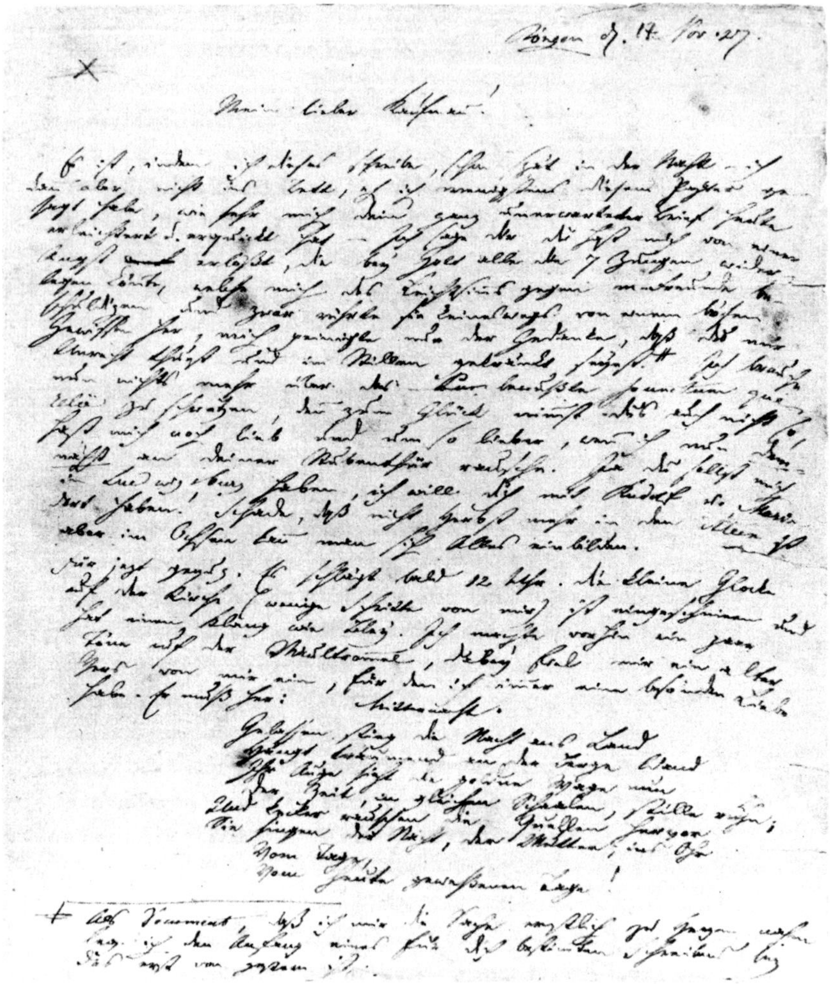

Brief an Ernst Friedrich Kauffmann mit dem Gedicht »Gelassen stieg die Nacht ans Land«

Ihr klingt des Himmels Bläue süßer noch,
Der flüchtgen Stunden gleichgeschwungenes Joch.
Doch immer behalten die Quellen das Wort
Es sprechen die Wasser im Schlafe noch fort
Vom Tage
Vom heute geweßenen Tage!

Am 17. November sendet er das Gedicht, leicht überarbeitet, auch seinem Freund Kauffmann, mit der Bemerkung: »Es schlägt bald 12 Uhr. Die kleine Glocke auf der Kirche (wenige Schritte von mir) ist eingeschniien und hat einen Klang wie Bley. Ich machte vorhin ein paar Töne auf der Maultrommel, dabey fiel mir ein alter Vers von mir ein, für den ich eine Besondre Liebe habe.«

Zu den Früchten des Köngener Herbstes zählt auch das am 18. Oktober entstandene Gedicht »Septembermorgen«, das er zunächst mit »Herbstfrühe« betitelt:

Im Nebel ruhet noch die Welt,
Noch träumen Wald und Wiesen:
Bald siehst du, wenn der Schleier fällt,
Den blauen Himmel unverstellt,
Herbstkräftig die gedämpfte Welt
In warmem Golde fließen.

Doch all diese lyrische Produktivität kann nicht darüber hinwegtäuschen, dass nach einem Jahr Vikariat für Mörike die berufliche Situation immer unerträglicher wird. »Ich sehe mit den peinlichsten Gefühlen einem jeden Predigttag entgegen«, schreibt er kurz nach seinem 23. Geburtstag im September der Mutter. Der Sonntag stehe schon am Mittwoch wie »ein Gespenst« vor ihm. Bibliothekar »irgendwo« oder Angestellter bei Cotta oder Hauslehrer oder Sekretär wolle er werden, nur raus aus dem Vikariat.

Am 29. November schließlich bittet er König Wilhelm von Württemberg wegen seiner »GesundheitsUmstände allerunterthänigst um einen Urlaub auf unbestimmte Zeit«. Beigefügt ist ein ärztliches Attest von Samuel Benjamin Haerlin aus Nürtingen, das ihm eine »Ängstlichkeit des Gemüths« bescheinigt, »welche ihm die Versehung seines Amtes, namentlich das Predigen äußerst erschwert«. Tatsächlich erhält er am 11. Dezember

die Nachricht, ein Urlaub sei ihm auf zwei Monate gestattet. Noch am gleichen Tag verlässt er Köngen. Weitere Urlaubsgesuche werden geschrieben und gewährt. Eine »Auszeit« von einem Jahr folgt, etwa die Hälfte davon verbringt er in Oberschwaben.

Heimat in Nürtingen

Die Oberamtsstadt Nürtingen, mit ihren damals etwa 3600 Einwohnern, war für Eduard Mörike fast so etwas wie eine zweite Heimat.

König Wilhelm I. von Württemberg (1781–1864)

Schon als Kind hat er oft und gern die dort wohnende Tante, Mutters Schwester, Auguste Friederike Rosine (1767–1847) besucht, die mit dem Stadtschreiber Dr. Gottlob Friedrich Planck (1764–1831) verheiratet war, und Eduards jüngeren Bruder August (1807–1824) nach dem Tod des Vaters 1817 bei sich aufgenommen hatte. Seit 1823 war ein Umzug der Mutter Eduards und seiner jüngeren Geschwister nach Nürtingen im Gespräch. Im Februar 1826 war es dann soweit, nachdem man eine Wohnung im Haus des Oberamtspflegers Buck am Kirchplatz (heute Kirchstraße 17) gefunden hatte.

Rechte Seite: Skizze Mörikes mit dem Straßenverlauf von Ludwigsburg nach Nürtingen

»Unser Wohnung könnte überhaupt nicht freundlicher liegen. Weißt, auf dem freyen Platz vor der Kirche wo die Schwalben herumfliegen und hie u. da ein Schulbube mit dem Ball spielt, gegenüber ist ein Lindenbaum, der in meinem Herzen schon, als es noch klein war, seine Wurzeln hatte«, schreibt Edu-

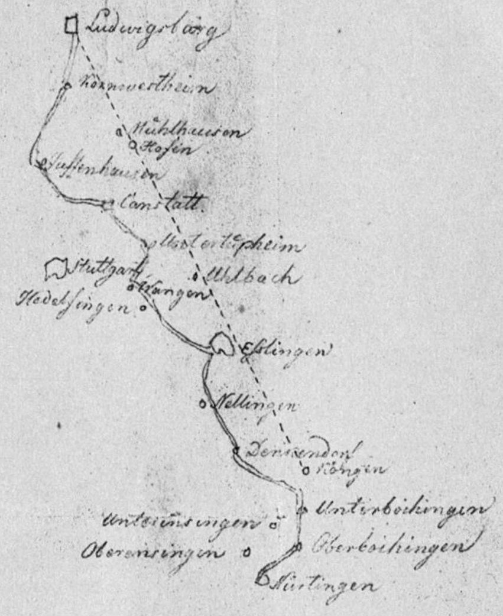
Ludwigsburg
Kornwestheim
Mühlhausen
Hofen
Zuffenhausen
Canstatt
Untertürkheim
Stuttgart
Uhlbach
Wangen
Hedelfingen
Eßlingen
Nellingen
Denkendorf
Köngen
Unterboihingen
Unterensingen
Oberensingen
Oberboihingen
Nürtingen

ard Mörike am 20. März seinem Freund Wilhelm Hartlaub. Ihm war in der Nürtinger Wohnung, obwohl er ja einen festen Studien- und Wohnplatz am Tübinger Stift hatte, ein kleines »vertrauliches Stübchen« mit einem Bett, einem Sofa und einem kleinen Ofen eingeräumt worden, das er in den Ferien bezog.

Sechs Jahre lang bleibt Nürtingen Familienmittelpunkt, der auch immer wieder Eduard Mörike bei seinen Vakanzen, zwischen den Vikariaten, als Wohn- und Aufenthaltsort dient. 1832, nachdem er Pfarrverweser in Ochsenwang geworden war, wurde der Wohnsitz aufgegeben. Seine seit langem kranke Schwester Luise war am 31. März 1827 in Nürtingen gestorben, die jüngeren Geschwister waren inzwischen einigermaßen versorgt. Das 16-jährige Nesthäkchen Klara konnte als letztes bei der Tante Neuffer im Bernhauser Pfarrhaus untergebracht werden. Die allein stehende Mutter zog nach Ochsenwang und führte von nun an bis zu ihrem Tod den Haushalt des Sohns, später unter Mitwirkung der Tochter Klara.

Doch auch nach der Wohnungsauflösung pflegt Eduard Mörike einen regen Kontakt nach Nürtingen, zumal sich dort 1840 die Familie seines Bruders Karl niederlässt. Immer wieder erfahren wir aus Briefen, dass er sich gerade in Nürtingen aufhält und von dort aus Freunde, Verwandte und Bekannte in der Umgebung besucht. So berichtet er von einem Besuch in Nürtingen, der vom 15. Juli bis zum 8. August 1842 stattfand, an Hartlaub: »Dann haben wir von hier aus auch eine Fahrt nach Denkendorf gemacht [...] Wir sahn das alte Kloster, (d. h. leider die Fabrik) die Kirche mit dem Keller, das Haus wo Joh. Albr. Bengel wohnte, die Gärten und die Pfarrwohnung, von oben bis unten. [...] Ferner war man in Bettlingen u. zwar zunächst im Pfarrhause, dann auf dem Geigenspiel. [...] Die Gegend ist von außerordentlicher Schönheit.«

Zu Beginn des Jahres 1843 besucht er in Nürtingen Hölderlins Schwester – »Sie hat die ehmalige Wohnung meiner Mutter

Blick auf Nürtingen und das Neckartal, Lithographie, um 1850

inn u. ganz dieselben Zimmer« –, die ihm auf seine Bitte hin »einen großen Korb« mit Manuskripten Hölderlins überlässt. »Ich fand«, teilt er Hartlaub am 6. Februar mit, »merkwürdige CONCEPTE seiner (zumeist gedruckten) Gedichte [...] Besonders rührend waren mir so kleine verlorene Wische aus seiner Homburger u. Jenaer Zeit, die mich unmittelbar in sein trauriges Leben und dessen Anfänge versezten.«

Später Fluchtort

Wenige Jahre vor seinem Tod verlegt Mörike noch einmal für gut ein Jahr sogar wieder seinen Wohnsitz nach Nürtingen. Es ist eine Art Flucht aus Stuttgart, wo er befürchtet »totbesucht« zu werden. Dem Maler Moritz von Schwind kündigt er am 24. Januar 1870 sein Vorhaben an: »Nun wurde uns in einer nicht allzu weit von hier gelegenen Landstadt – Nürtingen – durch dortige

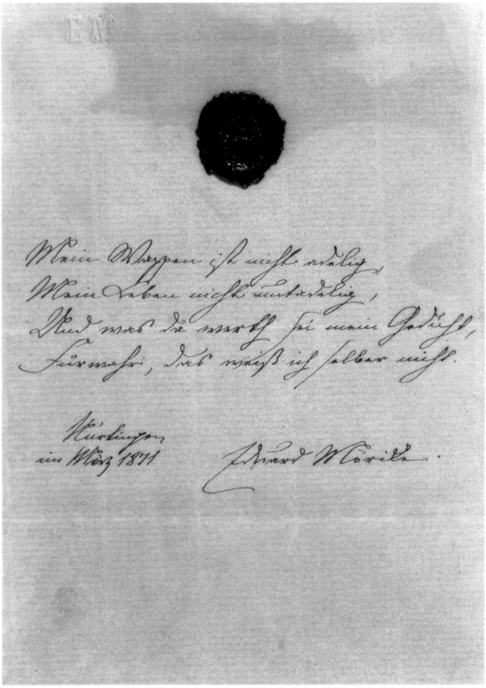

Mein Wappen ist nicht adelig,
Mein Leben nicht untadelig,
Und was da werth sei mein Gedicht,
Fürwahr, das weiß ich selber nicht.

Nürtingen
im März 1871

Eduard Mörike.

Autogrammkarte Mörikes mit Siegelabdruck vom März 1871

Verwandte eine passende Wohnung angezeigt [...] Der Ort ist mir heimatlich, meine Mutter lebte länger Zeit als Witwe dort, und ich selbst an verschiedenen Orten der Gegend, die durch die nahe Alb ihre besondere Reize hat [...] Die Stadt besitzt vorzügliche Lehranstalten und eine Eisenbahn, auf welcher man in anderhalb Stunden nach Stuttgart, in zweien nach Tübingen fährt.«

Fünf Tage später kann man in der Schwäbischen Kronik lesen: »Der Unterzeichnete, im Begriff, von hier nach Nürtingen überzusiedeln, muß seines Befindens wegen auf einen persönlichen Abschied bei Gönnern und Freunden verzichten; er bittet angelegentlich, ihn deßhalb gütigst entschuldigt zu halten und ihm und seinem Hause das bisher erzeigte Wohlwollen auch fortan zu bewahren. Dr. Ed. Mörike.«

Beim Siechenpfleger Johann Heinzelmann in der Neckarsteige 36, zweiter Stock, wohnt die Familie dann bis zum 29. März 1871. In dieser Wohnung erlebt Eduard Mörike den Deutsch-Französischen Krieg. Zwei Tage nach dem am 1. September 1870 erfolgten Sieg über die Franzosen bei Sedan und deren Kapitulation schreibt er an Hartlaub: »Ich lebte diese letzten Monate herein beinahe nur vom Krieg und hatte [...] den Kopf in lauter alten Kriegsgeschichten, las den Cäsar de bello gallico und viel dergleichen durcheinander mit solcher Gier und Ungeduld, daß ich mir oft selber lächerlich dabei vorkam [...] Die besseren Häuser sind seit heute beflaggt, und unsere Kinder, besonders die Marie, sehr beeifert, auch vor unseren Fenstern so eine lange schwarzweißrote Fahne wehen zu lassen.«

Zum Krieg ist dann auch – möglicherweise im Zusammenhang mit dem Tod des langjährigen, innig-vertrauten Freundes Johannes Mährlen – ein Gedicht entstanden. Der Sohn Mährlens war im November 1870 gefallen, Mährlen, dadurch ein Gram gebeugter Mann geworden, am 19. März 1871 gestorben. Mit »Im März 1871« ist das Gedicht »In Gedanken an unsere deutschen Krieger« unterzeichnet, in dem der alte Mörike kommentiert:

> Bei euren Taten, euren Siegen
> Wortlos, beschämt, hat mein Gesang geschwiegen,
> Und Manche, die mich darum schalten,
> Hätten auch besser den Mund gehalten.

Nürtingen 1870, Blick aus der Wohnung des Dichters in der Neckarsteige 36, aquarellierte Zeichnung von Mörike

Voll Hoffnung auf Ruhe, Erholung und gesundheitliche Besserung war Mörike nach Nürtingen gezogen. Doch schon bald häufen sich in seinen Briefen wieder Klagen über den Gesundheitszustand. Da ist von Kopfschmerzen, Rheumatismus, Augenproblemen die Rede, die – wie Mörike mutmaßt – auch durch die Nähe der Wohnung zum Neckar mit verursacht sein könnten. Überlegt wird, ob »überhaupt das Nürtingen Klima recht tauge«. Schließlich zieht die Familie am 29. März 1871 innerhalb Nürtingens um. Von der Neckarsteige ging es nun zum Marktplatz, ins Haus des Kaufmanns Moritz Ebner (heute Marktstraße 6), wo man sich im ersten Stock einquartierte. Doch auch hier hält es der ruhelose Mann nicht lange aus. Schon nach drei Monaten, im Juni des Jahres 1871 verlässt die Familie Nürtingen und kehrt nach Stuttgart zurück.

Im Nürtinger Stadtmuseum bewahrt man eine Fensterscheibe auf, die Mörike, wie andernorts auch, mit seinen Initialen und hier mit dem Datum 21. April 1871 versehen hat. Literarische Denkmale hat Mörike der Stadt im *Stuttgarter Hutzelmännlein* hinterlassen, in dem er den Schustergesellen Seppe in der alten Stadtmühle übernachten lässt, die sich einst am Ende der Neckarsteige rechts vom Neckartor befand. Zudem widmete er der in Württemberg bekannten Nürtinger Lateinschule, die von Friedrich Hölderlin und Friedrich Wilhelm Joseph Schelling besucht worden war, zwei Distichen, die allerdings wie das *Hutzelmännlein* lange vor dem Nürtinger Aufenthalt entstanden sind:

Einen Genius hast du der Welt in Schelling erzogen;
Dessen berühmest du dich, wackere Schule, mit Recht.
Hätte Dir Schwaben nur mehr von solcherlei Samen zu senden,
Nicht am Gärtner fürwahr, daß er dir blühte, gebricht's.

Esslingen

Die Marienkirche in Esslingen, Stahlstich, um 1845

Die alte Reichsstadt Esslingen spielt in der Biografie Mörikes gewiss keine bedeutende Rolle. Dennoch verdanken wir einem Besuch des Dichters im Herbst 1840, von dem er Wilhelm Hartlaub berichtet, zwei kleine Zeichnungen sowie eine reizende Schilderung der alten Reichsstadt:

»In Esslingen hatte mein Bruder Geschäfte. Dazwischen besahen wir nun die ältesten Parthien dieser höchst merkwürdigen, gewerbsamen Stadt. Es war ein sonniger Morgen. Mit ein paar Gläsern frischen Brunnenwassers im Magen bestiegen wir zuerst die Höhe wo die Burg gestanden hat, auf der uralten, bedeckten und soweit vollkommen gangbaren Stadtmauer. Sie ist nach der Stadtseite offen und führt endlich auf ein sonderbar in der Luft hängendes Häuschen, welches ein Wächter bewohnt. [...] Hierauf besuchten wir die FrauenKirche samt ihrem Thurm. Es ist die älteste Kirche der Stadt und bekanntlich eine der schönsten die weit und breit zu finden sind. [...] Von der herrlich durchbrochenen Arbeit des Thurms hab ich aus einem Wirthshausfenster ein kleines Stückchen abgezeichnet, um dem Verlangen, womit uns eine solche Anschauung erfüllt, eine Art von Ausweg zu verschaffen.«

Die beiden Zeichnungen in der Württembergischen Landesbibliothek zeigen die Spitze der Frauenkirche und die Burg. Das Schiller-Nationalmuseum in Marbach bewahrt zudem eine

Glockenblume, die Mörike, laut der Beschriftung auf dem Umschlag, vom ersten Kranz der Frauenkirche gepflückt hat.

Weit weniger beachtet und in der Esslingen-Literatur so gut wie nicht berücksichtigt wurde bislang, dass Mörike den Herrn Bunz, eine seiner Traum- und Phantasiefiguren – man denke an das Land Orplid, an Liebmund Maria Wispel oder an das »Märchen vom sicheren Mann« –, in Esslingen beheimatet hat. Um ihn in Mörikes Hinterlassenschaft zu finden, muss man ein bisschen suchen, doch lassen sich einige kleine Spuren aufdecken, die dann auch bei der Charakterisierung dieser Person als ein »breimauliger Untertan« behilflich sind.

Der Aufgang zur Esslinger »Burg«, Zeichnung von Mörike, 1840

So schreibt Eduard Mörike an Hartlaub von seinem Bodensee-Aufenthalt im Mai 1851, dass er und seine Schwester Klara gerade auf dem Konstanzer Markt »Rauchtabak und Magnesia« gekauft hätten und nun »dem lebhaften Treiben am Hafen« zuschauten: »Auf ein paar große Frachtschiffe, deren noch eingewickelte Segel sich schon ungeduldig im Winde bewegten – wurde Holz geladen. Herr Bunz, seligen Angedenkens, stellte sich einen Augenblick ein. ›Die Bündel neuer Pfähle auf welchen wir da sitzen (sagte er) theilen uns eine angenehme Wärme mit, sie scheinen lange von der Sonne gebäht

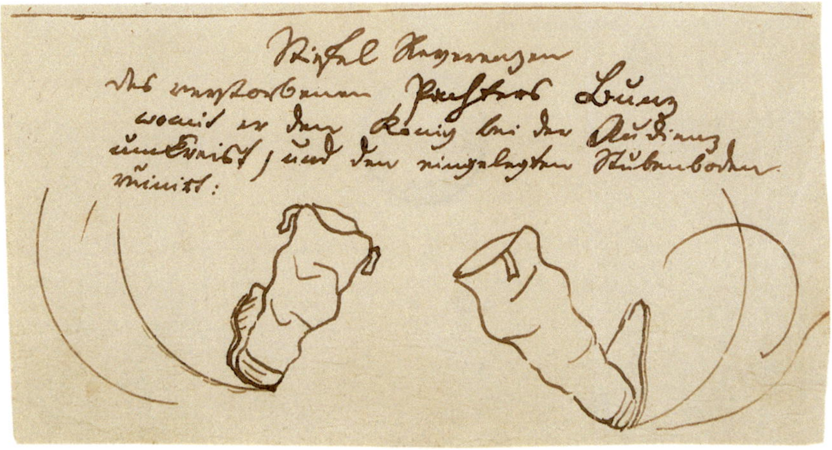

Die Stiefel »des verstorbenen Pachters Bunz«, Federzeichnung von Mörike

worden zu seyn. Das ist wohl Zwetsgan-Baum-Holz‹ ›O nein!‹ Sagt C. [lara]. ›Sie sind doch auch am Bodensee derselbe dumme Mensch.‹«

Veranschaulicht wird Herr Bunz von Eduard Mörike in einer kleinen Federzeichnung, die ein Stiefelpaar darstellt und auf der er vermerkte: »Stiefel Reverenzen des verstorbenen Pachters Bunz womit er den König bei der Audienz umkreist, und den eingelegten Stubenboden ruinirt«. Mörikes Frau Margarethe erläutert in einem Brief vom 24. Juli 1891: »Der H. Bunz ist allerdings ein fingirter beschränkter alter Schulmeister, in Esslingen wohnend. Eduard befasste sich gerne und in großer Heiterkeit damit, seine Personen auftreten und sprechen zu lassen; schon vor meiner Zeit scheint es. Später, seinen Kindern, ließ er diesen, etwas gefürchteten Mann, in verstärktem Maase auftreten – immer hinter einem Vorhang oder spanischer Wand; und die Mädchen schluckten dann kaum vor Erregung und Respekt.«

*»Da lieg ich auf dem Frühlingshügel:
Die Wolke wird mein Flügel.«*

»Auszeit« in Oberschwaben

Gerade ein Jahr ist Eduard Mörike im Herbst 1827 nun Vikar, dieses Mal in Köngen, auf seiner dritten Stelle. Immer unerträglicher sind ihm das Amt und die damit verbundenen Aufgaben geworden. Er hält es beinahe nicht mehr aus. Am 9. Dezember 1827 schreibt er seinem Freund Ludwig Bauer: »Ach, von Monat zu Monat hoffte ich auf Erlösung und für die glückliche Befreiung von meinem unerträglichen Joch [...] Das geistliche Leben ists. Ich bin nun überzeugt, es taugt nicht für mich.« Immerhin konnte er ihm aber auch im gleichen Brief einen »vorläufigen Durchbruch« vermelden: Das Stuttgarter Konsistorium hat ihm bis etwa Mitte Februar einen Urlaub gestattet.

Kaum neigt sich die Frist zu Ende, bittet er um eine Verlängerung – »Alles nur kein Geistlicher«, schwört er am 20. Februar 1828 seinem Freund Johannes Mährlen. Auf den 6. April datiert ein neues Gesuch, wieder wird verlängert. Und so geht es fort: Ein gutes Jahr kommt alles in allem zusammen. Ein Jahr der Vikariatspause, des Atemholens, eine »Auszeit«, in der Mörike eine ganze Reihe von Plänen, anderweitig unterzukommen, entwirft, verfolgt, aufgibt und schließlich zur Erkenntnis kommt, dass der »geistliche Hauch« eben doch »ganz agréable« sei, wie er am 15. Dezember 1828 seiner Mutter mitteilt.

Monatelang erhofft, erträumt sich Mörike eine Anstellung im Verlag der J. G. Cotta'schen Buchhandlung in Stuttgart. Dies hat sich für ihn schmerzlich zerschlagen. Als Forum, als Publikationsorgan seiner damals entstandenen Gedichte öffnete ihm der Verlag allerdings sein bedeutendes und viel gelesenes *Morgenblatt für gebildete Stände*. Allein im Jahrgang 1828 erschienen darin, eifrig gefördert von Gustav Schwab, der seit dem 1. Januar des Jahres die Redaktion des poetischen Teils des Blattes übernommen hatte, 13 von Mörikes Gedichten, darunter: »Nächtliche Fahrt«, »Um Mitternacht«, »In der Frühe«, »Auf der Reise«, »Septembermorgen«.

Mörike verbrachte einige Monate des Jahres bei seiner Mutter in Nürtingen, bei Verwandten in Stuttgart und Bernhausen. Die meiste Zeit aber, von Februar bis Ende Juli, hielt er sich in Oberschwaben auf, wohnte in Scheer und Buchau, bereiste den Bussen, Weingarten, Ravensburg, Ulm. In Oberschwaben verlebte er wohl die unbeschwerteste und glücklichste Zeit seines Lebens, poetisch verklärt. Die Briefe klingen heiter und fröhlich. Aus dem Erleben des anbrechenden Frühlings, des strahlenden Sommers in der oberschwäbischen Donaulandschaft und unter dem Eindruck einer zart-scheuen Liebschaft entstanden dabei seine bekanntesten Frühlings- und Liebesgedichte.

Die Ruine auf dem Bussen, das Wahrzeichen Oberschwabens, um die Mitte des 19. Jahrhunderts

In Scheer

Vom 20. Februar 1828 an weilt Mörike in Scheer, einem kleinen, etwa 900 Einwohner zählenden, katholischen Städtchen, das bis zur großen »Napoleonischen Flurbereinigung« Mittelpunkt und Verwaltungssitz der kleinen, den Fürsten von Thurn und Taxis gehörenden Grafschaft Friedberg-Scheer gewesen war. 1805 war die Stadt mit der Grafschaft dem Königreich Württemberg einverleibt worden, blieb jedoch noch lange zentraler Sitz der fürstlichen Vermögensverwaltung.

Gastgeber Mörikes ist dessen ältester Bruder Karl, der seit 1823 in Scheer als Amtmann der Thurn-und-Taxis'schen Rentkammer im Alten Renthaus, Hauptstraße 12, fungiert und mit seiner Frau im daneben liegenden Oberamtshaus, Hauptstraße 14, wohnt. Für Mörike beginnt eine Zeit der Erholung, zwar bewirbt er sich aus der Ferne bei Cotta in Stuttgart und disku-

Die ehemalige Residenzstadt Scheer an der Donau um 1820

tiert den einen oder anderen Berufsplan mit einem seiner Brieffreunde, doch lieber begleitet er seinen Bruder auf dessen Amtsreisen »im Gefärth über Feld. Ich und er solo auf dem hintern Siz in brüderlicher Harmonie«, wie er Mährlen am 4. Mai schreibt. Manchmal gar kommt es zu kleinen spontanen Ausflügen, etwa auf den Bussen, »einen durch sein vortreffliches Panorama berühmten Berg«.

Mörikes Bruder Karl (1797–1848), Amtmann in Scheer

Und oft sitzt er im Garten des katholischen Pfarrers von Scheer, Michael Wagner (1758–1838), mit dem er sich angefreundet hatte, und von dem er später im Gedicht »Besuch in der Carthause« erzählt, »wie wir uns / In Scherz und Ernst, trotz meines schwäbischen Ketzerthums, / Gar bald verstanden; von dem kleinen Gartenhaus, / Wo ein bescheidnes Bücherbrett die Lieblinge / Des würdigen Herrn, die edlen alten Schwarten trug, / Aus denen uns bei einem Glase Wein, wie oft! / Präneste's Haine, Tiburs Wasser zugerauscht«. Im Pfarrgarten also liest, schreibt, phantasiert, träumt und dichtet er. »Die Laube, wo mein Tisch u. Schreibzeug steht, läßt durchs junge Geisblatt die Sonne auf mein Papier spielen, der Garten liegt etwas erhöht; über die niedrige Mauer weg auf der man sich wie auf einem Gesimse sezen kann, sieht man unmittelbar auf den Wiesenplan, auf welchem die Donau ihre Schere bildet. Links, mildansteigende Hügel, rechts, ein weiter Bogen vom Bergwald. Eine Wachtel schlägt in der jungen Saat«, vertraut er am 13. Mai seinem Freund Mährlen an und legt ihm ein Gedicht bei – »Hier hast Du einen Vers, der erst diesen Morgen ausgeschlupft ist« –, das zu den schönsten Frühlingsgedichten zählt und in seiner Urfassung so lautet:

Da lieg ich auf dem Frühlingshügel,
Die Wolke wird mein Flügel [...]

Ich seh die Wolken wandeln und den Fluß,
Es dringt der Sonne goldner Kuß
Mir tief bis ins Geblüt' hinein;
Die Augen, wunderbar berauschet,
Thun, als schliefen sie ein;
Nur noch das Ohr dem Ton der Biene lauschet.

[...] Mein Herz, o sage,
Was webst du für Erinnerung
In goldengrüner Zweige Dämmerung?:
    Alte, unnennbare Tage!

Schemenhaft und doch eindeutig sind die Spuren einer Liebschaft Mörikes, eventuell mit der Tochter des Schulmeisters, die schon wegen der unterschiedlichen Konfession nur im Verborgenen blühen kann. Man tauscht Briefe, die an vertrauten Verstecken hinterlegt werden.

So sind von Mörike Notizen überliefert, in denen es in einem mit »Kleine kathol. poet. Züge aus dem Scheerer Leben« beginnenden Absatz unter anderem heißt: »Syringa in der kathol. Kirche (auf der Orgel) als Zeichen – ob die literae erot. u. preces acceptirt worden.« Offenbar erwartet Mörike, dass das geliebte Mädchen zum Zeichen, dass es seine »Briefe der Liebe und Bitten« erhalten habe, die Orgel mit »Syringa« (Flieder) schmücke.

Und am 20. Juli schließt er einen Brief an Mährlen, wohl um ihm zu verstehen zu geben, dass dies nur für ihn bestimmt sei, mit einem Satz in Latein: »In rebus amatoriis hic multum, at nequaquam periclitando, profeci«, was soviel heißt wie: In Liebessachen bin ich hier, freilich ohne viel zu riskieren, gut vorangekommen.

Jorinde oder Josephine nennt er die Geliebte. Zeugnisse dieser Liebe sind in den Gedichten aus der Zeit in Oberschwaben hier und da zu finden – etwa über das erste Zusammentreffen und weitere Kennenlernen im Gedicht »Liebesvorzeichen«:

[...] Und dort am Rasen lag Jorinde;
Wie schnell bin ich zum Gruß bereit,
Indeß sie sich nur erst geschwinde
Den Schlummer aus den Augen streut!

Dann leuchtet dieser Augen Schwärze
Mich an in lieb und guter Ruh,
Sie hört dem Muthwill meiner Scherze
Mit kindischem Verwundern zu. | [...]

Still überlegt' ich auf und nieder,
Und ging so meiner Wege fort;
Doch fand der nächste Morgen wieder
Mich zeitig bei dem Bäumchen dort. [...]

Scheer, »nach der Natur gezeichnet von Eb. Emminger«

Ich eile rasch den Gang hinunter,
Dort geht sie schon im Morgenstrahl;
Und bald, o Wunder über Wunder!
Wir küßten uns zum erstenmal. | [...]

Am besten kommt das Verhältnis wohl im Gedicht »Josephine« zum Ausdruck, wo Mörike beschreibt, wie er die Geliebte an Fronleichnam in der Kirche beim Hochamt singen hört, hinter sie auf die Empore tritt, ihr festliches Kleid berührt, sie beim Namen nennt:

»Doch, welch ein Blick und welche Miene, / Als ich das Wort nun endlich nahm, / Und nun der Name Josephine / Mir herzlich auf die Lippen kam! / Welch zages Spiel die braunen Augen hatten! / Wie barg sich unter'm tief gesenkten Schatten / Der Wimper gern die ros'ge Scham!«

Wer heute auf Mörikes Spuren durch Scheer geht, kann noch manchem, von dem, was Mörike gesehen oder beschrieben hat, begegnen. Noch immer liegen auf der von der Donau umflossenen Bergzunge neben dem Schloss die Kirche, das Pfarrhaus und der Pfarrgarten, und noch immer sieht man von dort den Flussbogen, die »Schere«, die der Stadt den Namen gegeben hat. Die liebliche Flusslandschaft allerdings sucht man vergeblich. Das Industriezeitalter hat sie gründlich verwandelt und verdorben.

In der unter dem Schlosshügel liegenden Altstadt dagegen scheint die Zeit still gestanden zu sein. Am Alten Renthaus und am Oberamthaus, Dienst- und Wohnsitz Karl Mörikes, vorbei kommt man mit wenigen Schritten zur Donau, zu den Donauwiesen, zu Mörikes Fluss: »O Fluß, mein Fluß im Morgenstrahl! / Empfange nun, empfange / Den sehnsuchtsvollen Leib einmal, / Und küsse Brust und Wange! / – Er fühlt mir schon herauf die Brust, / Er kühlt mit Liebesschauerlust / Und jauchzendem Gesange.«

In Buchau

Im Juni 1828 verlässt Eduard Mörike Scheer – Dorothea Mörike, Karls Frau, hatte am 28. Mai ihr erstes Kind bekommen – und lebt nun einige Wochen in Buchau bei seinem Vetter Heinrich Gottlieb Karl Mörike, der dort als Thurn-und-Taxis'scher Bezirksamtmann in Diensten steht. Das reiche Buchauer Damenstift und die ehemalige Reichsstadt Buchau waren 1802/03 in den Besitz der Fürsten von Thurn und Taxis gelangt, die – auch nachdem die Stadt 1806 unter württembergische Landeshoheit

Buchau und der Federsee, Holzstich, zweite Hälfte des 19. Jahrhunderts

fiel – ihre gerade erworbenen Eigentumsrechte, ihre Einkünfte und Liegenschaften behalten konnten, darunter die inzwischen zum Schloss umgebaute Klosteranlage. Zur Zeit Mörikes hatte die aufstrebende Stadt rund 1600 Einwohner, darunter etwa 500 Juden, die seit 1760 über eine eigene Synagoge verfügten.

Die Dienststätte des Gastgebers ist das Schloss; heute dient es der Stadt Bad Buchau als Altersheim. Der Wohnort ist das Haus Hofgartenstraße 17. Dort übergibt Mörike der Frau seines Buchauer Vetters am 19. Juni eine Gedichtsammlung als Gastgeschenk, ein kleines handgeschriebenes Liederheft, dessen Widmung das damalige Lebensgefühl Mörikes anschaulich und deutlich macht: »Neue weltliche Lieder just nicht fürs Clavier aber zum geringen Beweis, daß die Stadt Buchau keinen unpoetischen Himmel habe; wurden sämtlich gedichtet im dortigen Park so wie im Badgarten, nunmehr dankbarlichst gewidmet der hochgeschätzten lieben Frauen Adelheid von ihrem Vetter, dem dermalen vagirenden bey Grazien und Musen vicarisirenden Vicar Eduard Mörike.« Der Zusatz – »Diese Stücke gehören, bis auf das Epigramm, sämmtlich in den Zusammenhang einer Novelle und ist also nichts Persönliches darin zusuchen« –, lässt aufhorchen und führt zwangsläufig zur Vermutung, dass nun doch sehr viel »Persönliches« in diesen Gedichten enthalten ist. Was die Liebeslieder anbelangt, schwingen sicher die Scheerer Erlebnisse nach, möglicherweise hat er Josephine weiterhin geschrieben, sie vielleicht gar bei einem festlichen Anlass getroffen. In der Liedersammlung finden wir ein großes Gedicht, das »Bacchusfest«, später unter dem Titel »Die Herbstfeier« veröffentlicht, wo man lesen kann:

> [...] Flöte mit Gesang verkünde
> Gleich des Tages letzten Rest,
> Mit dem Abendstern entzünde
> Sich auch unser Freudenfest! [...]

[...] Amor auch hat nichts dawider,
Wenn sich Wang' an Wange neigt,
Und der Mund, im Takt der Lieder,
Sich dem Mund entgegen beugt. [...]

Mädchen! schlingt die wildsten Tänze!
Reißt nur euren Kranz entzwei!
Ohne Furcht, denn solche Kränze
Flicht man immer wieder neu;
Doch den andern, den ich meine,
Nehmt, ihr Zärtlichen, in Acht!
Und zumal im Mondenscheine,
Und zumal in solcher Nacht. | [...]

Ab Juli begleitet Eduard Mörike als »Gesellschafter u. Sekretär« seinen Onkel Gottlieb Mörike (1774–1833), einen jüngeren Bruder des Vaters, der württembergischer Obertribunalprokurator und Generalbevollmächtigter der Fürsten von Thurn und Taxis ist, auf dessen Reisen durch Oberschwaben. »Ich bin derzeit auf allen Flanken von Oberschwaben herum«, schreibt er am 7. Juli seinem Freund Mährlen aus Weißenau. Am Tag zuvor war er »zum ersten mal in die schöne Gegend von Weingarten« gekommen, wo ihm »die Kirchenkuppel und das goldene Kreuz im schönsten Sonnenschein entgegenglänzte«. Doch fügt er, den Freund beruhigend, hinzu: Obwohl er nun viel herumkomme, so sei er im Grund doch noch immer der gleiche, der er »von jeher gewesen, nämlich ein guter, hoffnungsvoller Jüngling, ein Kerl, der seine Pfeif Tabak eben überall lieber raucht, als auf dem Vikariat«.

Ende Juli heißt es Abschied nehmen von Oberschwaben, den Freunden und Verwandten, dem Mädchen Jorinde-Josephine. Zwar gefällt es ihm in Buchau »noch immer zu wohl«. Doch er will, er muss in die Heimat zurück, nach Stuttgart zunächst für ei-

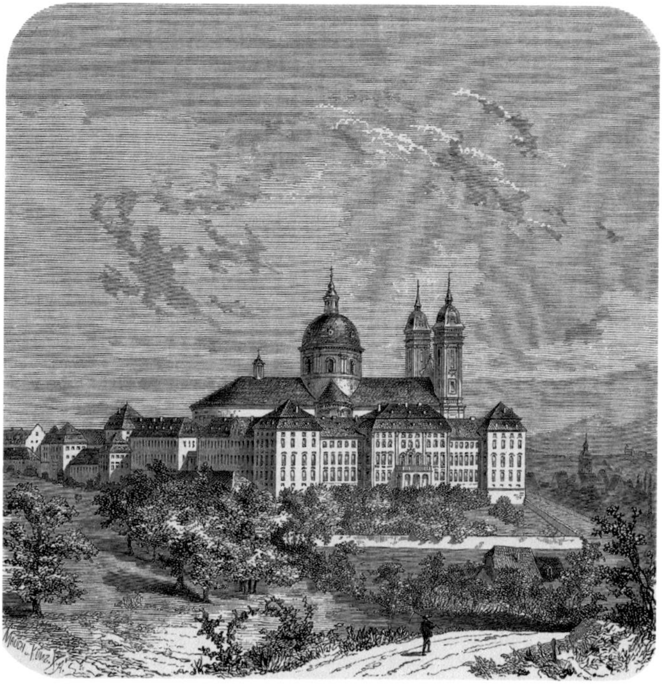

Das ehemalige Benediktinerkloster Weingarten, kolorierter Holzstich, 1866

nige Monate als Hofmeister bei seinem Onkels, um, so hofft er, von dort aus dann doch noch eine Verlagsanstellung zu finden. »Buchau, Ulm, Stuttgart! Ja, ich bin wirklich der Windbrauts Sohn und werd es vielleicht mein Leben lang bleiben«, schreibt er zum Abschied aus Oberschwaben in Ulm am 26. Juli 1828 an Mährlen. Einen Rückblick findet man auch in dem in jenen Monaten entstandenen Gedicht »Auf der Reise«, wo es heißt:

Zwischen süßem Schmerz,
Zwischen dumpfen Wohlbehagen
Sitz' ich nächtlich in dem Reisewagen,
Lasse mich so weit von dir, mein Herz
Weit und immer weiter tragen.

Rückkehr nach Scheer und Theaterfreuden in Mengen

Noch einmal ist Mörike für einige Monate nach Oberschwaben gekommen, wohl früher und anders, als er es gedacht hat. Schnell hatten sich die Stuttgarter Pläne zerschlagen. Eine Anstellung, die er Ende Oktober im Verlag der Brüder Franckh in Stuttgart erhielt, für deren *Damen-Zeitung* er hätte Beiträge liefern sollen, beendete er schon nach wenigen Wochen: »Das was ungefehr von Poesie in mir steckt, kann ich nicht so tagelöhnermäßig zu Kauf bringen«, erklärt er nun auf einmal seinem Freund Ludwig Bauer am 9. Dezember 1828. Die Rückkehr ins Vikariat zeichnet sich trotz aller Vorbehalte ab. »Wie Schuppen fiels mir von den Augen, dass ich alle jene Pläne, die mein ganzes Herz erfüllen auf keinem Fleck der Welt [...] sicherer und lustiger verfolgen kann als in der Dachstube eines wirtembergischen Pfarrhauses. Mich soll gleich der Teufel holen wenn das mein Ernst nicht ist«, schreibt er sodann am 20. Dezember an Mährlen.

Am 14. Januar 1829 findet sich Eduard Mörike wieder bei seinem Bruder Karl in Scheer ein, wenige Tage, nachdem der Pfarrer des in der Nähe liegenden Dorfes Pflummern versetzt worden war. Zufall? Auf jeden Fall bewarb er sich von dort aus am 3. Februar offiziell um die anstehende »Pfarrverweserey«. Nun hieß es warten. Da kam es ganz zupass, dass eine Theatertruppe, die im benachbarten Mengen gastierte, zur Aufführung von Schillers *Kabale und Liebe* Schauspieler suchte. Mörike, der seine Schauspielkunst und -leidenschaft schon im Uracher Semi-

Essigsaurer Vikar, Zeichnung von Mörike, 1828

nar unter Beweis gestellt hat, sprang ein und übernahm die Rolle des Hofmarschalls Kalb. Auf dem erhaltenen Theaterzettel vom 4. Februar 1829 wird notiert, dass er dies aus »Gefälligkeit« getan habe.

Wieder Pfarrverweser, diesmal in Pflummern

Am 17. Februar 1829 ist es dann so weit. Als neuer Dienstort erhält er das Dorf Pflummern zwischen Riedlingen und Zwiefalten zugewiesen, eine evangelische Enklave in katholischem Umland, das einzige evangelische Dorf im ganzen Oberamt Riedlingen. »Die Einwohner sind durch ihre Religion von der Umgegend sehr abgeschnitten und auf sich selbst beschränkt«, bemerkt die 1827 im Auftrag der Regierung herausgegebene Oberamtsbeschreibung, die das Dorf zudem als eines der drei ärmsten des Amtsbezirks klassifiziert. 517 Einwohner zählte man damals, die sich 66 Häuser teilten. Am Ort befanden sich zudem drei Schankwirtschaften, eine Brauerei und eine Mühle. Zur Pfarrei gehörte auch die Betreuung der kleinen, nach der Säkularisation in Zwiefalten entstandenen evangelischen Gemeinde.

Bereits am 18. Februar, Mörike war von seinem Bruder Karl und dessen Frau nach Pflummern begleitet worden, berichtet er seiner Mutter: »Der Pfarrer war bey unserer Ankunft[...] bereits abgereist, das Haus lotterleer; wir nahmen unser Absteigquartier im Wirtshaus (Löwen) und trafen nach Tisch die vorläufige Einrichtung meiner Siebensachen [...] Es fehlte mir an allem, wie Du Dir denken kannst – und fehlt mir noch unzählig vieles. Indessen habe ich doch eine eigene warme Stube – Holz wurde heute gekauft – Das Essen laß ich mir regelmäßig bringen. Mein Zimmer ist die Studierstube des vorigen Pfarrers, in der untern Etage, doch nicht ganz PAR TERRE: ich zog mich gerne von dem öden oberen Stock in den kleineren Raum zurück; mein Arbeitstisch steht neben meinem Bette [...] Noch bin ich ein ängstlicher Fremdling in all diesen entsetzlichen Kirchenbüchern, Konventsgeschichten, Kassenrechnungen [...] in 3 Tagen halt ich den ersten Gottesdienst hier, von Sonntag über 8 Tagen den ersten in Zwiefalten.«

Pflummern, Blick auf Kirche und Pfarrhaus, kolorierte Bleistiftzeichnung

Am 21. Februar 1829 steht er dann also erstmals auf der Kanzel seiner kleinen Kirche, die nach Auskunft der Oberamtsbeschreibung »für die sich stets vermehrende Bevölkerung« viel zu klein war. Oft hat er hier nicht gepredigt, denn schon am 4. Mai wurde mit dem Abbruch des noch aus romanischer Zeit stammenden Gebäudes begonnen, ein Neubau war geplant, dessen Fertigstellung 1830 Mörike aber nicht mehr vor Ort erleben sollte. Seine Dienstzeit endete noch im selben Monat.

Er wäre gerne länger geblieben. »Die Gegend ist schön, das Dorf liegt in einem Thal, vorn mit der weiten Aussicht auf das große Donauthal, den sehr benachbarten Bussen (Berg mit Ruinen u. Kapelle); das Pfarrhaus fast ganz isolirt, sonnig, sommerlich, zwischen Gärten, hart an einer Hauptstraße, überall hin Wälder allerley Art«, teilt er am 15. April Mährlen mit. Vielleicht mag auch die Nähe zu jenem geheimnisvollen Mädchen aus Scheer eine Rolle gespielt haben, denn noch einmal finden sich ihre Spuren in seinen Notizen, bezeichnenderweise zum großen Teil wieder in Latein: »Abbruch der Kirche in Pflummern. Anblick dsr. Trümmer bei Nacht im Mondschein [...] Ambulatio nocturna cum puella – Capillae – [...] Sanguis e dulci manu (parum vulnerata) stillans, ore haustus.« (Nächtlicher Spaziergang mit dem Mädchen – Haare – [...] Blut aus der süßen (ein wenig verletzten Hand) tröpfelnd, mit dem Mund aufgesogen.)

Wie auch immer, im April bewirbt er sich um das zur Besetzung anstehende Pfarramt in Pflummern, doch einer der »älteren Pastores« wird ihm vorgezogen. Am 20. Mai, fast auf den Tag genau drei Monate nach Dienstantritt, übergibt Mörike dann dem neu ernannten Pfarrer die Geschäfte, am 25. Mai verlässt er Pflummern in Richtung Plattenhardt, seiner nächsten Vikariatsstelle, wo er schon am 27. Mai aufzieht.

Kurz nur war die Zeit in Pflummern, doch verdanken wir ihr »Er ist's«, eines seiner schönsten Gedichte, am 9. März 1829 entstanden:

Frühling läßt sein blaues Band
Wieder flattern durch die Lüfte;
Süße, wohlbekannte Düfte
Streifen ahnungsvoll das Land.
Veilchen träumen schon,
Wollen balde kommen.
– Horch, von fern ein leiser Harfenton!
Frühling, ja du bist's!
Dich hab' ich vernommen!

»Die langen weißen Flächen, die blauen Alpgürtel im zarten Nebel, die einzeln hervorstechenden Thurmspitzen stiller Dörflein«

Verlobung mit Luise Rau in Plattenhardt

Nachdem Mörike die gewünschte Pfarrstelle in Pflummern nicht erhalten hat, tritt er am 19. Mai 1829 sein Amt als Vikar und Pfarrverweser in Plattenhardt an, einem Straßendorf entlang der Schönbuchkante mit rund 1400 Einwohnern, südlich der Residenzstadt und im Amtsoberamt Stuttgart gelegen.

Von der Familie des am 27. Februar verstorbenen Pfarrers Gottlieb Friedrich Rau wird er herzlich aufgenommen und fühlt sich rasch wohl in der Atmosphäre des Pfarrhauses. Die Witwe und die Töchter Friederike, Luise und Henriette haben noch Wohnrecht im Pfarrhaus, erst im November erfolgt ihr Umzug nach Grötzingen.

Noch aus Pflummern schreibt Eduard Mörike am 7. Mai einen langen Brief an den Freund Johannes Mährlen, in dem er ihm versichert: »Ich für meine Person weiß nichts, als bey der Kirche bleiben und zwar hab ich endlich so viel wenigstens über mich gewonnen, daß Hoffnung ist, nach einem vernünftigen Schema meiner künftigen OECONOMIA INTERIOR dem gänzlichen Bankerott noch vorzubeugen. Ich glaube eine Anstellung als ordentlicher Pfarrer wird manches in mir ausgleichen.« Und im Nachtrag heißt es: »Ich hätte beinahe vergessen, Dir zu sagen, daß ich nunmehr auf ¼ Jahr Pfarrvikar in Plattenhardt auf den Fildern (¼ Stunden von Bernhausen) werde; in einem mir gar wohl bekannten u. lieben Hause, wo ich als Uracher Student mit Clärchen u. s. w. Komödie gespielt habe. Der hinterlassenen Familie des dort verstorbenen Pfarrers hat das Consistorium aus Achtung gegen den leztern die Wohnung u. Besoldung noch auf einige Zeit bewilligt und daß ich hinkomme – ist ein Familienstückchen.«

Im wohlbekannten Pfarrhaus

Mörike kannte das Pfarrhaus in Plattenhardt tatsächlich gut, denn in den Jahren 1819 und 1820 hatte er mit seinen Geschwistern sowie der Kusine und Jugendfreundin Klara (Clärchen) Neuffer öfter die Familie des Pfarrers Rau besucht, denn dieser war seit seinen Studienjahren mit Mörikes Onkel Christoph Friedrich Neuffer befreundet. Neuffer hatte 1816 – nach Benningen am Neckar bei Ludwigsburg – die Pfarrei im benachbarten Bernhausen übernommen und nach dem frühen Tod des Vaters war Mörikes Schwester Klara dort untergekommen.

Pfarrer Neuffer, Mörikes Onkel. Scherenschnitt von Luise Duttenhofer

Im eindrucksvollen Bernhäuser Pfarrhaus hatten Eduard und Clärchen gemeinsam Comenius' *Orbis pictus* gelesen, in der altehrwürdigen Jakobuskirche hatte er »einen ersten Versuch auf der Kanzel« gemacht und am 15. April 1824 die Gründonnerstags-Predigt »über die würdige Feyer des Abendmahls« gehalten.

Zu dieser Zeit war die Beziehung zu der Kusine bereits auseinander gegangen: Clärchen hatte sich dem Vikar Christian Schmid zugewandt, mit dem sie sich 1823 verlobte und den sie 1827 heiratete.

Mörike war von der Auflösung der Verbindung getrof-

fen, wie seine Äußerung, er brauche Ablenkung von dem »Bewußtseyn, verloren zu haben, was mir sonst mein Liebstes war« und sein Gedicht »In der Hütte am Berg« mit den ersten Zeilen »Was ich lieb und was ich bitte / Gönnen mir die Menschen nicht« zeigen.

Die Kirche von Bernhausen. Zeichnung von Mörike, 1824

Auf der Kanzel. Zeichnung von Mörike

Die neue Liebe

Das ist jetzt längst vergessen, auch die Affäre mit Maria Meyer liegt einige Jahre zurück, und der 24-Jährige scheint bereit für eine neue Liebesgeschichte. Ein Vierteljahr nach seinem Umzug nach Plattenhardt, am 14. August 1829, verlobt er sich mit Luise Rau. In einem langen Brief vom 19. Mai 1830 erinnert er sie an die Zeit ihres Kennenlernens:

»Heute vor Einem Jahr geschah mein Eintritt in das Haus, worin ich meine Liebe, das süßeste Glück meines Lebens, Dich, meine Luise! finden sollte. Wie ahnungslos war der Einzug in das Dorf, das nur einige blasse, halbverwischte Erinnerungen, nur eine Vergangenheit, nicht die geringste Weissagung einer nahen entscheidungsvollen Zukunft aufwies. Ich sah Dich, bestes Mädchen! ohne etwas mehr als Deinen Namen zu kennen, Du warst für mich, bis auf diesen Augenblick so gut als nicht auf der Welt gewesen, wir beyde standen uns wie völlig fremde Menschen gleichgültig gegenüber und nun – ists möglich – ? – nun kann keines mehr seine Existenz von der des Andern trennen, wir sind Ein Ich, und Eine Seele!«

Mörike vergegenwärtigt, wie sie sich noch unbewusst um einander bewegten, wie Luise am Klavier sang, wie ihr Kleid ihn streifte und ihn schauerte, wie ihn bei ihrem gedankenvollen

Blick eine seltsame Empfindung überkam, aber auch, dass sie wie Kinder miteinander spielten, bis eine mögliche Trennung durch den Umzug der Familie Rau ihm den Verlust deutlich machte … »Nun die Szene zwischen Dir und mir in der morgendlichen, goldengrünen Gartenlaube. ›Mein Herz hat entschieden‹, sagtest Du endlich. – Mir stürzte ein Fels von der Brust und doch welche Angst war in uns Beiden!«

Der Schauplatz der Verlobung, die Laube im Pfarrgarten existiert noch, wenn auch vielleicht nicht ganz authentisch, und das Gebäude-Ensemble mit der Antholianuskirche im Hintergrund ist nach Mörikes Zeichnung gut wieder zu erkennen. Er hat die Skizze in Anspielung auf ein Horaz-Zitat unterschrieben: »Hic mihi praeter omnes angulus ridet«, übersetzt: »O wie mich von allem Bezirk des Erdreichs jener Ort anlacht.« Sie zeigt übrigens den Blick aus dem Dachfenster des Pfarrhauses, angeblich dasjenige, in dessen Glasscheibe er später seinen Namen geritzt habe.

Bis heute plätschert der Brunnen an der Uhlbergstraße, über den es in einem Brief vom 9. November 1829 heißt: »Welch eine unbeschreiblich schöne Nacht! – Ich öffne ein Fenster – höre die Melodie des Brunnens – blicke aufs Gärtchen hinunter – alles so leicht, so geistig in Schatten und Licht! Wie schwimmend sind alle Gegenstände.«

Das Pfarrhaus, das aus dem 18. Jahrhundert stammt und noch immer vom evangelischen Pfarrer bewohnt wird, markiert heute die erste Station des historischen Rundwegs durch Filderstadt.

Die Verlobung selbst ist ein größerer Akt: Zwei Tage nach dem Einverständnis unter vier Augen teilen die Liebenden es in Nürtingen Mörikes Mutter mit, dann wird die nachträgliche Erlaub-

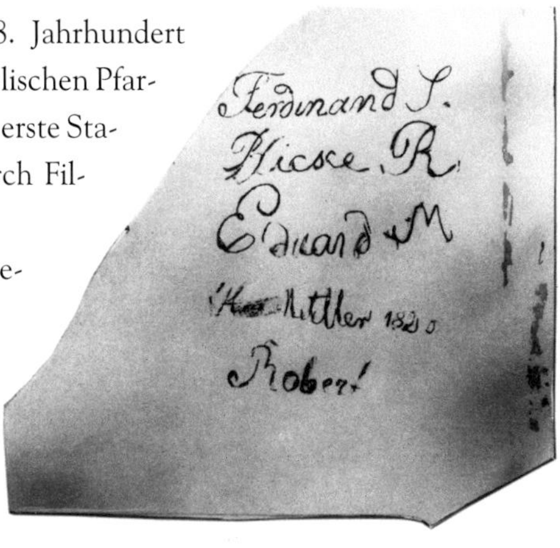

Fensterscheibe im Plattenhardter Pfarrhaus mit Mörikes Namenszug

Kirche und Pfarrgarten mit Laube in Plattenhardt. Zeichnung von Mörike

nis bei den Verwandten in Bernhausen geholt und erst dann die Verlobung mit einem Kuss vor der Familie besiegelt. Noch eine Woche später »In der Kirche von Bernh., Arm in Arm den langen Gang auf und abgehend, machten wir das schöne Du erst aus«.

Ein poetischer Briefwechsel

Mörike und seine Braut laufen viele Kilometer zwischen den Orten Plattenhardt, Bernhausen und Nürtingen, ab Anfang November auch Grötzingen, wohin die Familie Rau umzieht, ab Mitte Dezember Owen, wo Mörike seine nächste Vikarstelle antritt; und sie verbringen viele Tage getrennt bei den verschiedenen Verwandten und Freunden – zum Glück für die Nachwelt, auf die so der wunderbare Briefwechsel gekommen ist. Zumindest die Briefe Eduard Mörikes, denn Luise Raus Briefe sind alle vernichtet, man kennt lediglich eine handschriftliche Eintragung in Mörikes Notizbüchlein unter »Grözingen, 17. November Nachts«:

»Erinnerst Du Dich jenes schönen Nachmitags, als Du mir, den Wilhelm Meister vorlaß'st, es wurde uns beyde so wohl ums Herz, wir hatten damals schon so leise Anklänge von einer gegenseitigen Liebe, die bald, in helle Accorten übergiengen! – L.«

Die meiste Zeit leben Eduard und Luise in Plattenhardt aber unter einem Dach, und auf eine in diesen letzten Monaten des Jahres 1829 geschehene Episode – oder ist es nur eine Wunschvorstellung? – wird wohl das Gedicht »Scherz« anspielen:

Einen Morgengruß ihr früh zu bringen,
Und mein Morgenbrot bei ihr zu holen,
Geh' ich sachte an des Mädchens Thüre,
Öffne rasch, da steht mein schlankes Bäumchen
Vor dem Spiegel schon und wascht sich emsig.
O wie lieblich träuft die weiße Stirne,
Träuft die Rosenwange Silbernässe!
Hangen aufgelös't die süßen Haare!
Locker spielen Tücher und Gewänder.
Aber wie sie zagt und scheucht und abwehrt!
Gleich, sogleich soll ich den Rückzug nehmen!
Närrchen, rief ich, sei mir so kein Närrchen:

Das ist Brautrecht, ist Verlobtensitte.
Laß mich nur, ich will ja blind und lahm sein,
Will den Kopf und alle beiden Augen
In die Fülle deiner Locken stecken,
Will die Hände mit den Flechten binden –
»Nein, du gehst!« Im Winkel laß mich stehen,
Dir bescheidentlich den Rücken kehren!
»Ei, so mag's, damit ich Ruhe habe!« |

Und ich stand gehorsam in der Ecke,
Lächerlich, wie ein gestrafter Junge,
Der die Lecktion nicht wohl bestanden,
Muckste nicht und kühlte mir die Lippen
An der weißen Wand mit leisem Kusse,
Eine volle, eine lange Stunde;
Ja, so wahr ich lebe. Doch, wer etwa
Einen kleinen Zweifel möchte haben
(Was ich ihm just nicht verargen dürfte),
Nun, der frage nur das Mädchen selber:
Die wird ihn – noch zierlicher belügen.

Vom 2. September 1829 datiert der erste Brief Mörikes an Luise Rau, die in Nürtingen bei Mörikes Mutter zu Besuch weilt, und es folgen über 60 weitere: schwärmerische, witzige, sentimentale; nächtliche Monologe und morgendliche Begrüßungen; Mitteilungen über die Lektüre, aber auch die Sorgen um den verhafteten Bruder Karl. Vor allem sind es poetische Dokumente eines gelebten Liebesglücks – man kann und sollte sie nachlesen. Über den Schreiber erfährt man dabei mehr als über die Adressatin.

Über Luise Rau gingen die Meinungen schon der Zeitgenossen auseinander. Ludwig Bauer charakterisierte sie als »ein bildschönes, hingebendes, liebeatmendes, seelengutes Geschöpf«, während Friedrich Theodor Vischer (der freilich ein Problem

»Ob er im Ernste spricht?« Luise Rau als Gretchen. Zeichnung von Mörike

mit Frauen hatte) sie für »gar zu einfältig« hielt. Mörike selber beschrieb seine Braut, die er oft etwas von oben herab sein Kind nannte, in einem Brief an den Freund Wilhelm Hartlaub erst am 23. Juli 1830 von Owen aus, als ein »einfaches heiligunschuldiges Wesen, das, weil Andere es verkannten, lange im Unklaren über seinen eigenen tief verborgenen Werth war, seitdem ich sie kenne erhob sich ihr Gefühl u. Geist mit schöner Zuversicht, doch bildet ihre Schüchternheit noch immer ein reizendes Gemisch mit diesem neuen Leben. Sie ist verständig, vorsichtig, entschieden und im Affekt sogar überbrausend, zumal wenns einem edlen Gedanken gilt, den man ihr bekämpft. Bey der Lektüre leitet sie, besonders in Dingen, die über den unschuldig keuschen Mädchenhorizont hinaus liegen, ein niemals irrender Instinkt, dessen verlegener kindlich origineller Ausdruck mich oft zur seeligsten Freude vermocht hat – gewöhnlich lachen wir dann beide herzlich und ich fühle ganz den zauberhaften Punkt im Stillen, der mich von Anfang an sie fesselte.«

In Plattenhardt entstanden in diesen Monaten einige schöne Sonette, auf die Liebe, die Frau und die Landschaft. Als Mörike im April 1831 endgültig von Fildern, Teck und »Voralpenland« Abschied nehmen musste, um nach Eltingen zu ziehen, schrieb er ein wehmütig-sehnsüchtiges Gedicht mit dem Titel »Heimweh«:

Zu den altgewohnten Orten
Kam ich als im Traume her –
Und wie ist mir nun geworden?
Meine Seele, wie so schwer?
[...]
Aber nun – am Fenster wieder,
Blaue Berge seh ich dort!
Und auf brünstigem Gefieder
Drein zu fließen, zieht mich's fort.

Könnt, ihr Winde, mich verstehen?
Laßt die Seele mit euch ziehn!
Oh, ihr solltet sie verwehen
Über die Berge, die Berge hin!

Beinahe treffender erscheint einem die Schilderung der Gegend – die Wanderung von Grötzingen über Harthausen nach Plattenhardt – in einem Brief am 26. November 1829 an Luise Rau – vielleicht wegen der winterlichen Jahreszeit?

»Ich empfand es diesmal so recht, welch ein reines Naturwesen doch der sonst so verpönte Winter an sich hat! wie auch er es versteht, einem das Herz weit zu machen. Siehst Du so von der Höhe die langen weißen Flächen, die blauen Alpgürtel im zarten Nebel, die einzeln hervorstechenden Thurmspitzen stiller Dörflein, – all das hoch überwölbt von der klarsten gesündesten Luft – so theilt sich Dir ein Gefühl Lust und Stärke mit, das wohl bald zu einer gewissen Feyerlichkeit steigt, wie ein weichlicher Frühling sie kaum geben kann.«

»Hier ist Freude, hier ist Lust,
Wie ich nie empfunden!«

Am Albtrauf: Owen, Ochsenwang, Weilheim, Ötlingen

Eduard Mörikes Verlobung am 14. August 1829 mit Luise Rau war, neben aller Liebe, sicher auch ein Zeichen seiner Hoffnung auf ein Ende der »Vikariatsknechtschaft« und auf die baldige Investitur als Pfarrer. Doch die Erwartungen trogen. Fast fünf Jahre sollten noch vergehen, bis er schließlich im Sommer 1834 in Cleversulzbach seine erste (und einzige) Pfarrstelle erhielt. Davor lagen Vikariate in Owen (Dezember 1829 bis April 1831), in Eltingen bei Leonberg (August 1831 bis Januar 1832), in Ochsenwang (Januar 1832 bis September 1833), in Weilheim an der Teck (September 1833 bis Januar / März 1834) und Ötlingen bei Kirchheim (April bis Juni 1834).

Doch auch ohne Pfarramt waren dies fünf bedeutsame Jahre im Leben Mörikes, die, glücklich begonnen, sich mehr und mehr zu einer Krisenzeit entwickelten. Vor allem Owen und Ochsenwang waren zwei wichtige Stationen in Mörikes Lebenslauf, geprägt von der Verlobung mit Luise Rau – dem glücklichen Beginn, der allmählichen Entfremdung, dem Bruch – sowie vom Betrugsskandal um seinen Bruder Karl. Dem Aufenthalt in Owen und Ochsenwang verdanken wir aber auch die Entstehung beziehungsweise Vollendung einer Reihe bedeutsamer literarischer Arbeiten.

Noch immer Vikar, nun in Owen

Frisch verlobt wird der damals 25-Jährige im Dezember 1829 von Plattenhardt auf die »PfarrGehülfenstelle bei dem Stadtpfar-

rer in Owen« bei Kirchheim unter Teck versetzt, immerhin nur gute drei Wegstunden von der Braut entfernt, die mit ihrer Familie inzwischen nach Grötzingen umgezogen war. Kaum angekommen und im »hellen freundlichen Zimmerchen« eingerichtet, schreibt er am 15. Dezember seiner Braut in einem »Gemisch von Wehmuth und Zufriedenheit«, wie er es im Owener Pfarrhaus angetroffen hat: »Die erste Begrüßung im Hause war gleich gar ungezwungen. Ein stattlicher Herr im reinlichen Hausrock, der Stadtpfarrer – hatte auf den ersten Blick etwas Väterlich-Einnehmendes für mich; man durchlief ungesäumt das Zunächstliegende – Warum haben Sie Ihre Jungfer Braut nicht mitgebracht?

– sie sollte sich doch einbilden können, wo und wie Sie jezt leben.«

So sieht das Mörike auch, doch da seine Braut ihn nun mal nicht begleitet hat und das Pfarrhaus nicht selbst erleben und schauen kann, muss er ihr sein neues Domizil, seine Umgebung, seine Wirkungsstätte eben beschreiben: »Das Pfarrhaus war lange, eh es zu einem Edelsitz gemacht wurde, eine Kirche, jezt hat es noch ziemlich das Ansehen eines Schlößchens, massive Mauern, je zwey zusammenstoßende Fenster in breiten, oben ausgewölbten Nischen. Die Aussicht meiner Stube geht auf den weitläuftigen Garten, eine Seite des Orts und seitwärts die nahe Ruine. Die Einrichtung im Hause ist sehr ordnungsvoll, sauber, bequem und anständig.«

Wenn man heute vor dem Stadtpfarrhaus steht, das sich seit der Zeit Mörikes kaum verändert hat, kann man dessen im Brief erwähnte Geschichte – einst Kirche, dann Adelssitz – mit ein bisschen Phantasie ganz gut nachvollziehen. Bei dem Gebäude handelt es sich um eine ehemalige Klosterkirche, den Rest eines 1495 vom württembergischen Grafen Eberhard im Bart durch die Umsetzung von Augustinerinnen aus Tübingen nach Owen gegründeten Frauenklosters, das in der Reformationszeit aufgelöst worden war und in die Hand einer ortsansässigen Adelsfamilie gekommen ist. Diese hat dann, nach einer Zerstörung der Gesamtanlage im Dreißigjährigen Krieg, die ehemalige Kirche in der Folgezeit zu Wohnzwecken umgebaut. Schließlich war 1786 das jetzt »Schlößle« genannte Gebäude in Kirchenbesitz gekommen und diente nun als Pfarrhaus. Die von Mörike beschriebenen »ausgewölbten« Fensternischen waren wohl Teile der ehemaligen Kirchenfenster.

Mörike hat in jenem ersten Brief aus Owen an die Braut zugleich auch seine neue Wirkungsstätte, die neben dem Pfarrhaus liegende, »sehr schöne« Kirche geschildert: »sie ist groß und im Innern von ungewöhnlich edler Bauart, namentlich machen

Linke Seite: Vikarstube in Owen, Federzeichnung Mörikes vom 7. Januar 1830. Auf der Rückseite ist für seine Braut Luise Rau vermerkt: »Der junge Mensch am Ofen ist blos Nebensache. [...] Übrigends scheint er eine Predigt zu memoriren, oder, was er jedenfalls lieber thäte, er liest ein Briefchen von seinem Mädchen. Einige übelwollende Kenner meynen, die Reinlichkeit und Ordnung des Zimmers sprechen für die erstere Hypothese: es scheint Samstag Abend zu seyn.«

zwey Reihen *runder* bis zur Decke aufsteigender Säulen und das weite gothische Chor einen harmonischen Eindruck. Sie soll im Jahr 880 erbaut worden seyn, was ich doch kaum glaube.«

In der Tat zeigt die nach dem Stadtbrand von 1385 unter Beibehaltung des romanischen Turms neu errichtete Marienkirche ausgesprochen harmonische Formen. Es handelt sich dabei um den kurz zuvor in den Bettelordenskirchen des Oberrheins entwickelten Bautyp der Pseudobasilika. Dem gewölbten, hohen und lichten Chor schließt sich ein auf schlanken Rundpfeilern ruhendes, flach gedecktes Mittelschiff an, das dadurch, dass die Seitenschiffe nicht abgedeckt wurden, sondern ihre Decken entlang der Dachsparren ausbilden, mit einfachen Mitteln die Wirkung eines eleganten, großartigen und statisch unproblematischen Hallenraums erzielt.

Altar in Owen, um 1500, linker Flügel mit der heiligen Lucia

Aus der sehenswerten Ausstattung ragen die historisch bedeutsame Grabplatte des Herzogs Konrad von Teck – einst gewählter deutscher König – und ein spätgotischer, um 1500 von Conrat Weiß gefertigter Flügelaltar hervor, dessen Mitteltafel eine Beweinung Christi zeigt. Auch ihn beschreibt Mörike seiner Braut: »Von großem Interesse war ein altdeutsches Gemälde mit vergoldetem Grund und gemahlten Flügelthüren für mich, es stellt die Kreuzabnahme vor und ist sicherlich von seltnem Wert, aber für mich von ganz besonderem, denn bey einer der Nebenfiguren [...] fiel mir eine rührende Ähnlichkeit mit meiner Geliebten in Haltung, Ausdruck und Scheitelhaar auf. [...] Meine liebste Zuhörerin in der Kirche – dacht ich – ist nun gefunden. In der That, ich werde nicht leicht die Kanzel besteigen, ohne dieser Gestalt einen Blick zuzuwerfen.«

Altar in Owen um 1500, rechter Flügel mit der heiligen Barbara

Ob dies so stimmte oder nur gut erfunden war? Zumindest war es galant. Wer das Abbild von Luise Rau sucht, hat die Wahl zwischen einer heiligen Barbara mit dem Turm auf dem rechten oder – wahrscheinlicher – einer heiligen Lucia mit dem Schwert auf dem linken Flügel. Auf sie passt am ehesten die Beschreibung, die Mörike seinem Freund Hartlaub am 23. Juli 1830 von der Geliebten gibt: »Ihr Äußeres ist zart u. leicht. Wer ihr Gesichtchen beurtheilt sagte noch jedesmal, daß es mit längerem Anschaun nicht blos gefällig sey sondern ihre ganze Seele treu abspiegle. Mir ist sie so ergeben, als es nur ein Mensch dem Andern seyn kann.«

In Mörikes fleißiger Korrespondenz mit seiner Braut – oft sind die Briefe seitenlang, beginnen nicht selten mit einem »Guten Morgen«, werden tagsüber fortgesetzt und enden mit »Gute Nacht. Schlaf wohl mein Kind und träum von mir« – spiegeln sich vor allem im Frühjahr und Sommer 1830 eher behagliche Tage: »Ich schreibe dies im vordern Gartenhaus auf dem grünen Sopha – die Luft ist warm und klingt und schwirrt von hundert melodischen Kehlen – der Gukuk sendet seinen einförmigen wehmüthigen Gesang kaum hörbar aus dem Walde – desto lauter Klappern die Störche zuweilen vom nahen Kirchendach. Der Hund schläft neben mir und der Student ließt behaglich mit der Pfeife auf der andern Bank«, heißt es in einem Brief vom 23. April 1830.

In dieser Stimmung, in der Gartenlaube oder auf Spaziergängen, entstehen die von der Liebe und dem Erleben der Tecklandschaft getragenen Sonette an Luise Rau. So lesen wir in einem Brief vom 4. Mai: »Ein kleiner, von Bäumen und Buschwerk besezter, abhängiger WiesenWinkel an der lebhaften Lauter, in die sich eine andere Quelle vom Berg her gießt. Dort saß ich nieder, las, dachte und fieng mit Bleistift an zu schreiben, was Du hier als poetische Beilage erhälst.« Beigelegt hat er ihr die Gedichte »Nur zu!«, »Wahr ist's, mein Kind« und »Am Walde«:

Am Waldsaum kann ich lange Nachmittage,
Dem Kukuk horchend, in dem Grase liegen;
Er scheint das Thal gemächlich einzuwiegen
Im friedevollen Gleichklang seiner Klage.

Da ist mir wohl, und meine schlimmste Plage,
Den Fratzen der Gesellschaft mich zu fügen,
Hier wird sie mich doch endlich nicht bekriegen,
Wo ich auf eigne Weise mich behage.

Und wenn die feinen Leute nur erst dächten,
wie schön Poeten ihre Zeit verschwenden,
Sie würden mich zuletzt noch gar beneiden.

Denn des Sonetts gedrängte Kränze flechten
Sich wie von selber unter meinen Händen,
Indeß die Augen in der Ferne weiden.

Die Monate in Owen sind trotz aller Behaglichkeit durchaus produktiv. Mörike versieht nicht nur seinen Dienst als Vikar nach Ansicht seines Vorgesetzten, der ihm bescheinigt, dass er seine »Predigten mit Fleiß und Genauigkeit studire und mit Anstand zur Zufriedenheit der Gemeinde ablege, wohlvorbereitete Katechisationen mit viel Klarheit halte, in der Schulaufsicht vielen Fleiß und viele Liebe zu den Kindern zeige, überhaupt lobenswerte Thätigkeit und Treue im Amt beweise, viel practisches Geschik besizze, durch sein durchaus sittlich gutes Betragen sich die Achtung der beiden Geistlichen und der Gemeinde erworben habe.« Nein, Mörike bleibt auch der Poesie treu. So konnte er im Juli 1830 seinem Freund Hartlaub berichten: »Ich habe diesen Sommer eine Novelle geschrieben. [...] Ein Stück aus dem Leben eines (imaginir-

Titelblatt der Erstausgabe von *Maler Nolten*

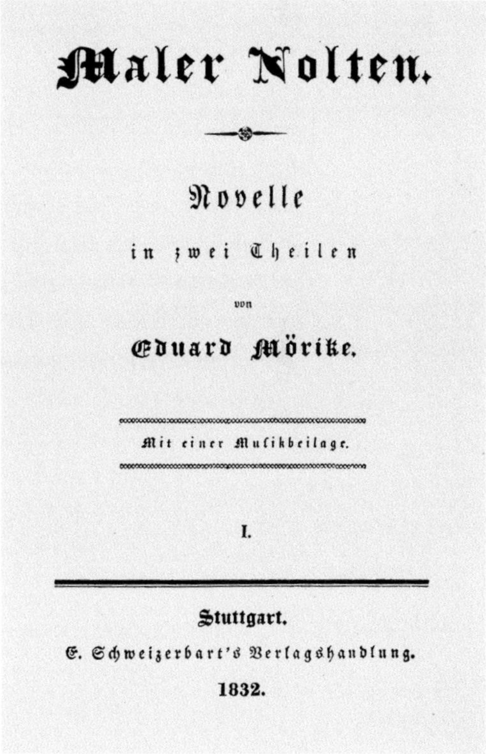
Maler Nolten.

Novelle

in zwei Theilen

von

Eduard Mörike.

Mit einer Musikbeilage.

I.

Stuttgart.

E. Schweizerbart's Verlagshandlung.

1832.

Der Reußenstein, Stahlstich aus Gustav Schwabs *Wanderungen durch Schwaben*, 1837

ten) Malers.« Gemeint war der *Maler Nolten*, ein literarisches Werk, das Mörike meist mit »Novelle« charakterisierte, das aber später, wohl auch wegen seines Umfangs, zum »Roman« avancierte. Erschienen ist es, anders, als es die Bemerkung Mörikes gegenüber Hartlaub – »Vielleicht ließest Du es bald gedruckt« – vermuten lässt, allerdings erst 1832, da sich Mörike lange über die Form der Veröffentlichung unschlüssig war.

Angenehm unterbrochen werden beide, die vikarlichen und die literarischen Arbeiten, durch Ausflüge auf die benachbarte Ruine Sulzburg im Lenninger Tal, zur Sibyllenhöhle, zum Reußenstein oder zur Teckruine, die er am 13. Juli 1830 mit einem Gedicht beehrt:

Hier ist Freude, hier ist Lust,
Wie ich nie empfunden!
Hier muß eine Menschenbrust
Ganz und gar gesunden!

Laß denn, o Herz, der Qual
Froh dich entbinden,
Wirf sie ins tiefste Thal,
Gib sie den Winden!

Sehr oft weilt Mörike in Nürtingen zu Besuch bei seiner Mutter, wo er sich auch mit Luise trifft. Und wenn sie ihn, so wie es im Juli geschieht, in Owen gar besucht, ist das Glück vollkommen. »Luise war bei mir! Ich lebte mit ihr volle reiche Tage im schönsten reinsten Vorgefühle künftiger Zeiten.«

Der Gedanke an »künftige Zeiten« ist es wohl auch, der ihn veranlasst, sich Anfang Dezember um die vakante Pfarrstelle in Erpfingen zu bewerben, hätte doch das damit verbundene Einkommen, 650 Gulden an Stelle der bisherigen rund 80 Gulden, die Heirat und die Gründung eines eigenen Hausstandes erlaubt. Seine an den König gerichtete Bitte um »allergnädigste Ertheilung der Pfarrei« begründet er mit der »sorgenvollen Lage« seiner Mutter, die er dann zu sich nehmen könne. Es wäre zu schön gewesen. Die Bewerbung blieb erfolglos.

Überhaupt ändern sich Lage und Stimmung bei Mörike gegen Ende des Jahres. Die Unzufriedenheit mit der Vikariatsknechtschaft wird deutlicher, wegen einer missglückten Predigt, die Mährlen an Mörikes Stelle gehalten hat, kommt es zu Spannungen mit dem Pfarrhaus, zeitweilig herrscht eine Verstimmung zwischen Mörike und dem Owener Amtmann, im Briefwechsel mit Luise werden erste Misstöne hörbar. Doch es sollte zu Beginn des Jahres 1831 noch schlimmer kommen. Am 8. Februar 1831 berichtet Mörike seiner Braut, sein Bruder Karl, Amtmann in Scheer, sei wegen »revolutionärer Umtriebe und aufrührerischer Plakate« verhaftet worden, und bittet sie, sich durch diese »fatale Geschichte« um seinetwillen nicht anfechten zu lassen. Doch war dies sicher leichter geschrieben als getan. Die anschließenden, sich wochenlang hinziehenden Untersuchungen decken nicht nur Karls Verstrickungen und Schuld auf, was ihm dann nach einem im Juli ergangenen Urteil ein Jahr Festungshaft einbringt, sie erstrecken sich auch auf Eduard Mörike, der in Kirchheim einen Brief seines Bruders, an diesen selbst adressiert, zur Post gegeben hatte.

Zwar wird Eduard nach einer Vernehmung im März freigesprochen, doch hat der Prozess nicht nur das Verhältnis der beiden Verlobten belastet. Er habe sich wie »ein gejagter Hund« gefühlt, schreibt er am 2. April 1831 an Friedrich Theodor Vischer. Finanzielle Schwierigkeiten zwingen ihn zu einem Bittbrief um Geld an seinen »Urfreund« Wilhelm Hartlaub. Am 18. April verlässt Mörike Owen, möglicherweise war er vom Pfarrdienst vorläufig suspendiert worden. Erst Ende Juli finden wir ihn dann wieder in Kirchendiensten, nun als Pfarrverweser in Eltingen bei Leonberg, wo er bis zur Anstellung in Ochsenwang blieb.

Und dieses Mal nach Ochsenwang

In Ochsenwang kann man sich leicht in Mörikes Aufenthalt hineinversetzen. Fast scheint es so, als wäre die Zeit stehen geblieben. Das kleine, auf beinahe 800 Metern Höhe in unmittelbarer Nachbarschaft von Owen gelegene Dorf am Rand der Schwäbischen Alb hat heute etwa 400 Einwohner, wovon 290 zur evangelischen Kirchengemeinde zählen. 331 waren es beim Dienstantritt Mörikes am 21. Januar 1832.

In einer Federzeichnung hat Mörike sein neues Zuhause, »Kirch u. PfarrHaus-Parthie« festgehalten. Seine Wohnung im ersten Stock des ehemaligen Schulhauses – im Erdgeschoss lag die Schulstube – bestand aus zwei Räumen, der größere war Amts- und Wohnzimmer, der kleinere »Schlaf u. Arbeitsstübchen«. Das war gewiss nicht gerade geräumig, zumal am 2. März 1832 die Mutter auch einzog, was sich Mörike nun leisten konnte, erhielt er in Ochsenwang als ständiger Amtsverweser neben der Wohnung doch immerhin 400 Gulden Jahresgehalt. Als dann gar noch im September sein aus der Haft entlassener Bruder Karl dazukam, wurde es richtig eng. Kein Wunder, dass Mörike trotz mancher Hilfe, die er an ihm hatte, recht erleichtert war, als Karl ihn im Sommer 1833 schließlich wieder verließ.

Kirche und Pfarrhaus von Ochsenwang, Federzeichnung von Mörike

Heute ist in der Wohnung eine kleine Dauerausstellung zu Mörike untergebracht, die die Arbeitsstelle für literarische Museen in Marbach am Neckar in Zusammenarbeit mit dem Landeskirchlichen Archiv in Stuttgart eingerichtet hat. Sie vermittelt nicht nur einen guten Einblick in Mörikes Tätigkeit in Ochsenwang, sondern verdeutlicht auch sehr anschaulich dessen einstige Wohnsituation.

So einfach wie die Wohnung war auch die Kirche. Sie ist es übrigens heute immer noch. Ein Tag nach seiner Ankunft in Ochsenwang beschreibt Mörike sie seiner Braut: »Das hiesige Kirchlein mußt Du sehn; es ist ganz der Pendant vom Pfarrhaus, reinlich und rührend-klein, wie von Kinderhänden aufgestuzt. Ich brauche nur gelassen zu reden so heißt das schon die Stimme erhoben. In der Kinderlehre hatt ich mein wahres Vergnügen; gewiß bin ich doch schon bei mancher Gemeinde herumgekommen aber so prompte und frische Antworten hörte ich nirgends. Beim Anblick des Kirchthurms (er liegt mir nur 6 Schritte vis à vis) muß ich immer lächeln; er ist gegen Wind und Wetter mit Holz überzogen, ich meinte Anfangs es wäre blos ein hölzernes

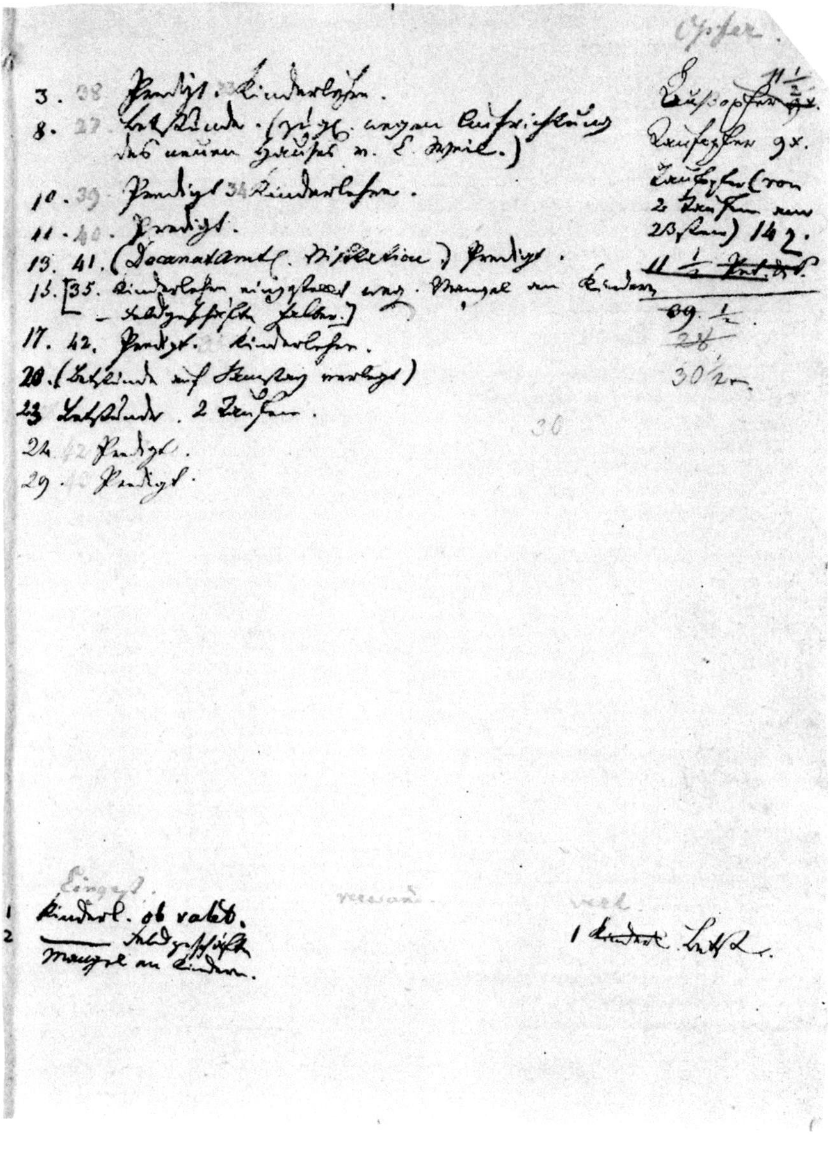
Opfer.

3. 38. Predigt. 33 Kinderlehre.
8. 27. Betstunde. ([illegible])
10. 39. Predigt 34 Kinderlehre.
11. 40. Predigt.
13. 41. ([illegible]) Predigt.
15. 35. Kinderlehre [illegible] Mangel an Kindern [illegible]
17. 42. Predigt. Kinderlehre.
20. (Betstunde auf Sonntag verlegt)
23 Betstunde. 2 Taufen.
24. 42 Predigt.
29. 40 Predigt.

Taufopfer 11 1/2 x.
Taufopfer 9 x.
Taufopfer (von 2 Taufen am 23sten) 14 [illegible]
11 1/2 [illegible]
89 1/2
28
30 1/2 x.

Eingest.
1 Kinderl. [illegible]
2 [illegible]
Mangel an Kindern.

[illegible]

1 Kinderl. Betstd.

Gerüste und augenbliklich erinnerte mich sein Ansehn an Pressels chinesisches Gartenhaus. Bauer würde in die Luft springen vor Freuden, so hoch als der Thurm selber ist, wenn er ihn sähe, denn auch die 4. Läden sind akkurat so wie die, aus denen wir als Orplids-Wächter zu allen Stunden der lauen tübinger Sommernächte herausgeguckt haben.«

Besonders angetan hat es Mörike aber die Lage des Ortes und die Alblandschaft, von der er in seinen Briefen an Freunde und die Braut immer wieder schwärmt. So schreibt er am 8. April 1832 an Luise: »Ich habe schon ganze Nachmittage im Freyen zugebracht und ganz unerhörte Schönheiten der Gegend entdeckt. Ein Plätzchen besonders ist mir an Herz gewachsen und lieber als Breitenstein und Alles. Es heißt ›der spitzige Fels‹, und wenn der Breitenst. nördlich so liegt der leztere südwestl. [...] Zwischen einem der Felsen sizt man ohne alle Gefahr, wenn man nur erst drauf ist, wie in einem Lehnstuhl mit Moos gepolstert, und hängt die Füße gleichsam über die herrliche Galerie hinaus, daß einem die Lüfte des Himmels mit seligem Schauer berühren. – Da sieht man im Thal die Äcker und Felder schon sauber gepflügt in niedlicher Kleinheit, Braun und Grün abwechselnd, liegen, und drüberher zerstreut die Feldarbeiter wie Ameisen emsig zappeln, und die Häuslein des Dorfs nur leicht hingewürfelt – das Alles aber in den linden goldnen Duft und in ein lispelndes Meer von Frühlingsstimmen getaucht!«

Seinen Pfarrdienst versieht Mörike ordentlich. Er kümmert sich sehr um die Kinderlehre, führt seine Bücher gewissenhaft und leitet den Kirchenkonvent umsichtig. In einem ersten Zeugnis bescheinigt ihm der Kirchheimer Dekan, dass seine Predigten von der Gemeinde gerne gehört würden, keine Klagen über ihn vorlägen, ja, er in der Umgegend einen guten Ruf habe. Später heißt es: »Er besitzt außer seinem Berufsfache auch eine aesthetische Bildung von hohem Grade. Seine Vorträge [...] sind durchdacht, verraten richtigen psychologischen Blick, die Spra-

Linke Seite: Seine Amtstätigkeit hielt Mörike im »Königlich Württembergischen Kalender« fest, wo man für Juni 1832 lesen kann:
»3. Predigt. Kinderlehre
8. Betstunde (zugl. wegen Aufrichtung des neuen Hauses v. E. Weil.)
10. Predigt Kinderlehre
11. Predigt
13. (Decanat Amtl. Visitation.) Predigt
15. [Kinderlehre eingestellt weg. Mangel an Kindern – Feldgeschäfte halber.]
17. Predigt. Kinderlehre.
20. (Betstunde auf Samstag verlegt)
23. Betstunde. 2 Taufen.
24. Predigt.
29. Predigt.«
Rechts vermerkte Mörike die Opfergaben.

che ist edel, die körperliche Haltung frei [...] Er ist pünktlich in seinen kirchlichen Geschäften, und die Gemeinde ist mit ihm zufrieden. Er wandelt untadelhaft, und kleidet sich anständig.«

Trotz allen Fleißes als Pfarramtsverweser kommt auch der Dichter nicht zu kurz. Endlich, im August 1832, erscheint nach reichlichen Korrekturarbeiten der *Malter Nolten*, von den Rezensenten nicht gerade überschwänglich begrüßt. So urteilt Gustav Schwab, das Anziehende an der Novelle sei, dass sie »fühlbar lauter Erlebtes, nicht aus der bloßen Idee Herausgesponnenes oder andern Büchern Abgeborgtes enthält. Der Fehler ist nur der, daß der Verfasser zu viel Erlebtes, namentlich in Charakteren anbringen will«. In Ochsenwang entstehen auch die Erzählung *Miß Jenny Harrower, eine Skizze,* die er in einer zweiten, 1839 erschienenen Fassung *Lucie Gelmeroth* nennt, und eine ganze Reihe von Gedichten – »Verborgenheit«, »Rat einer Alten«, »Mausfallen-Sprüchlein« –, darunter auch solche religiösen, christlichen Inhalts, was bei ihm ja selten ist, wie »Seufzer – Jesu benigne«,

Vertonung von »Jesu benigne«, komponiert von Mörikes Bruder Karl

»Am Silvesterabend« oder, eine besondere Kostbarkeit, »Zum neuen Jahr«:

Wie heimlicher Weise
Ein Engelein leise
Mit rosigen Füßen
Die Erde betritt,
So nahte der Morgen.
Jauchzt ihm, ihr Frommen,
Ein heilig Willkommen,
Ein heilig Willkommen!
Herz, jauchze du mit!

In Ihm sei's begonnen,
Der Monde und Sonnen
An blauen Gezelten
Des Himmels bewegt.
Du, Vater, du rathe!
Lenke du und wende!
Herr, dir in die Hände
Sei Anfang und Ende,
Sei Alles gelegt!

Doch das Warten auf eine feste, auskömmliche Pfarrstelle fällt ihm immer schwerer. Sah er zu Beginn seines Ochsenwanger Vikariats die einsame Lage des Orts als positiv – »Ich lebe hier an einem Ort, den mir die Muse selbst […] nicht hätte besser aus-

suchen können. Ein wildes Paradies, ein Reiher-Nest, abgeschnitten von aller kultivirten Welt, und doch nur, wenn ich will, ein Sprung in die Städte der Menschen«, schrieb er im Februar 1832 an Vischer –, so zeigen sich ab Frühjahr 1833 Symptome der Unruhe, der Unrast, des Unwohlseins. »Ich muß weg, das ist Alles; und es bleibt dabei, daß ich länger als bis in den Herbst hier oben nicht aushalte; mag es dann gehen wie es will«, bekennt er gegenüber Johannes Mährlen im Mai 1833.

Mörikes Klagen über das harte Klima, seinen durch rheumatische Schmerzen beeinträchtigten Gesundheitszustand, seine beengten Verhältnisse, seine ungeklärte Zukunft mehren sich. Vielleicht fühlt er sich auch von seiner Braut und deren Familie allmählich unter Druck gesetzt. Er schreibt Gesuch um Gesuch nach einer Pfarrstelle in klimatisch besserer, seiner Gesundheit bekömmlichen Gegend, fährt zu persönlichen Vorsprachen bei kirchendienstlichen Stellen nach Stuttgart, bittet Verwandte um Hilfe und Rat, doch alles zieht sich hin und hin. Zeitweilig überlegt er wieder einmal, außerhalb des Pfarrstandes ein Auskommen zu finden. Die Briefe an Luise erhalten auch immer mehr den Charakter von Rechtfertigungen, warum er ihr so wenig schreibt, weshalb seine Gesuche erfolglos bleiben, welche Hindernisse es zu bewältigen gilt.

Amtsverweser in Weilheim, Owen und Ötlingen

Im September endlich erhält er als Amtsverweser Calmbach im Schwarzwald zugewiesen, doch tritt er die Stelle gar nicht an, sondern wendet sich an den König und bittet um das Amt des Diakonatverwesers im benachbarten Weilheim an der Teck. Mitte Oktober verlässt er schließlich Ochsenwang, von vagen Aussichten beseelt. Es folgen, unterbrochen von Vacanzen und Krankheiten, jeweils einige Wochen der »Amtsverweserei« in Weilheim und wieder in Owen. Vom 16. April bis zum 14. Mai 1834 versieht er als erster Amtsinhaber, aber wieder nur als Pfarrverweser, die gerade neu geschaffene Pfarrei Ötlingen bei Kirchheim. Schließlich und endlich (!) wird ihm in einem auf den 14. Mai 1834 datierten königlichem Schreiben die Pfarrei Cleversulzbach bei Neuenstadt am Kocher übertragen.

Zur Rettung des Verhältnisses mit Luise Rau war es allerdings längst zu spät. Sie hatte, des Hin und Hers offensichtlich überdrüssig, die Verlobung Ende Oktober oder Anfang November 1833 aufgelöst. Weder der genaue Zeitpunkt noch die genauen Gründe sind bekannt, da von ihr alle Briefe fehlen, sie diese wahrscheinlich zurückgefordert und vernichtet hat. Am 20. Dezember 1833 schreibt Mörike Friedrich Theodor Vischer: »Vorstehender unvollendeter u. darum wenig bedeutender Brief ist aus den *ersten Tagen des November*. Ich schicke ihn nur zu einiger Satisfaktion wegen meines langen Stillschweigens das Dir unbegreiflich wird gewesen seyn. Es hat sich aber inzwischen eine für mein ganzes Leben wichtige Katastrophe eingeleitet, deren schmerzhafte Entwicklung alles Übrige bei mir verschlang.«

Pfarrverweser in Eltingen

Mitte Juli 1831 bittet Eduard Mörike, seit Mitte April vom Vikariat in Owen beurlaubt, beim Königlichen Konsistorium Stuttgart »unterthänigst um gnädigste Anweisung einer Pfarrgehilfenstelle« und wird Ende des Monats als Pfarrverweser nach Eltingen geschickt. Das war damals noch ein eigenes Dorf mit rund 1600 Einwohnern – erst hundert Jahre später wird der ort nach Leonberg eingemeindet – aber er hat den dörflichen Charakter rund um die Michaelskirche und das große Pfarrhaus bis heute bewahrt. Die sehenswerte Kirche wurde in der zweiten Hälfte des 15. Jahrhunderts durch den Baumeister Peter von Koblenz auf einer älteren Hirsauer Gründung erbaut. Einige Jahrzehnte vor Mörike, im Januar 1786 hat der berüchtigte Räuber Hannikel mit seiner Bande das Pfarrhaus überfallen und ausgeraubt; wenn Mörike davon wusste, hat er es jedenfalls nicht kommentiert.

Er bezieht in den letzten Juli-Tagen die oberen Räume des Pfarrhauses, unten wohnt noch ein Vierteljahr die Witwe des vorigen, wenige Wochen zuvor verstorbenen Pfarrers mit ihrer Tochter. Mörikes Verlobte Luise Rau hat ihn bei seinem Umzug begleitet, ist ein paar Tage geblieben und dann nach Grötzingen zurück gereist – das Paar wird sich bis Mitte Januar 1832 nicht mehr sehen, wohl aber intensiv korrespondieren.

Schon am 7. August schreibt er an Luise, wie er in seiner Unschlüssigkeit »von einer Stube in die andere von einem Fenster zum anderen« läuft, »bald den Storchen aufm Kirchdach, bald des Nachbars weißen Tauben, bald den Wolken« zusieht und sich voller Sehnsucht an die gemeinsame Zeit erinnert: »Wie ist es so schnelle anders geworden! Wie sehr verändert hat sich die

Szene! Dort durft ich kaum zwey Schritte gehn, ein Boden, eine Treppe war zwischen uns, ich war in jedem Augenblick gewiß, Dich irgendwo zu finden, sey es am Heerde in der Küche – oder beym Biegelbret im Öhrn, wo denn trotz Rauch und Dampf ein paar rothe Lippen sich jederzeit gefällig zeigten – ach Schätzchen und nun wär ich zufrieden nur zu wissen, auf welchem Fleck des Hauses oder Feld's Du im Moment da ich dies schreibe, den lieben Fuß aufsetzest, was Deine Hand berührt, worauf Dein Blick ausruht. Das könnte mich glückselig machen. Vor wenig Tagen noch ein Fürst im Überflusse Deiner Liebe, jezt nasch ich an jedem verlorenen Bröselein und fühle wohl daß es nicht sättigt.«

»Süßer Engel«. Zeichnung von Mörike

Er gesteht ihr, wie er ein von ihr vergessenes gelbes Tüchlein an sein Gesicht drückt: »Hoffentlich wirst Du mir diese rührenden Armseeligkeiten eines Liebe-Heimwehkranken Herzens nicht verlachen!

Aber nun hab ich drey Seiten vollgeschrieben und im Grunde noch kein vernünftiges Wort, was man so gewöhnlich darunter versteht; – keine ordentliche Schilderung meines pastoralischen Lebens, keine Amts-Gefühle, nichts Hochehrwürdiges! Auch bin ich in der That nicht aufgelegt, Dir dies Capitel weitläuftig abzuhandeln, ich möchte immer nur so fort phantasiren.

Die Kirche Sankt Michael in Eltingen. Historische Fotografie

Und doch, ich muß befürchten Du zeihest mich der Indolenz gegen den Kirchenrock: so wisse also nur, ich trage ihn recht gerne u. gewissenhaft u. besonders heut in der Morgenkirche hat er mir wie ich glaube auch ganz erträglich angestanden.

Herrn Dekan [Günzler in Leonberg] hab ich bey Zeiten meine Aufwartung gemacht, saß bey 2 Stunden bei ihm und hoffe daß ich mich gut zu ihm stehen werde.

Auf dem Thurm war ich noch nicht, auch will ich Dir versprechen, daß ich die Glockenstube nicht zur Studirstube machen will.«

Pfarrverwesers Alltag

Mörike verbringt viel Zeit in Leonberg mit einem ehemaligen Schulfreund, Wolfgang Mögling, der am Oberamtsgericht arbeitet, mit dem Oberamtsarzt Doktor Lechler und einem pensionierten Major Carl von Ofterdinger, häufig sitzt man dort im Garten oder in dessen »niedlich ausgemahltem Lusthäuschen« in der heutigen Bahnhofstraße.

Gegen Ende seiner Eltinger Zeit wird er sogar in der Leonberger Kirche predigen, wie er Luise Rau doch ein wenig stolz am 10./11. Dezember berichtet: »Die Leute machen mir hier, da mein Stern sich nun zum Neigen wendet, große Elogen über mein Predigtwesen troz dem daß selten memorirt wird. Nicht wahr? da verdien ich mir Lob u. Tadel mit Einem Streich von IHRO HOCHEHRWÜRDEN? So mögen Sie aber nur noch wissen, daß ich neulich in LEONBERG für den Abel, in Anwesenheit einer HOCHWÜRDEN kanzelte, freilich memoriter [auswendig] so viel wie möglich, und Beifall hatte.« Tatsächlich ist der Eltinger Kirchengemeinderat mit Mörikes Predigten sehr zufrieden, man kritisiert nur, dass er sie meist abliest, was offiziell untersagt ist.

Oft läuft er drei Wegstunden nach Stuttgart, um beispielsweise für Luise Briefpapier oder ein Buch zu besorgen, um einen Arzt zu konsultieren oder Bekannte zu treffen. Dort verhandelt er auch mit dem Verleger Schweizerbart wegen der Musikbeilage zu seinem *Maler Nolten*, denn der Roman liegt zum Teil bereits gedruckt in »Aushängebögen« vor. Mörike korrigiert sie, schickt sie an Luise Rau und seinen Bruder Karl weiter: »Du versprichst dem Büchlein so entschiedenen Beifall gibst aber auch keinen einzigen ästhetischen Grund dafür namentlich an. Willst Du mich durch Dein Lob wirklich erfreuen so sprich Dich deutlicher aus. Ein Motivirter Tadel, das versichre ich Dir, hat mehr Werth für mich als e. allgemein gesagtes Lob. Sey also das nächstemal ein wenig kritischer sonst schick ich keine Bogen mehr.«

Im selben Brief vom November erläutert er mit Karl die Frage einer Dedikation: wem wohl zu danken wäre, beziehungsweise von wem man sich bei einer Widmung politisch oder finanziell etwas erhoffen dürfte. Der *Maler Nolten* erschien dann erst im August 1832 und ohne Widmung.

Trotz Trennungsschmerz von der Braut und obwohl er gegenüber dem Freund Wilhelm Zimmermann an Weihnachten jammert, er »lebe leider immer noch wie ein Verbannter in Siberien und werde so lange an Leib und Seele krank bleiben«, klingen die meisten seiner elf überlieferten Briefe aus Eltingen eher heiter, zumal die Schilderungen seines Alltags und der Menagerie:

»Nun ist es Zeit, daß ich Dich auch einen Blick in meine Einsamkeit werfen lasse. Ich komme mir manchmal vor wie einer der katholischen Kaplane, die ich in Oberschwaben beobachtete«, schreibt er am 10. November an Luise Rau in Anspielung auf das Zölibat; Mörike war von Kind auf an sehr belebte Pfarrhäuser gewöhnt und wohnt nun offenbar zum ersten Mal ganz allein.

»Du hast recht vorausgesehen: ich bin mit dem Tag da die Frauenzimmer das Haus verließen in die Wohnstube, aber in die hintere, getäfelte, heruntergezogen. Da hab ich Bett u. Pult u. all mein Wesen beisammen. Lebendiges ist nichts um mich ausser einem Paar Vögel, einer Lerche, welche frei im Zimmer läuft u. einer lebhaften, närrischen Kreatur von Staaren, dessen großes viereckiges Käfigt neben mir am Boden steht. Zwey kleine Mädchen bedienen mich, bald geschickt, bald ungeschickt; das Essen hab ich von einem hiesigen Förster, sehr gute wohlgewählte Speisen, reichlich u. schmackhaft. Ich frühstücke und speiße meistens zu Hause.

Der Morgen geht mit Arbeiten, mit Lesen, Phantasiren, auch wohl mit ernsten u. spaßhaften Selbstgesprächen hin. Nach Tisch, wenn die Herbstsonne einigermaßen erquicklich ist sitz ich wohl eine halbe Stunde in der verwitterten Laube im Garten, oder kommt Mögling und wir spazieren in die Stadt [Leon-

Eltingen von Süden mit Leonberg und dem Engelberg im Hintergrund. Ansicht um 1830.

berg]; da seh ich denn zuweilen Dr. Lächler im Wirtshause [»Hirschen«] und nehme gelegentlich Notiz von Allem was begegnet.«

Wenig Muße zum Dichten

Anregungen zum Dichten scheint Eltingen dem jungen Mann nicht geboten zu haben, es entstehen nur zwei Gedichte, das eine ist das »Hochzeitlied« vom August 1831, wohl als Gabe an ein jung verheiratetes Paar gedacht. Die erste Zeile »Nicht weit vom Dorf zwei Linden stehen« weist auf den südlichen Ortsausgang Richtung Warmbronn hin, wo der Stadtplan noch immer einen Spielplatz »Gedächtnis-Linden« verzeichnet, der aber bis auf ein kleines Grundstück der Umgehungsstraße und einer Industrieansiedlung weichen musste. Immerhin stehen noch einige der inzwischen hoch gewachsenen Linden, von denen die erste 1813 zur Erinnerung an die Völkerschlacht bei Leipzig gepflanzt wurde, das ist jedenfalls in der Stadtgeschichte überliefert. Ein im Gedicht weiter unten erwähntes »Dörflein mit der Spitze des gelben Turms« ist sicher Eltingen.

Das andere »kleine Liedchen« ist »Agnes«, das er ohne Titel zum Erstdruck im *Maler Nolten* bestimmt:

Rosenzeit! wie schnell vorbei,
    Schnell vorbei
Bist du doch gegangen!
Wär' mein Lieb nur blieben treu,
    Blieben treu,
Sollte mir nicht bangen.

Um die Ernte wohlgemuth,
    Wohlgemuth
Schnitterinnen singen; |
Aber, ach! mir kranken Blut,
    Mir kranken Blut
Will Nichts mehr gelingen.

Schleiche so durch's Wiesenthal,
    So durch's Thal,
Als im Traum verloren,
Nach dem Berg, da tausendmal,
    Tausendmal
Er mir Treu' geschworen.

Oben auf des Hügels Rand,
    Abgewandt,
Wein' ich bei der Linde:
An dem Hut mein Rosenband,
    Von seiner Hand,
Spielet in dem Winde.

Eine reizvolle Lektüre über die Eltinger Zeit sind zwei Textpassagen aus Briefen, die eine Facette des kauzigen Mörike mit seiner Sympathie für Groteskes und Unheimliches beleuchten. Dem Freund Friedrich Theodor Vischer erzählt er Ende November folgende Episode: »Ich halte mir einen Staaren. Ich bitte Dich, das wäre was für Dich! Da gibts Bemerkungen über den thierischen Humor!

Thu Dir doch einen an. Auf den Frühling wenigstens in Dein Schlafzimmer. Du hast tausend Freude an dem Spitzbuben. Nur eins bedingt er sich aus, u. diese Condition zählt er Dir gleich in der ersten Minute, da er ins Zimmer steigt, ärschlings redlich auf den Boden. Aber auch das gehört zu seinen schönsten Amüsements.

Der Star Tartini und seine »Notenschrift«. Zeichnung von Mörike.

Nur Ein Beispiel. Er nahm seinen Nachtsitz neulich auf dem Rand meines Potchambers, das ich nicht wußte, ihm sonst auch nie eingefallen war zu thun. Um 1 Uhr wach ich auf und mache mein klein Geschäfte, sehe den Hallunken im Mondschein wie er verwundert umguckt sich aber nur auf eine andre Seite rückt u. übrigens nichts dagegen hat, daß ich den Strahl neben ihm hinablasse.

Mit wahrer Rührung stellte ich das Gefäß ganz sacht wieder an s. Ort und er u. ich schliefen wieder ein.«

Ein paar Tage danach erzählt er Luise Rau, dass er sich mit seinem Star – »ich rede ihn [...] als einen ausländischen Virtuosen, als den Violinisten Tartini an« – über Musik unterhalte, und dass ihm selbst der kleine Spitzhund nicht den Rang ablaufen könne.

Dieser lange Brief endet mit einem »Musterkärtchen aus meinem Still- und Pastoralleben« über eine schauerliche nächtliche Begebenheit:

»Heute nacht, 10 Uhr. Ich liege im Bette u. versuche, bald zu schlafen, bald zu lesen. Ein Laden meines Nachbars nur 3. Schritte über den Hof, hindert mich und bringt mich in Verzweiflung durch sein Auf u. zuSchlagen im Winde. Ich stehe auf und rufe ›Walz!‹ Man hört mich lange nicht, endlich geht ein Fenster auf u. ich sage der Frau, sie möge den Übelstand heben.

Straße in Eltingen. Historische Fotografie

›Ganz recht‹, sagt sie. ›Aber, ach Gott, Herr AmtsVerweser, denken Sie nur, mein Mann, der Walz will sterben!‹

Ich erschrack sonderbar, ließ mir noch Näheres erzählen, gab ihr einen allgemeinen Trost und legte mich wieder; konnte aber keine Ruhe finden, traurige Bilder wechselten vor meiner Phantasie, ich schauerte einige Mal plötzlich auf aus meinem Halbschlummer und mein Hund im Nebenzimmer winselte; mitunter hörte ich zwischen das Geheul der Winde die Jammertöne im Nachbarhaus, beides verworren in einander gemischt.

Der Laden war von den Leuten natürlich wieder vergessen worden, erst gegen die Morgendämmerung wurde er angelegt, und das Mädchen das mein Frühstück brachte, sagte mir, daß der Mann wirklich um 12. Uhr gestorben sey.

Morgen Nachmit. will ich ihn begraben und keine Bezahlung nehmen. Es war der beste fleissigste Mann und der ärmste Tropf.«

Nur noch auf der Durchreise nach Wimsheim in Leonberg

Am 12. Januar verlässt Mörike Eltingen in Richtung Stuttgart, ausnahmsweise mit einem Pferdewagen, aber wohl auf derselben Strecke, die er sonst zu Fuß genommen hat: über den Leonberger Engelberg und die Gerlinger Schillerhöhe zur Solitude, nach Botnang hinunter und über den Westen in die Stadt. Eltingen hat er wohl später nie mehr betreten und Leonberg lediglich gestreift, als er zwanzig Jahre später seinen Freund Wilhelm Hartlaub in dem kleinen, damals 750 Einwohner zählenden Wimsheim im Oberamt Maulbronn besuchte, wo dieser von 1851 bis 1863 Pfarrer war.

Zwar gab es seit Mörikes Verheiratung mit der katholischen Margarethe Speeth »Trübungen« und Spannungen, die nie ganz ausgeräumt wurden, dennoch schrieben und besuchten sich beide Familien weiterhin, wiederholt Eduard und Klara Mörike mit Marie die Hartlaubs, während Margarethe mit Franziska zu Hause in Stuttgart blieb. Und immer wieder klingen in den Briefen die alten Vertrautheiten durch, werden die Besuche als beseeligende oder zumindest erholsame Erlebnisse mitgeteilt. So schreibt Mörike am 6. Juli 1859 aus Wimsheim an Margarethe:

»Am Samstag Morgens 10 Uhr zogen wir zu Vieren, nämlich Clara, ich, Marie Hartlaub, mit dem Kind [Mörikes zweieinhalbjährige Tochter Marie], welches von einem Schulbuben im *bedeckten* Korbwäglein gefahren wurde, nach dem sogenannten ›Abgrund‹, einem sehr schönen einsamen Wald-Platz unweit der Tiefenbronnen Straße, nur eine Viertelstunde von hier. Wir hatten Schinken, hartgesottene Eier, Most, Sitzpolster mit hinausgenommen und hielten unter den herrlichen Tannen Mittag. Wie oft mußte ich denken, wenn doch mein Gretchen nur über *diese* Stunden bei uns wäre und die Fanny mit! Ich that rein nichts, als vegetiren; ein Buch, Papier u. Bleistift das ich eingesteckt wurde nicht angerührt.«

Mörike berichtet von der »vortrefflichen Luft« im Heckengäu; für die Geschichte des Ortes – er hieß früher »Wimsen vorm Hagenschieß« – und seine geologische Lage hat er sich wohl nicht interessiert. Durch das Gemeindegebiet verlaufen drei Grenzen, eine geologische, eine klimatische und eine politische, nämlich die zwischen Buntsandstein im Südwesten und Muschelkalk im Nordosten; dann wechselt das rauere Schwarzwaldklima über ins milde Weinbauklima und schließlich verläuft hier die ehemalige Landesgrenze zwischen Baden und Württemberg.

Ein letztes Mal besucht Mörike Wimsheim im Mai 1874, um alte Erinnerungen aufzufrischen. Dazu ließ er sich von Hartlaubs Nachfolger – der Freund war schon 1863 auf die Stöckenburg bei Vellberg versetzt worden – durch das Pfarrhaus führen. Heute steht das 1669/70 errichtete Gebäude unter Denkmalschutz und ist eine der Sehenswürdigkeiten neben der Michaelskirche, die 1882/83 an der alten Stelle im neoromanischen Stil neu gebaut wurde, unter Verwendung ihres spätmittelalterlichen Turms mit einem eingemauerten römischen Viergötterstein – zu sehen sind Merkur und Juno.

»Zu Cleversulzbach im Unterland
Hundert und dreizehn Jahr ich stand,
Auf dem Kirchenthurm ein guter Hahn,
Als ein Zierath und Wetterfahn«

Endlich Pfarrer

In Cleversulzbach ist Mörikes Welt noch weitgehend erhalten. Alles liegt nah beisammen: die Kirche mit dem Turmhahn, das stattliche Pfarrhaus, der dazugehörige Garten und der kleine Friedhof. Abgerundet werden die an Mörike erinnernden Orte seit 1996 noch durch ein Museum im alten Schulhaus in der Turmhahnstraße, gleich neben der Kirche. Es zeigt zahlreiche Dokumente, Abbildungen, Schriften und persönliche Gegenstände zur Lebenssituation Mörikes in Cleversulzbach. Zudem führt ein mit blauen Turmhahnschildern ausgewiesener Spaziergang auf den Spuren des Dichters rund ums Dorf.

Als Mörike am 30. Juli 1834 mit seiner 63-jährigen Mutter und der 18-jährigen Schwester Klara in Cleversulzbach einzieht, beherbergt der Ort nach einer von Mörike selbst verfassten Bevölkerungsliste knapp 700 Einwohner. Die Pfarrei, die erst gegen Ende des 16. Jahrhunderts selbständig geworden war, zählt zu den kleinsten und ärmsten im Königreich Württemberg. Die Besoldung liegt am untersten Niveau und beträgt 600 Gulden, als Pfarrverweser in Owen hatte es 50 Gulden mehr gegeben. Dennoch ist Mörike glücklich über seine Ernennung. Endlich hat er eine Pfarrei, ist selbständig, verfügt über ein großes Pfarrhaus, einen schönen Garten und eine überschaubare Gemeinde.

Neun Jahre hält er es im Dorf und Pfarramt aus, eine lange Zeit, so lange wie an keinem anderen Ort, in keiner anderen Wohnung. Auch wenn er später im Rückblick nostalgisch verklärt diese Jahre im »Alten Turmhahn« in leichten Versen besingt, idyl-

Das Pfarrhaus und die Kirche in Cleversulzbach, von Mörike kolorierte Lithographie

lisch ist sie nur zeitweilig. Bestimmt ist sie von finanziellen Nöten. 1838 belaufen sich die Schulden, die Mörike auch wegen Bürgschaften für seine beiden Brüder Karl und Adolf bei Wilhelm Hartlaub angehäuft hatte, auf bald 1000 Gulden. Zur wirtschaftlichen Bedrängnis gesellt sich eine schlechte Gesundheit und eine zunehmende Amtsmüdigkeit. Kaum ist die Mutter 1841 gestorben, versucht er einen Ausbruch aus dem Kirchendienst, bewirbt sich – erfolglos – um eine Bibliothekarstelle an der königlichen »Handbibliothek« in Stuttgart. Und als ihm dann im Jahr darauf der Stuttgarter Kirchenrat den Vikar entzieht und ihn vor die Entscheidung stellt, entweder zu predigen oder sich pensionieren zu lassen, versucht er es zunächst mit von Hartlaub geliehenen Predigten, kapituliert dann aber rasch und lässt sich im August 1843 im Alter von 38 Jahren auf eigenen Wunsch mit 280 Gulden Jahrespension in den Ruhestand schicken.

Als Pfarrer ist er gescheitert, als er am 19. September 1843 Cleversulzbach verlässt, doch als Dichter hat er in den zurückliegenden Jahren eine beachtliche Ernte eingefahren. In der Cleversulzbacher Zeit entstehen die Märchen »Der Schatz«, »Der Bauer und sein Sohn« sowie in Hexametern das »Märchen vom sichern Mann«. 1838 erscheint Mörikes erster Gedichtband mit 143 Gedichten, in der Cotta'schen Buchhandlung verlegt und »Seinem Freunde Wilhelm Hartlaub zum Zeichen unveränderlicher Liebe gewidmet«. 1840 folgt dann bei Schweizerbart in Stuttgart die *Classische Blumenlese. Eine Auswahl von Hymnen, Oden, Liedern, Idyllen, Gnomen und Epigrammen der Griechen und Römer, nach den besten Verdeutschungen, theilweise neu bearbeitet, mit Erklärungen für alle gebildeten Leser.* Vor allem aber verdanken wir jener Zeit eine große Zahl von Gedichten und Versen, in denen Mörike sich als großer Lyriker erweist, als Volkston-Dichter, der aber auch ironische und satirische, skurrile und groteske Töne meisterlich beherrscht. Erinnert sei an »Wald-Idylle«, »Waldplage«, »Erzengel Michaels Feder«, »Lammwirts Klagelied« – eine Parodie auf Goethes »Schäfers Klagelied« –, »die Visite«, »Gute Lehre«, »Der Gärtner«, »An Philomele« oder »An eine Äolsharfe«.

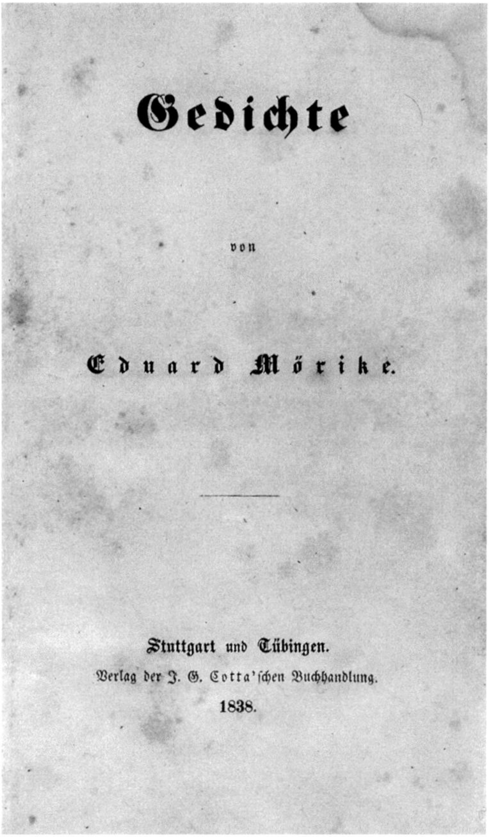

Titelblatt der 1838 erschienenen Gedichte

Viele Gelegenheitsverse, als Liebesgaben für Freunde oder Verwandte entstanden, bringen uns seine Welt, seine Erlebnisse, seine wechselnden Stimmungen nahe und spiegeln die Verspieltheit des Dichters, seine vergnügliche Laune, den dichterischen Scherz. Etwa die »Sommersprossen von Liebmund Maria Wispel«. Sie sind es, die neben dem Turmhahn die Vorstellung vom idyllischen Cleversulzbach geprägt haben.

Die Pfarrkirche

Cleversulzbach war ursprünglich eine Filiale der Pfarrei Helmbund/Neuenstadt. 1592 wurde diese von der Mutterkirche getrennt und selbständig, wobei man die im Ort befindliche, erstmals 1490 erwähnte Kapelle zur Pfarrkirche erhob. Von ihr ist nach einem 1958/61 erfolgten Um-, Aus- und Neubau nur noch der aus dem Mittelalter stammende kreuzgewölbte Chor im Ostturm übrig. Von der Ausstattung, wie sie Mörike erlebt hat, kann man noch den von Zopfornamenten geschmückten Taufstein mit der Jahreszahl 1710 und das Orgelgehäuse sehen.

So gewissenhaft Mörike auch manche Amtsgeschäfte betreibt – die Kirchenbücher führt er akkurat und in der Christenlehre für die heranwachsende Jugend glänzt er im Erzählen biblischer Geschichten –, so schrecklich ist ihm das Predigen. Schon im zweiten Amtsjahr erbittet er sich wegen »seiner andauernden Kränklichkeit einen Amtsgehülfen«, der ihm mit Unterstützung des Neuenstädter Dekans vom Stuttgarter Kirchenrat auch zugestanden wird. Vier Vikare haben ihm dann von 1836 bis 1842 vor allem den sonntäglichen Gottesdienst abgenommen, mitunter von Mörike spöttisch bedacht: »Der Herr Vikare / Red't immer das Gute und Wahre / Es ist ein Staat, / Wie der Herr Flad / Prediget / Und gleichsam die Leut nötiget / Zu dem Wahren und Guten; / Er bekehrt Heiden und Juden / Nein, auf Ehre / Wenn ich so wäre!« 1838 schreibt er Hermann Kurz: »Was den Sakristeigeruch betrifft, so muß ich leider [...] bekennen: ich weiß nicht mehr, wie das Innere einer Kirche aussieht.«

Hermann Kurz (1813–1873)

So kommt es immer wieder mal vor, dass er im Schatten seiner Laube sitzt oder im Gras am Waldesrand liegt und »in tiefinnerster Behaglichkeit« dem Orgelspiel oder dem Gemeindegesang aus der Kirche lauscht, während sich einer seiner Vikare oder einer seiner Pfarrfreunde, beispielsweise Wilhelm Hartlaub, für ihn in der Kirche abmühen. Im Dezember 1840 klagt der Heilbronner Prälat Märklin, dass »Pfarrer Mörike noch immer für seine Gemeinde ganz untätig ist und sich auch von den Amtsgeschäften, z. B. der Teilnahme an der Disputation entzieht, während er sich mit literarischen Arbeiten beschäftigt und hin und her Reisen durch das Land macht«. Kein Wunder, dass sich da auch Neider regten und es Unruhe in der Cleversulzbacher Kirchengemeinde gab.

Trotz alledem kann man auf einer am Sockel des Glockenturms angebrachten Steintafel lesen: »Hier wirkte der Dichter und Pfarrer Eduard Mörike von 1834–1843«. Verziert ist das Denkmal mit Symbolen. Ein Abendmahlskelch und eine Bibel verweisen auf den Pfarrer, ein Hahn erinnert an den Dichter.

Der alte Turmhahn

Untrennbar ist Cleversulzbach mit der Turmhahnidylle verbunden, die ihre Entstehung der 1840 erfolgten Renovierung der

Der Turmhahn

Kirchturmspitze und einem alten Wegerecht verdankt. Ein verbrieftes Recht erlaubt Mörike nämlich, seinen Weg zur Kirche vom Pfarrgarten aus durch das Nachbargrundstück zu nehmen, das einem Schmiedemeister namens Salm gehört. Dabei entdeckt er im Juni unter altem Eisen den von der Kirche abgenommenen alten Turmhahn. Er nimmt ihn mit ins Pfarrhaus und räumt ihm dort einen Ehrenplatz ein. Schließlich inspiriert ihn der Hahn zu einem seiner bekanntesten und, wohl auch durch Ludwig Richters Holzschnitte, populärsten Gedichte, das er selbst eine »Idylle« nennt. 22 Verse entstehen noch im selben Jahr. Vollendet wird das 1852 veröffentlichte Gedicht allerdings erst in den Mergentheimer Jahren »gleichsam aus verklärender Erinnerung«.

Aus der Perspektive des alten Turmhahns – »Zu Cleversulzbach im Unterland / Hundert und dreizehn Jahr ich stand, / Auf dem Kirchenthurm ein guter Hahn, / Als ein Zierath und Wetterfahn« – entwickelt der Dichter ein paradiesisches Genrebild, die ländliche Atmosphäre eines württembergischen Pfarrhauses. Er schildert in reizvollen Versen, Vergangenheit und Gegenwart mischend, das beschaulich-friedvolle pfarrherrliche Leben auf dem Dorf bis zur Auffindung und Rettung des Hahns: »Im Pfarrhaus, ob dem fremden Gast / War Groß und Klein erschrocken fast / [...] Frau, Magd und Knecht, Mägdlein und Buben, / Den großen Göckel in der Stuben / Mit siebenfacher Stimmen Schall / Begrüßen, begucken, betasten all'. / Der Gottesmann drauf mildiglich / Mit eignen Händen trägt er mich / Nach seinem Zimmer, Stiegen auf, / Nachpolteret der ganze Hauf.«

Das Pfarrhaus

Im Zusammenhang mit der Erhebung Cleversulzbachs zur eigenständigen Pfarrei widmete man 1591/92 ein Bauernhaus zum Pfarrhaus um. Baufällig geworden, wurde dieses in der zweiten Hälfte des 18. Jahrhunderts aufgestockt, gründlich um- und ausgebaut. Daran erinnert noch heute die an der Haustür angebrachte Jahreszahl 1775. Da das stattliche Haus in den Hang hineingebaut worden war, konnte man vom ersten Stock ebenerdig in den höher gelegenen Garten gelangen. Das Studierzimmer lag im Obergeschoss unter dem Giebel der Straßenseite zu.

Im »Alten Turmhahn« poetisch verklärt, sieht sich darin ein Sonnenstrahl um, »Beschaut sich was da liegt umher, / Concordanz und Kinderlehr', / Oblatenschachtel, Amtssigill, / Im Dintenfaß sich spiegeln will, / Zutheuerst Sand und Grus besicht, / Sich an dem Federmesser sticht / Und gleitet über'n Armstuhl frank / Hinüber an den Bücherschrank. / Da stehn in Pergament und Leder / Vornan die frommen Schwabenväter: / *Andreä, Bengel, Rieger* zween, / Sammt *Oetinger* sind da zu sehn.«

Das Pfarrhaus war geräumig und bot Platz für die drei Mörikes, den Vikar und die gelegentlichen Gäste, darunter Justinus

Die obere Stube im Pfarrhaus. Federzeichnung von Mörike

Kerner (1786–1862), David Friedrich Strauß (1808–1874), der dichtende Oberamtsrichter Karl Mayer (1786–1870) oder Hermann Kurz (1813–1873), der Mörike 1838 bei der Auswahl und Anordnung der Gedichte in der Erstausgabe beriet und das »Arrangement« fertigte. Zu den häufigsten Besuchern zählte die eng befreundete Pfarrfamilie Hartlaub aus Wermutshausen. Die Töchter Agnes (geboren 1834), auch Bagnes genannt und Adelheid (geboren 1836), auch Ada gerufen, hielten sich wiederholt wochen- oder monatelang im Cleversulzbacher Pfarrhaus auf.

Ja, und dann bevölkerte das Pfarrhaus noch eine ganze Menagerie – »Der Star, der Distelfink, der Igel, Hund und Katze« –, die Mörike in einem Brief vom 13. Oktober 1840 an Hartlaub in vier Klassen einteilt: »1. stinkende und zugleich singende. 2. rein singende. 3. rein stinkende 4. solche die weder stinken noch singen«. Zudem mussten sich alle das Pfarrhaus noch mit dem »Rabausch« teilen, einem Amtsvorgänger Mörikes, der, seines wüsten Lebens wegen, seit bald fünfzig Jahren als Gespenst umgehen musste, und über dessen okkulte Erscheinungen Mörike in Kerners Zeitschrift »*Magikon*« 1841 einen Aufsatz »Der Spuk im Pfarrhaus zu Cleversulzbach« veröffentlichte.

Der Pfarrgarten

Von den Wohnräumen des Pfarrhauses gelangt man zu ebener Erde in den großen Garten, den die Frauen bebauen und bepflanzen, den Eduard genießt und wie ein zweites Wohn- oder Studierzimmer nutzt. Hier schaut er den Hummeln zu, die in den Sonnenblumen Nektar suchen, sammelt selbst Blumensamen, geht nach dem Essen spazieren, schreibt Briefe, fertigt Zeichnungen.

»Ich sitze viel im Garten unter dem grünen Schirm«, schreibt er am 26. Juli 1838 an Hermann Kurz, »ein Buch vor mir, in das ich 2 Minuten hineinsehe, um alsbald wieder in meine eigenen Grillen zu verfallen. Oder ich stecke mich in einen hohen Zuckerschefen-Wald und belausche ein Kindergespräch am Gartenhag, wobei einem das Herz vor Freude lacht. Gestern Abend

Pfarrhaus und Garten. Zeichnung von Mörike.

sangen 2 Mädchen: ›Regen-Regentropfen, / Buben muß man klopfen, / D'Maidlin muß man schonen / Wie die Ziteronen.‹ Dabei donnerte es von fern, Die Rosen dufteten und durch den Hag schimmerten die blechernen Zierraten der Kirchhofkreuze hell herüber.« Ein andernmal heißt es: »Der Garten weht voll Wohlgerüchen, besonders durch die Apfelblüten«.

Eine genaue Beschreibung des Gartens liefert Johannes Mährlen am 12. Juni 1835, der als Gast bei Mörike weilte: »Gerade Wege führen durch den ganzen Garten, zu beiden Seiten breite Rabatten, von unzähligen Nelken besetzt [...] dazwischen stehen auf schwankenden Stielen jungfräuliche Mohnblumen, [...] Nachtviolen, Lilien, und Blumen aller Art, [...] darunter ist aber auch an den Nutzen vielseitig gedacht: ein Feld mit Mohnpflanzen soll Öl, zahlreiche Stöcke von Hülsen und Schotengewächsen Früchte für den Sommer und den Winter, Stachel- und Johannisbeerhecken Saft für die nächsten Wochen liefern. Der Garten ist von Bauerngütern umgeben. Teils Pflugland, teils Wiesen mit Obstbäumen besetzt. [...] Von dem Hausflur, aus den Zimmern geht's eben und schnurgerade in die Gartenwege auf die Lauben zu. Mit einem Schritt steige ich von draußen in mein Schlafzimmer.«

In seinem Garten, unter der von ihm besungenen Buche mit dem eingeritzten Namen Höltys (1748–1776), in der Laube, die er »grüne Pfarrkutsche« nennt, oder auf einem der Gartenwege, auf- und abgehend, fliegen ihm zahlreiche Gedichte, Lieder im Volkston zu, so etwa »Ein Stündlein wohl vor Tag«, »Die Schwestern«, »Wanderlied«, »Der Knabe und das Immlein«, »Jägerlied« oder »Storchenbotschaft«. Über die Entstehung der Ballade von »Schön-Rohtraut« schreibt er 1868 an Moritz von Schwind, er sei im Garten »den breiten Weg bis zur hintersten Laube« entlanggegangen und habe »dabei das Gedicht erfunden, fast gleichzeitig damit das Versmaß und die ersten Zeilen, worauf die Ausführung auch wie von selbst erfolgte«.

Natürlich werden der Garten und seine Pflanzen selbst auch besungen, etwa im Gedicht »Restauration« – »Lief in den Garten hinterm Haus, / Zog einen herzhaften Rettich aus, / Fraß ihn auf bis auf den Schwanz, / Da war ich wieder frisch und genesen ganz.« – oder im Gedicht »Gute Lehre«, wo es heißt: »In unsers Pfarrers Garten, / Es fällt ein warmes Regelein, / Wie duften da die Blumen, / Die Äpfelblüth' so fein!«

Im Garten stand auch der Nussbaum, den Mörike am Abend vor Weihnachten für Klara hatte pflanzen lassen und den er für sie schmückte und beleuchtete: »So bring' ich Dir gewiß und wahr / Ein Schürzlein Nüsse Jahr für Jahr.«

Vom Garten ging es durch die »musikalische Gartentür« hinaus aufs offene Feld. Auch sie ist in einem Gedicht »Ach nur einmal noch im Leben« verewigt. Die Gartentür war der Ausgangspunkt vieler Spaziergänge Mörikes, von denen er Anregungen für Gedichte mit heimbrachte.

Wer dies nacherleben möchte, dem sei der ausgeschilderte Mörike-Pfad empfohlen. Er beginnt am Friedhof, führt entlang des Sulzbachs zunächst in die Weinberge, dann in Richtung Brettach durch Streuobstwiesen zum Hornberg, durch den Wald zum Sulzrain und Eberfirst. Er endet nach etwa anderthalb Stunden beim »Lieblingshügel« hinter dem Pfarrhaus, wo sich Mörike »im Schlafrock beim Mondschein erging«. Auf Stelen und Schautafeln kommt Mörike zu Wort, sei es mit Briefzitaten – »es ist auch wirklich ein einziges Plätzchen [...] und hat die beste Aussicht auf den nahen Bergwald« –, sei es durch Gedichte, wie die in klassische Distichen gefasste Elegie »Die schöne Buche«:

Ganz verborgen im Wald kenn' ich ein Plätzchen, da stehet
    Eine Buche, man sieht schöner im Bilde sie nicht.
Rein und glatt, in gediegenem Wuchs erhebt sie sich einzeln,
    Keiner der Nachbarn rührt ihr an den seidenen Schmuck.

Der Friedhof

Der kleine Friedhof – 1634, mitten im Dreißigjährigen Krieg angelegt, während die Pest schlimmer als alle Soldatenheere wütete – beherbergt zwei Gräber, die mit Mörikes Wirken in Cleversulzbach verbunden sind. Das eine ist das Grab von Elisabetha Dorothea Schiller, der Mutter von Friedrich Schiller, die hier am 29. April 1802 bei ihrer mit dem damaligen Cleversulzbacher Pfarrer Frankh verheirateten Tochter Luise gestorben ist. Das andere ist das unmittelbar daneben liegende Grab von Mörikes Mutter.

Schon bald nach seinem Einzug in Cleversulzbach bedenkt Mörike den Friedhof und das Schiller-Grab mit einem Gedicht: »Nach der Seite des Dorfs, wo jener alternde Zaun dort / Ländliche Gräber umschließt, wall' ich in Einsamkeit oft. […] Eines Unsterblichen Mutter liegt hier bestattet.« Doch begnügt er sich nicht mit der Poesie. Er lässt das weitgehend vergessene, »durch nichts als einen mittelmäßigen Fruchtbaum bezeichnete Grab«, »mit Rasen umkleiden und oben mit einigen Blumen bepflanzen«. »So lange ich hier wohne«, lässt er im Januar 1835 die inzwischen in Möckmühl lebende Luise Frankh wissen, »soll es dem Grab nie an frischen Blumen fehlen.«

Die Sorge, »die Stelle« könne »ganz in Vergessenheit kommen«, treibt ihn weiter um. Da entdeckt er, wie er es Hermann Kurz am 30. Juni 1837 schreibt, auf dem Friedhof »ein etwa vier Schuh hohes, sehr starkes steinernes Kreuz«, über 100 Jahre alt, »wahrscheinlich für die Frau eines Geistlichen errichtet«, nimmt es mit nach Hause, entfernt die alte Schrift und graviert eigenhändig die Inschrift »Schillers Mutter« ein. »Am Feiertag Johannis, den 24. Juni, nach der Morgenkirche«, so fährt er in seinem Brief fort, »wurde der Stein unter meinen Augen vom Maurer auf den Hügel gepflanzt.« Dort ist er heute noch zu sehen.

Am 26. April 1841 stirbt Mörikes Mutter. Vier Jahre vor ihrem Tod hat er ihr ein Gedicht gewidmet, das mit den zwei

Der Friedhof mit den Gräbern der »Dichter-Mütter« Schiller und Mörike.

Zeilen beginnt: »Siehe, von allen den Liedern nicht Eines gilt dir, o Mutter! / Dich zu preisen, o glaub's, bin ich zu arm und zu reich.«

Am Tag nach dem Tod der Mutter berichtet er seinem Freund Hartlaub: »Das ganz Unglaubliche ist nun geschehen! Unsere Mutter ist gestorben, heute, kurze Zeit nach Mitternacht. [...] Ich konnte nicht dabei seyn, ich hatte gebeten es mir nicht gleich u. nicht auf einmal zusagen, war aber wach geblieben. Um 12 Uhr befiel mich eine plötzliche Unruhe und Angst der Ungewissheit, ich rief, es war Alles so still, da kam meine Schwester herüber, ganz thränenlos u. ruhig wie ein Engel der von einer Himmlischen Botschaft bringt. Du darfst mirs sagen, sprach ich, und so sagte sie mirs. – Mittwoch Nachmitt. 2 Uhr wird sie beerdigt werden ganz dicht bei jenem Grab das wir so sehr verehren, rechter Hand nach unserm Garten zu.« Die Trauerfeier am 28. April übernimmt Dekan Andler, dieweil Mörike im Pfarrhaus »in der obern Stube während die liebste Mutter beerdigt wird«, erschüttert und vom Schmerz überwältigt seinem Bruder Ludwig einen Brief schreibt.

Zu Schillers hundertstem Geburtstag, am 10. November 1859, übernahm der Marbacher Schillerverein beide Gräber und pflanzte darauf eine Linde. Am 9. Mai 1885 wurde dann am Doppelgrab ein Gedenkstein errichtet, vom Ulmer Münsterbaumeister Beyer entworfen, dessen Marmorplatte die Namen und Lebensdaten der beiden »Dichtermütter« enthält. 1989 wurde das Grabmal restauriert.

Ausflüge nach Neuenstadt am Kocher

Von Cleversulzbach aus kann man, wie einst Mörike – den Sulzbach und die Brettach entlang, an der Ruine der Kirche des im 14. Jahrhundert abgegangenen Ortes Helmbund vorbei – in einer guten halben Stunde zu Fuß nach Neuenstadt am Kocher gelangen. Die Stadt wird von Mörike häufig aufgesucht, nicht nur weil sie das für ihn zuständige kirchliche Dekanat beherbergt, an dem sich gelegentlich die »Korona«, die Versammlung der Pfarrer des Kirchensprengels, trifft. Nach Neuenstadt geht er der Poststation wegen, um Briefe aufzugeben oder abzuholen, um einzukaufen oder um den Hausarzt Dr. Karl Ludwig Elsässer (1808–1874) aufzusuchen. Dort trifft er sich gelegentlich auch mal mit Freunden, disputiert, zecht und übernachtet im Gasthaus »Stern«. Vor allem besuchen die Mörikes in Neuenstadt ihre Verwandten, vornehmlich den Apotheker Dr. Karl Möricke (1806–1874) und dessen Familie.

In Neuenstadt hatte sich der 1669 geborene Urgroßvater Mörikes, Bartholomäus Möricke, aus dem märkischen Havelberg

Die Ruine der Kirche in Helmbund, Zeichnung von Mörike, 1840

kommend, niedergelassen und 1694 die verwitwete Apothekersfrau Auguste Marie Vischer geheiratet. Während Mörikes Großvater nach Ludwigsburg zog, blieb ein Zweig der Familie in der Stadt ansässig, behielt und betrieb die stattliche und von Wohlhabenheit zeugende alte Apotheke am Marktplatz, das Stammhaus der Familie.

Wiederholt genießt Mörike hier die Gastfreundschaft seiner Verwandten. Der Dichter, der sonst Menschenmengen scheut, nimmt sogar an Abendgesellschaften teil; von einer berichtet er am 27. Oktober 1841 seinem Freund Hartlaub: »In der großen Mörikeschen Abendgesellschaft sind wir wirklich gewesen und haben es auch nicht bereut. [...] Die spielende, schwätzende, um leckerbesezte Tischchen schwirrende Gesellschaft v. hundert u. zwanzig Personen war durch zehn bis eilf in einandergehende von unzähligen Wachslichtern glänzende Zimmer verstreut bis zum Tanzsaal, wo mir Clärchen in einer Reihe von Mädchen verschwand, während ich mich außen zu einigen Bekannten setzte.«

Neuenstadt am Kocher, Zeichnung von Mörike

Nur wenige Tage später sind die beiden schon wieder in Neuenstadt und besuchen dabei den dortigen Friedhof, »wo eben Wäsch zum Trocknen aufgehangen«. Beim Gang durch den Gottesacker besehen sie nicht nur »alte u. neue Grabsteine der Mörikeschen Familie«, zu seiner »großen Überraschung« findet Mörike dabei auch die erste Christblume seines Lebens, »etwas Lebendiges, Frischblühendes, wonach ich viele Jahre vergeblich getrachtet hatte«.

Zu den Neuenstädter Mörike-Orten zählt auch das in der Nähe des Schlosses gelegene Städtische Altersheim. Das ehemalige Dr.-Karl-Möricke-Frauenstift, 1875 von der Witwe des Apothekers begründet, bot nach Eduard Mörikes Tod 28 Jahre lang seiner Schwester Klara eine Heimstätte; hier ist sie am 1. August 1903 gestorben. Später lebte auch Mörikes Tochter Fanny Hildebrand als Witwe in diesem Haus.

In dem Gedicht »Auf einer Wanderung« setzte Mörike der Stadt ein literarisches Denkmal:

In ein freundliches Städtchen tret' ich ein,
In den Straßen liegt rother Abendschein.
Aus einem offnen Fenster eben,
Über den reichsten Blumenflor
Hinweg, hört man Goldglockentöne schweben,
Und Eine Stimme scheint ein Nachtigallenchor,
Daß die Blüthen beben,
Daß die Lüfte leben,
Daß in höherem Roth die Rosen leuchten vor.

Lang hielt ich staunend, lustbeklommen,
Wie ich hinaus vor's Thor gekommen,
Ich weiß es wahrlich selber nicht.
Ach hier, wie liegt die Welt so licht!
Der Himmel wogt in purpurnem Gewühle,
Rückwärts die Stadt in goldnem Rauch;
Wie rauscht der Erlenbach, wie rauscht im Grund die Mühle!
Ich bin wie trunken, irr' geführt –
O Muse, du hast mein Herz berührt
Mit einem Liebeshauch!

Und ab und zu nach Weinsberg

Das »Kernerhaus« in Weinsberg, für seine großzügige Gastlichkeit, als Hort und Treffpunkt schwäbischer Dichter weithin berühmt, liegt nur zwei gute Stunden zu Fuß von Cleversulzbach entfernt. Mit dem um 18 Jahre älteren Justinus Kerner, Oberamtsarzt, Dichter und Okkultist, verband Mörike ein reger Briefwechsel, man sandte sich die neuesten Bücher, Publikationen und tauschte darüber seine Gedanken. Mehrfach be-

Der Weg von Cleversulzbach nach Weinsberg, Kartenskizze von Mörike

Weinsberg mit dem Kernerhaus, Stahlstich aus Gustav Schwabs *Wanderungen durch Schwaben*, 1837

suchten sie sich gegenseitig. Im September 1837 begegnet Mörike bei einem Aufenthalt im Kernerhaus Ludwig Uhland, dem dichtenden Grafen Alexander von Württemberg und Karl Mayer. Im Juni 1839 überbringt Mörike seinem Freund Kerner sein bei Schweizerbart gerade erschienenes Werk *Iris. Eine Sammlung erzählender und dramatischer Dichtungen*. Im August 1840 weilt Mörike mit David Friedrich Strauß in Weinsberg.

Über Mörike und seine Besuche in Weinsberg schreibt Kerners Sohn Theobald in seinem Buch *Das Kernerhaus und seine Gäste*: »Wir freuten uns immer herzlich, wenn er nach Weinsberg kam und ein neues Gedicht mitbrachte. Wie fröhlich wurden wir gestimmt, als er uns sein neuestes Gedicht: ›der Sehrmann‹, vorlas, in welchem der köstliche Satz vorkommt: Schnurrbartsbewusstsein hebt und / trägt den ganzen Mann / Und glatt gespannter Hosen / Sicherheitsgefühl.«

*»Von unserem Wermutshäuser Leben
wird die eine Hälfte ganz musikalisch sein«*

Zum Atemholen bei Freund Hartlaub

Eduard Mörike und Wilhelm Hartlaub (1804–1885) kannten sich aus Urach, wo sie zum selben Seminaristen-Jahrgang gehört hatten. Obwohl Hartlaub immer wieder Gedichte zugeschickt erhielt und Mörike gelegentlich Darlehen gab, war ihre Beziehung seit den Tübinger Studientagen eher lose. 1830 übernahm Hartlaub die Pfarrstelle seines verstorbenen Vaters in seinem Geburtsort Wermutshausen, nachdem er ihm dort bereits vier Jahre als Vikar gedient hatte.

Als Mörike im August 1837, von Cleversulzbach aus, zur Kur in Mergentheim weilt, erfährt Hartlaub davon zufällig aus den Kurlisten – noch bevor Mörike seinen Besuch bei ihm ankündigt. Mit diesem Wiedersehen begann eine enge Freundschaft, und im Jahr darauf widmet Eduard Mörike seinen ersten Gedichtband Wilhelm Hartlaub »zum Zeichen unveränderlicher Liebe«. In den regelmäßigen Briefwechsel sind Klara Mörike und Hartlaubs fürsorgliche Frau Konstanze sowie die 1834 geborene, älteste Tochter Agnes einbezogen. Für sie hat er das »Kinderlied« gedichtet:

Dort an der Kirchhofmauer,
Da sitz ich auf der Lauer,
Da sitz ich gar zu gern;
Es regt sich im Holunder,
Es regnet mir herunter
Rosin und Mandelkern.

Waldmeisterlein, das kleine,
Das lustige, das feine,
Das hat es mir gebracht.
Es hat ein Schloß im Berge,
Das hüten sieben Zwerge,
Darin ist große Pracht.

Und es hat mir versprochen,
In aber hundert Wochen,
Wenn Agnes wacker sei,
Da käm es in dem Schlitten,
Zu Gaste mich zu bitten –
Da seid fein auch dabei!

Ebenso spielerisch wie für die Kinder kann Mörike gegenüber dem Freund, der seine Schreibweise von »Wermuthshausen« korrigiert hat, über die Herkunft des Ortsnamens scherzen:

»Muß Ihm sagen, daß man zwar Wermutshausen füglich nicht von jenem bittern Kraut herleiten darf. Die rechte Derivation weiß Er aber nicht. Es kommt von wehren und von Muth, wehrhaftem Muth, wodurch sich hoffentlich die Wehrmuthshäu-

Wermutshausen. Aquarell von Mörike

ser sehr geschmeichelt finden und gern drei hs für Eines in Kauf nehmen werden.«

In den folgenden Jahren sind Eduard Mörike und seine Schwester Klara regelmäßig Gäste im Wermutshauser Pfarrhaus, das etwas unterhalb der Petruskirche gelegen ist und heute mit einer Gedenkstube im ehemaligen Amtszimmer an den Dichter erinnert. Auf der Steinbank vor dem Haus soll er gerne mit Agnes gesessen sein. Eine Skizze der Kirche mit ihrem Zwiebelturm sowie ein Aquarell sind jedoch aus einem anderen Blickwinkel entstanden. Eine höchst ungewöhnliche und bis heute faszinierende Ansicht ist der Blick durchs Schlüsselloch: Inmitten eines groben, dunklen Türschildes offenbart sich ein rotgold leuchtendes Inneres, in Weitwinkel-Perspektive der Altar mit einem Kreuzigungsbild, darüber die mit einem Strahlenkranz geschmückte Kanzel und die Orgel. Man kann das Bild als Darstellung der Größe im Kleinsten interpretieren oder symbolisch für Mörikes Distanz zur Kirche sehen, die er lieber von außen betrachtete.

Blick durch das Schlüsselloch zum Altar. Aquarell von Mörike

Vom Pfarramt befreit

Es lag nahe, den Ruhestand bei den Freunden zu beginnen: »Ein Übergang durch Wermutshauser Freundesluft in eine neue Wohnstätte wird, wenn es auch nur ein kurzer wäre uns unsern Aus- u. Einzug unsäglich erleichtern«, schreibt Eduard Mörike Mitte Juni 1843 an Hartlaub, nachdem dieser ein Stockwerk sei-

ner Amtswohnung angeboten hatte. Aus den geplanten wenigen Wochen wurden dann sieben Monate, »in Hinsicht der Gesundheit unverändert, im übrigen vergnüglich und nicht ganz unnütz zugebracht. Es wird zuweilen was gearbeitet und ungefähr von Wissenschaft gelesen, was einem noch nicht ganz zur Quiescenz gekommenen Pfarrer zukommt. Für die gemeinschaftlichen Abende hat man kürzlich die Nibelungen vorgenommen. Auch fand ich hier Gelegenheit, einer alten, seit meiner Knabenzeit vergessenen Liebhaberei nachzugehen, von der Du weißt. Unsere Gegend nämlich bietet ziemlich interessante Petrefakten dar.« Dies berichtet Mörike im Januar 1844 in einem Brief an Otto Schmidlin.

Agnes und Konstanze Hartlaub. Scherenschnitte von Luise Walther.

Eduard Mörike hat sich nach neun Jahren Pfarramt, knapp 39-jährig, krankheitshalber pensionieren lassen. Das bedeutet, der obersten Kirchenbehörde regelmäßige Atteste vorlegen zu müssen und wegen der geringen Dienstjahre eine Mindestrente von lediglich 280 Gulden pro Jahr zu beziehen. Die offizielle Armutsgrenze liegt in dieser Zeit bei 200 Gulden, man kann sich also vorstellen – und im *Haushaltungs-Buch* nachlesen –, wie sparsam Mörikes wirtschaften müssen.

Dieses *Haushaltungs-Buch* – das einzig erhaltene

von vermutlich mehreren ähnlichen – dokumentiert die Zeit vom 16. Oktober 1843 bis zum 27. April 1847, beginnt also kurz nach dem Einzug in Wermutshausen, behandelt den folgenden halbjährigen Aufenthalt in Schwäbisch Hall und endet in Mergentheim. Es verzeichnet die wenigen Einnahmen und die alltäglichen Ausgaben: für Lebensmittel und Medikamente, für Büro- und Haushaltswaren, für Porti und Fahrten, gelegentlich eine »Einkehr« oder »Zeche«; auch Almosen, Trinkgelder, Zinsen. Die Wermutshauser Seiten sind vergleichsweise nüchtern, ohne die späteren Kommentare und Zeichnungen, vielleicht, weil sie vor allem gegenüber den großzügigen Gastgebern den eigenen Anteil benennen sollten.

Wilhelm Hartlaub. Scherenschnitt von Luise Walther

Wilhelm Hartlaub ist ein großherziger Freund, auch in finanzieller Hinsicht: Oft hat er Mörike Geld geliehen, Gläubiger vermittelt, Zinsen beglichen, Schulden gelöscht, ihm damit in seiner ständigen Geld-Misere geholfen, in die ihn vor allem die Geschäfte seiner Brüder Karl und Ludwig gebracht haben. Er hat ihm Predigten geschickt, um Mörike zu entlasten, und sich in jeder Hinsicht gekümmert.

Enge Freundschaftsbande

Warum Hartlaub in der Literatur als Mörikes »Urfreund« gilt, wird in einem Brief deutlich, der vom 12. August 1840 datiert: »Es ist nun einmal wahr, und warum soll ich Dirs nicht wiederholen, da mich das Herz antreibt: ich weiß neben Bruder und

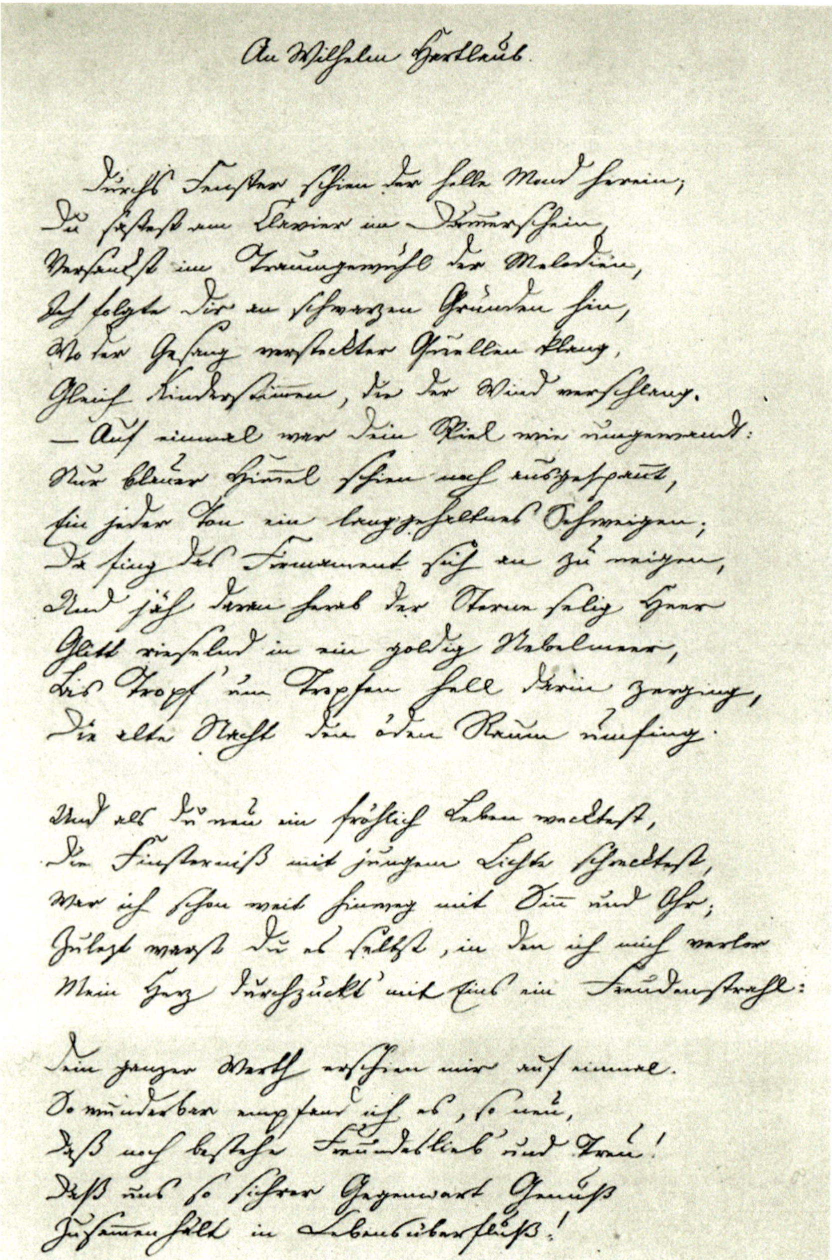
An Wilhelm Hartlaub.

Durchs Fenster schien der helle Mond herein;
Du saßest am Klavier im Dämmerschein,
Versankst im Traumgewühl der Melodien,
Ich folgte dir an schwarzen Gründen hin,
Wo der Gesang versteckter Quellen klang,
Gleich Kinderstimmen, die der Wind verschlang.
— Auf einmal war dein Spiel wie umgewandt:
Nur blauer Himmel schien noch ausgespannt,
Ein jeder Ton ein langgehaltnes Schweigen;
Da fing das Firmament sich an zu neigen,
Und jäh daran herab der Sterne selig Heer
Glitt rieselnd in ein goldig Nebelmeer,
Bis Tropf' um Tropfen hell darein zerging,
Die alte Nacht den öden Raum umfing.

Und als du nun ein fröhlich Leben wecktest,
Die Finsterniß mit jungem Lichte schrecktest,
War ich schon weit hinweg mit Aug' und Ohr;
Zuletzt warst du es selbst, in den ich mich verlor;
Mein Herz durchzuckt' mit Eins ein Freudenstrahl:

Dein ganzer Werth erschien mir auf einmal.
So wunderbar empfand ich es, so neu,
Daß noch bestehe Freundeslieb' und Treu'!
Daß uns so sichrer Gegenwart Genuß
Zusammenhält in Lebensüberfluß!

Schwester kein andres Menschenkind, verlange auch nach keinem, bei dem ich mich so wie bei Dir daheim befände, d. h. so innig in mir selber bleiben könnte. Du muthest mir nichts zu, was meinem Wesen nicht entspricht.«

Hartlaubs Pfarrhaus bietet gewissermaßen eine Zuflucht, und die Hausgemeinschaft lässt sich gut an, denn Konstanze trägt zu deren Komfort ihren Teil bei. Schon früher hatte Mörike nach einem Besuch in Wermutshausen berichtet: »Bei mir muß jetzt wieder die strenge Diät eintreten. Zwar geht es nicht ganz wie jenem Gourmand, welcher sagte: er hab in 14 Tagen so viel Rindfleisch gegessen, daß er sich schäme einem Ochsen ins Gesicht zu sehn. Doch habe ich genug zu thun, den Überfluß von Wermutshauser Tisch und Keller wieder auszugleichen.«

Nun teilt er mit: »Constanze ist so nachsichtig mein Frühstück warm zu halten u. wenn ich deßhalb Besserung verspreche, versichert sie mich mit so treuherzigen Augen, dieß habe auch nicht das Geringste auf sich, daß ichs zwar gern glaube, aber doch seit heute etwas bälder in den Stiefeln bin. Sonst wird den Tag über meistens geschwazt Abends Clavier gespielt, gelesen bis jezt nichts.« Welche Rolle in dieser Freundschaft die Musik spielt, hat Mörike schon Jahre vorher hellsichtig formuliert – »Von unserem Wermutshäuser Leben wird die eine Hälfte ganz musikalisch sein« – und zumal in seinem Wilhelm Hartlaub gewidmeten Gedicht anschaulich und liebevoll geschildert:

An Wilhelm Hartlaub

Durch's Fenster schien der helle Mond herein;
Du saßest am Clavier im Dämmerschein,
Versankst im Traumgewühl der Melodie'n,
Ich folgte dir an schwarzen Gründen hin,
Wo der Gesang versteckter Quellen klang,
Gleich Kinderstimmen, die der Wind verschlang.

Linke Seite: »An Wilhelm Hartlaub«. Handschrift Mörikes

Doch plötzlich war dein Spiel wie umgewandt,
Nur blauer Himmel schien noch ausgespannt,
Ein jeder Ton ein lang gehalt'nes Schweigen.
Da fing das Firmament sich an zu neigen,
Und jäh daran herab der Sterne selig Heer
Glitt rieselnd in ein goldig Nebelmeer,
Bis Tropf' um Tropfen hell darin zerging,
Die alte Nacht den öden Raum umfing.

Und als du neu ein fröhlich Leben wecktest,
Die Finsterniß mit jungem Lichte schrecktest,
War ich schon weit hinweg mit Sinn und Ohr,
Zuletzt warst du es selbst, in den ich mich verlor; |
Mein Herz durchzückt' mit Eins ein Freudenstrahl:
Dein ganzer Werth erschien mir auf einmal.
So wunderbar empfand ich es, so neu,
Daß noch bestehe Freundeslieb' und Treu'!
Daß uns so sichrer Gegenwart Genuß
Zusammenhält in Lebensüberfluß!

Ich sah dein hingesenktes Angesicht
Im Schatten halb und halb im klaren Licht;
Du ahntest nicht, wie mir der Busen schwoll,
Wie mir das Auge brennend überquoll.
Du endigtest; ich schwieg – Ach warum ist doch eben
Dem höchsten Glück kein Laut des Danks gegeben?

Da tritt dein Töchterchen mit Licht herein,
Ein ländlich Mahl versammelt Groß und Klein,
Vom nahen Kirchthurm schallt das Nachtgeläut',
Verklingend so des Tages Lieblichkeit.

Wanderungen und Ausflüge

Einen Freundschaftskult für Hartlaub, die Umwidmung eines Wallfahrtsortes, an den nicht aus religiösen Motiven, sondern zum Geburtstag des Freundes gepilgert wird, beschreibt ein Gedicht Mörikes vom 29. Mai 1845 auf die Marien-Bergkirche bei Laudenbach.

Diese Wallfahrtskirche ist, sechs Kilometer entfernt von Wermutshausen auf der Höhe im Wald gelegen, beliebtes Ziel für Ausflüge – lohnend bis heute wegen des hochaufragenden gotischen Chores, einem der schönsten im fränkischen Raum, dem Gnadenbild der Schmerzensmutter und den Darstellungen des Marienlebens über den Portalen. Schon die Grundsteinlegung 1412 ist mit einer frommen Legende verknüpft, aber eine Blütezeit erlebte die Marienwallfahrt dort erst im 17. Jahrhundert.

Bei der Marien-Bergkirche
Am Geburtstag des Freundes

O liebste Kirche sondergleichen,
Auf deinem Berge ganz allein,
Im Wald, wo Linden zwischen Eichen
Um's Chor den Maienschatten streun!

Aus deinem grünen Rasen steigen
Die alten Pfeiler mächtig auf,
An Drachen, Greifen, Laubgezweigen
Reich bis zum letzten Blumenknauf.

Und Nachtigall und Kukuk freuen
Sich dein- und ihrer Einsamkeit,
Sie kommen jährlich und erneuen
Dir deine erste Frühlingszeit.

Der Wohllaut deiner Orgeltöne
Schläft, ach, manch lieben langen Tag,
Bis einmal sich dein Thal der Schöne
Deines Geläutes freuen mag. |

Dort, wo aus gelbem Stein gewunden
Die Treppe hängt, Ein Blumenkranz,
Vertieft sich heut in Abendstunden
Mein Sinn in ihre Zierde ganz.

Sieh! ihre leicht geschlungnen Glieder
Verklären sich in rothes Gold!
Und horch, die Spindel auf und nieder
Gehn Melodieen wunderhold!

Musik der hundertfachen Flöte,
Die mit dem letzten Strahl verschwebt,
Und schweigt, – bis sie die Morgenröthe
Des gleichen Tages neu belebt.

An diesem Tag, an dem Mörike mit seiner Schwester von Mergentheim nach Laudenbach wanderte, immerhin um die 15 Kilometer, und dann mit Hartlaubs weiter nach Wermutshausen, entstand unterwegs ein weiteres Gedicht:

Auf dem Weg von Merg. nach Werm.
29. Mai 45

Gepriesnes Häuschen, welches am langen Arm
Sein Doppeldreieck hält mit gebuckeltem
Schaumweißem Glas, o welche Wonne
Lachst du entgegen dem heißen Wandrer!
Wer schämt sich dein? – Doch säh ich – – – einst

Dort mutterseel-alleinig ihr Beutelchen
Heraustun – Mitleid bräche mir das
Herz, und ich heulte dir wie ein Schloßhund!

Zu diesem Zeitpunkt leben Eduard und Klara Mörike bereits ein halbes Jahr in Mergentheim, wohin sie über die Zwischenstation Schwäbisch Hall am 1. November 1844 umgezogen sind. Den Weg von »Merg. nach Werm.« werden sie noch einige Male gegangen sein.

Wilhelm Hartlaub. Fotografie von Friedrich Brandseph

»Es ist fürwahr ein höchst merkwürdiger Ort«

Pfarrer im Ruhestand in Schwäbisch Hall

»Nachdem wir uns in unserem kleinen Quartier auf der Salzsteig eingerichtet hatten, ging ich mit Clärchen aus, die Stadt und ihre Sehenswürdigkeiten vorläufig zu betrachten. Es ist fürwahr ein höchst merkwürdiger Ort und kann wohl einer 100 Meilen reisen eh er dergleichen antrifft! Zwar ist darin nicht, wie wir es uns vorgestellt, Alles von Salz, doch sinds die vornehmsten Gebäude, als: das Rathhaus, der große Marktbrunn mit der Bildsäul von Loths Weib und besonders die prächtige Sankt Michaelskirch, gleichsam ein ganz Crystallines Naturwerk, weiß und glänzend, nur an der Wetterseiten etwas grau, welches ihr recht gut lässet. Man hat von ihr auch kleine Salzmodellen die der Meßner verkauft, daran die allerkleinsten Theile von Bildhauerarbeit als Laubwerk, Knäufe, Spitzen und so fort sehr niedlich nachgebildet sind. Ich werde Dir ehestens eines schicken. ich hörte gestern den Herrn Domprediger Salzmann in dieser schönen Kirche predigen.

Was die Privatgebäude anbelangt, so seyn sie wohl mehrentheils von Stein. Wenigstens habe ich, auf meinem Umgang durch die Hauptstraßen, etlich und 20 Häuser an verschiedenen Stellen mit der Zunge betastet und probirt, aber auch nicht den mindesten Salzgehalt vermerken können. Hingegen ist sonst dieser Gottesgabe ein unerschöpflicher Reichthum in dem Erdboden hier herum niedergeleget.«

Als Eduard Mörike am 10. Januar 1844 diesen »erster Salzbrief« an Agnes Hartlaub schreibt, wohnt er noch längst nicht in Schwäbisch Hall, sondern gemeinsam mit der Familie Hart-

Schwäbisch Hall mit der Comburg. Stahlstich von 1841

laub im Wermutshauser Pfarrhaus. Geschickt mischt er Authentisches mit Erfundenem, wählt bewusst eine altertümliche Sprache und unterzeichnet spaßhaft mit »Märkle, Sanitätsrat«.

Mörike setzt große Erwartungen in seinen neuen Wohnsitz, denkt ihn sich als »Ort von viel Lebendigkeit, worin sichs, wenn man will, nur desto heimlicher sein eigenes Wesen treiben läßt«. Reizvoll erscheint er ihm auch – das sprach zum Beispiel gegen Esslingen und Ludwigsburg – weil er nur sieben Wegstunden von den Freunden entfernt ist, außerdem war in »ökonomischem Betracht« kaum etwas Günstigeres zu finden gewesen. Warum Mörike sich gegen das ursprünglich vorgesehene Mergentheim entschieden hat, lag an Marie Freifrau von Hügel, die während der Trennung von ihrem Mann eine Bleibe im Cleversulzbacher Pfarrhaus gefunden hatte, nun nach Mergentheim gezogen war und später Theobald Kerner heiratete: Man wollte jeglichem Verdacht der Protektion eines »unmoralischen« Lebens aus dem Weg gehen.

Alltagsleben in der alten Reichsstadt

Wilhelm Hartlaub und Klara Mörike hatten im Februar eine Schlittenfahrt nach Schwäbisch Hall unternommen und sogleich eine Wohnung angemietet: »Sie fanden in der alten Herrenstraße, unweit der Kirche, ein derzeit völlig leeres Haus vom guten ehrenfesten Schlag, mit laufendem Brunnen im unteren Öhrn, gemalten Plafonds &c. Die Gasse ist sehr eng, dagegen übersieht der 2. Stock, den wir bewohnen, die gegenüberliegenden Giebel und gleich dahinter eine freundliche Landschaft.«

Tatsächlich besitzt die Mörike-Wohnung im zweiten Stock des Hauses Obere Herrngasse 7, wenige Schritte von Marktplatz und Michaelskirche entfernt, eine besondere Ausstattung mit aufwendigem Stuck und einem großen Deckengemälde. Aus den Fenstern hat man eine herrliche Aussicht über die Dächer der Stadt und nach hinten sogar auf den Kirchturm von Sankt Michael. Damit gehört Schwäbisch Hall zu den ganz wenigen Orten, in denen überhaupt noch Wohnstätten von Mörike erhalten sind. Noch, denn das Haus befindet sich in Privatbesitz, steht momentan leer und wird renoviert.

Am 15. April beginnt der Umzug in die alte Reichsstadt, wofür Klara Mörike nach Cleversulzbach reist, um die dort deponierten Kisten und Möbel zu holen, während der allein gelassene Bruder sich in der neuen Umgebung ganz gut zu helfen weiß, wie er ihr berichtet. Er lässt sich – übrigens während der ganzen Haller Zeit – vom Metzger und Speisewirt Krauß das Essen bringen. »In einer Gucke hab ich ein Pfund Zucker, in einer Gucke ein Pfund Salz. Tischtuch, Caffeelöffel u. dergl. sind nicht in meiner Einsiedelei. Ein Schnapsglas dient als Rasierschüssel, ein Blumenscherben mit Erde am Boden als Spucknapf. Morgens um 7 kommt das Mädchen mit dem Hausschlüssel, heizt ein indeß ich noch im Bett lese; bis sie die Milch heiß hat bin ich heraus.«

Ein Problem gibt es: »Erfahre doch ein sicheres Ratten-Mittel! Über dem Alkov wo mein Bette steht u. künftig Deines verführen sie einen schamlosen Lärm.

Eine andere Störung der Nachtruh, aus den bis über 11. Uhr sehr belebten Straßen ist der Art das man das bald gewöhnen wird.« Doch insgesamt scheint er zufrieden, der Brief vom 19./20. April endet: »Jetzt hab ich zu Mittag gespeist – Griessuppe, Sauerkraut u. Fleisch mit Erdbirn. Bevor ich Wasser trinke u. ausgehe durchmess' ich ein paarmal das große leere Zimmer. Es freut mich jedesmal so oft ich es öffne. Wie schön wirds seyn wenn Du einräumst und wie verlangts die stumpfnasige Flora auf dem Deckenbild Dir ihre Blumen in Dein blondes Haar zu streun!!«

Der 39-jährige Mörike ist seit beinahe einem Jahr pensioniert, kränklich und lebt nach seiner Devise »Nur nichts forciere« das Leben eines Rentners. Die Tage verbringt er – erst in Gesellschaft seines Freundes Wilhelm Hartlaub, nach dessen Rückreise allein – mit Spaziergängen durch die Stadt; er besichtigt die Michaelskirche und Katharinenkirche, zudem besteigt er die Türme, besorgt sich beim Antiquar Haspel die *Historia Hallensis*, eine 1746 publizierte Chronik von Caspar Sagittarius, und beschäftigt sich mit der Geschichte der Gegend. Daneben nimmt er – im Zuber – Solbäder auf dem Unterwöhrd; heute ist dort der Biergarten neben dem Globe Theater, wo im Sommer Shakespeare gespielt wird.

Sorgen bereiten ständig die geringe Pension und die nicht zu tilgenden Schulden; die notwendige Sparsamkeit dokumentiert das in Wermutshausen begonnene und in Schwäbisch Hall fortgeführte Haushaltungs-Buch. Jedes Briefporto, jeder Schoppen Wein, jedes Almosen für einen Bettler wird darin notiert. Angesichts dieser finanziellen Lage werden auch ungewöhnliche Wege beschritten: So schickt Mörike an Friedrich Wilhelm IV., König von Preußen, einen Brief voller Bewunderung für den Fürsten, dem er eine fein säuberlich von Hand geschriebene und teuer gebundene Sammlung auch unveröffentlichter Gedichte sowie ein Widmungssonett und die beiden Bände des *Maler Nolten* beilegt, mit der impliziten Bitte um finanzielle Unterstützung. Die wird nicht gewährt, ein Vierteljahr später kommt lediglich ein Dankschreiben.

Unterwegs mit Hammer und Meißel

Mörike unternimmt allein oder in Begleitung der Schwester Spaziergänge in die Umgebung. Am 29. April besteigen sie zum ersten Mal die Comburg, die er in einem Brief an Hartlaub einige Tage später sehr anschaulich schildert: »Im Hofe fällt sogleich ein uraltes seltsames Gebäude auf: thurmartig rund, fast pyramidalisch, kurz aber dick, der Unterbau vieleckig, ringsum mit einer Galerie von schmalen byzantin. Bögchen; das Dach mit stumpfer Spitze. Es war ursprünglich das KlosterArchiv. Vom gleichen Styl, aber sehr frei, edel u. schön sind die zwei alten Thürme an beiden Enden der im italiänischen Hoffahrtsgeschmack erbauten großen Kirche. Dann eine Menge halb klösterliches halb bürgerliches Bauwerk in u. um einander. Auf der bedeckten AussenMauer mit Schießscharten kann man zum Theil noch umhergehn.«

Ähnlich präzise, mit Liebe zum Detail und von Begeisterung durchdrungen sind seine Beschreibungen, aber »alles ohne literarische Absicht«: der Besuch der Ruine Limpurg mit den wenigen Überresten »so reizend und so kühn [...] mit ihrer schweren Epheubekleidung« und der bewunderungswürdigen Aussicht; die Wanderung auf den Einkorn »mit seiner gebrochenen Capelle« (die 1814 abgebrannt war) und zum Ägidenkloster (die romanische Klein-Comburg), wo er das »hohe Kornfeld ganz vorn in diesem Friedensbilde« schon ganz gelb sieht, »daß ich erschrocken bin wie hier die Zeit hinrennt«, oder nach Gelbingen und zur dort gelegenen Schlossruine Geyersburg, nach Lindenhof, Sülzhof und Gottwollhausen oder zu dem in der Wettbachklinge

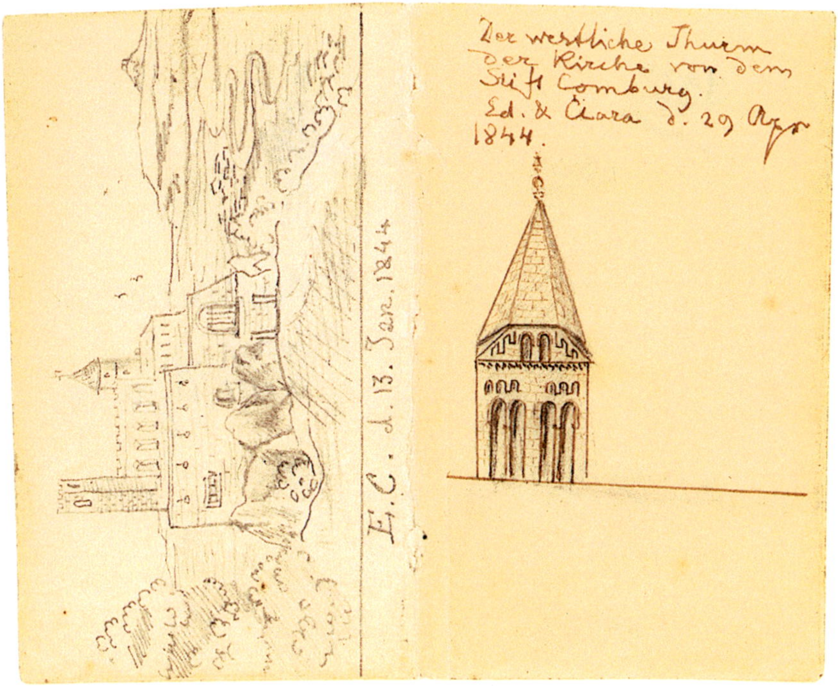

Ungenaue Ansicht der Comburg und des westlichen Kirchturms. Zeichnung von Mörike

gelegenen Friedhof mit der kurz zuvor neu erbauten Nikolai-Kapelle. Gern spaziert er zu den Steinbrüchen entlang der Hessentaler Straße, bei Steinbach und Rieden.

Nach wenigen Wochen fühlt er sich als »festgesessener Inwohner« und konstatiert: »Sonst [außer einem Schwächegefühl] läßt es sich hier so behaglich für uns leben wie sicherlich in keiner anderen Stadt des Landes.« Und er fährt fort: »Noch immer leb ich viel im Alterthum u. auch nach Steinen wird noch bei Gelegenheit gesucht.« In Wermutshausen hatte Mörike seine alte Leidenschaft, das Sammeln von Versteinerungen, wieder entdeckt, in Hall betreibt er sie intensiv und systematisch: »Ich konnte bis jezt täglich meine Gänge von 2 – 4 Uhr machen. Vorgestern stand ich während eines Gewitters im Schutz der steinernen Wasserleitung bei der Schlucht am Kirchhof und schlug so lang es regnete, ruhig die Steine zu, die ich noch neulich mit

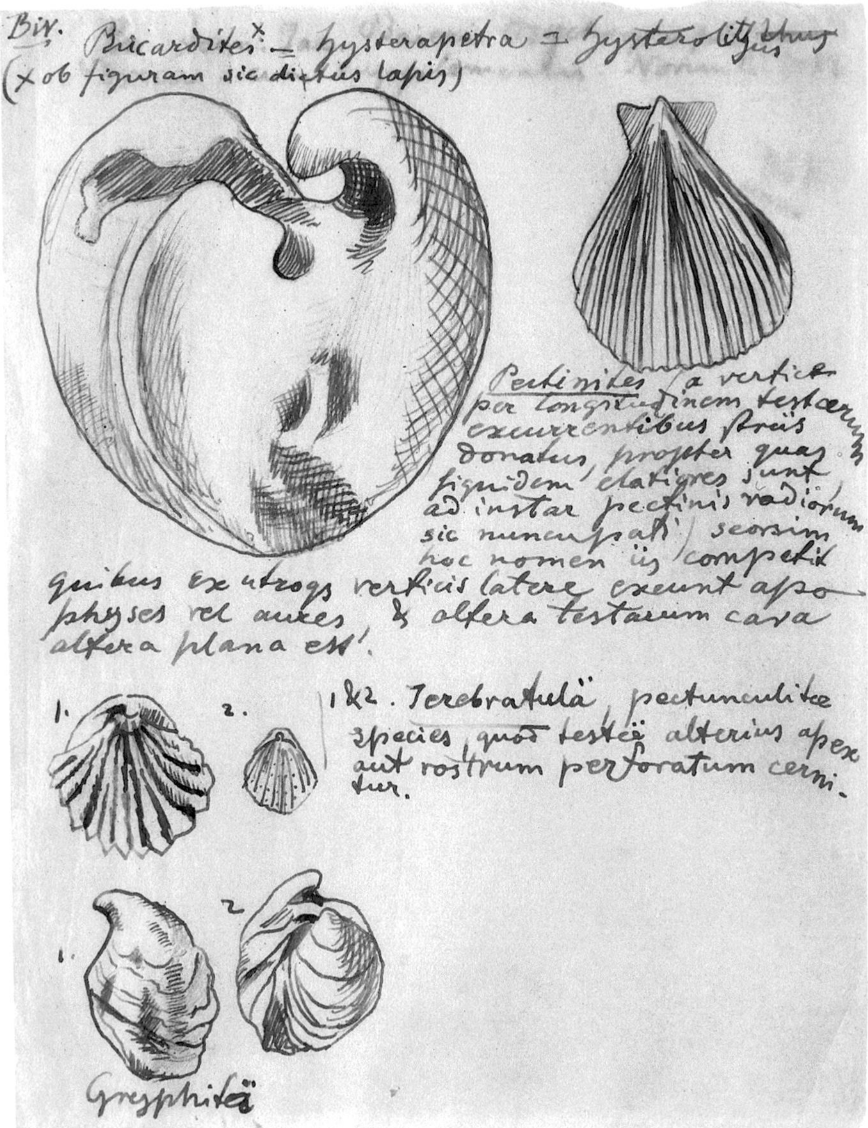
Biv. Bucardites* = Hysterapetra = Hysterolithus
(* ob figuram sic dictus lapis)
Pectinites a vertice per longitudinem testarum excurrentibus striis donatus, propter quas siquidem elatiores sunt, ad instar pectinis radiorum sic nuncupati; seorsim hoc nomen iis competit quibus ex utroque verticis latere exeunt apophyses vel aures & altera testarum cava altera plana est.
1.
2.
1&2. Terebratulä, pectunculitae species quod testae alterius apex aut rostrum perforatum cernitur.
1.
2
Gryphitä

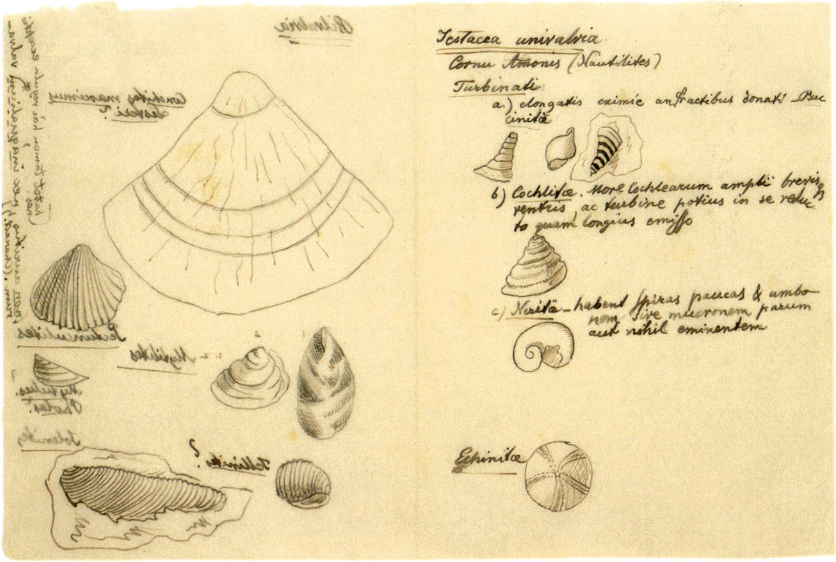

Petrefakten. Zeichnungen mit Beschriftungen von Mörike

Clärchen bei Seite gethan. Unter der hochgesprengten Wölbung däuchte mir der starke Donner noch einmal so schön. Nachher erschien die gelbe Sonne wieder und ich stieg die steinigte Kluft zwischen herbstlichem Gesträuch, mit meinem Abendbrot in d. Tasche, langsam hinauf. Das sind meine köstlichsten Stunden. Gestern fand ich hinter der Kirchhof-Capelle, wo viele Felstrümmer den Berg herabgestürzt liegen eine mir unbekannte merkwürdige Versteinerung, deren einer dickerer Theil (daumenstark), wie ein Geißfuß gestaltet in einen schmalen Stiel ausläuft; eine feine, glatte knochenähnliche Masse, ohne Zweifel aber ein Meergeschöpf; es steckt halb eingeschlossen in einem Block des härtsten Muschelkalks, von tausend und aber tausend Schaalthierresten umgeben; man kann ihm nur mit einem Meisel beikommen.«

Handwerkszeug wie Meißel und Geologenhammer hat Mörike sich angeschafft, und er zeichnet neben seinen Fensterblicken, den mittelalterlichen Bauwerken wie Zwinger oder Stadtmauer vor allem seine Versteinerungen.

Auch literarisch werden sie thematisiert, in dem (erst im Frühjahr darauf in Mergentheim geschriebenen) Gedicht »Der Petrefaktensammler«, seiner stimmungsvollen Liebeserklärung an dieses halb wissenschaftlich, halb amateurhaft betriebene Tun, das endet:

Will ich jetzt auf allen vieren
Nach besagten Terebrateln
Noch ein Stückchen weiter kratteln;
Das ist auch wohl Poesie.

Und in zwei »Musterkärtchen«: Die eine Situation ist lokalisiert in der Oberen Herrngasse, Samstagnachmittag. Aus dem einen Fenster lehnt gelangweilt Herr Seierheld, aus dem anderen Eduard, und es entspinnt sich ein Dialog, der mit dem Clavier und dem »hübschen Petrefaktenwalzer« angeht und mit den auf einem Brett über die schmale Straße hinübergeschobenen Petrefakten endet, wobei eine Scheibe zu Bruch geht. In der anderen kommt Mörike von einem Spaziergang zurück und erzählt Clärchen, er habe »endlich den sogenannten Stein der Weisen entdeckt«. Auf ihre Bemerkung, den könnten sie brauchen, erklärt er: »Es ist der Obsidian. [...] Weil er mit seinem Namen schon das Princip aller Weisheit predigt, die Selbsterkenntniß.« Nach einigem Besinnen verstehen Clärchen (und auch wir) den Witz, zu dem freilich eine Beherrschung des Schwäbischen notwendig ist: »O bsi di an« im Sinn von »erkenne dich selbst«.

Nach einer mehrwöchigen Abwesenheit von Hall im August und September 1844 äußert Mörike jedoch Zweifel an der momentanen Lebenssituation, die Klara offenbar ähnlich empfindet: »Ich hätte mich auch wohl schon wieder aus meinem nebeligen Zustand losgewickelt, indessen ist mir eine neue Sorge angeflogen: ob wir nicht doch am Ende Hall quittiren müssen dessen Klima mir neuerdings verdächtiger als jemals wird. Wir wollen noch eine Weile zusehn und für den schlimmen Fall zuweilen auf die Landcharte blicken. Ich dachte schon wahrhaftig ganz im Ernst an unser altes Mergentheim.«

Dieser Brief an Hartlaub datiert vom 23. September, und schon am 5. Oktober 1844 reist Mörike mit seiner Schwester nach Wermutshausen, um von dort aus nach einer neuen Bleibe näher bei den Freunden zu suchen, die sie tatsächlich in Mergentheim finden. Zwei Wochen später wird in Hall endgültig gepackt.

Eduard Mörike und Wilhelm Hartlaub. Fotografie um 1866

Bei Hartlaub auf der Stöckenburg

Jahre später besucht Eduard Mörike von Stuttgart aus seinen Freund Wilhelm Hartlaub auf der bei Vellberg liegenden Stöckenburg; dieser hat dort nach Wermutshausen und Wimsheim bei Leonberg 1863 seine dritte Pfarrstelle angetreten, endlich wieder im Hohenlohischen, nach dem der geborene Wermutshauser offenbar starkes Heimweh hatte. Es ist bis heute eine beeindruckende Lage: Hier thronte auf einem Bergvorsprung die auf einer keltischen Siedlung errichtete, im 7. oder 8. Jahrhundert entstandene Fluchtburg, die zu einem Ausgangsort der fränkischen Missionierung wurde. Im 18. Jahrhundert wurde neben der Martinskirche aus dem 15. Jahrhundert ein repräsentatives

Pfarrhaus nebst großer Scheune errichtet, die auf den landwirtschaftlichen Nebenerwerb hinweist. Kaum ist Hartlaub hier aufgezogen, schreibt er an Mörike über seine Investitur, die ersten Erfahrungen mit der Gemeinde, den schönen Pfarrgarten und einen Spaziergang hinunter nach Eschenau: »Hier kam ich ins Thal, so daß ich Vellb. und Stöckenb. vor mir hatte und die Bühlerschlucht dazwischen, es war zum Verwundern schön, und man sagte: hier wirds auch dem Eduard gefallen (als dem nemlich, der weißt, was schön ist).«

Mörike kommt insgesamt dreimal hierher, im Juli 1865, im Juni 1872 und dann noch einmal, nach der Trennung von seiner Frau, für einige Wochen im Sommer 1873, in denen er an der zweiten Fassung des *Maler-Nolten*-Romans arbeitet. Über Hartlaub heißt es – und das erinnert an das ihm gewidmete Gedicht von 1842 – »die vier Wände seines Pfarrhauses bekamen in einer Woche mehr Haydn, Mozart und Beethoven zu hören als die Konzertsäle mancher Residenz in einem Winter«.

»Ein Städtlein blüht im Taubergrund,
Das lob und preis ich alle Stund;
Da lebt es sich so feine.«

Neue Liebe im Kurbad Mergentheim

»Die Gegend ist reizend und fröhliche Leute umher. Die Badegebäude frei vor der Stadt mit Aussicht auf die Tauber und auf die hohen Bäume des Schloßgartens, welcher dem Publikum geöffnet ist; dahinter sehn die Thürme dieser alten fast ganz kathol. Stadt hervor; weiter zurück und so nach allen Seiten lustige Weinberge u. sanfte Hügel. Die Einrichtung des Bades, der Zimmer u. dgl. modern edel, noch alles neu, aber fast leer von Gästen und das Gespräch gerade recht um nebenher das Brunnenwasser wieder hinauszulaufen. Ich rühre kaum ein Buch und seltener eine Feder an es wäre denn zu einem Briefchen ad electos.«

In seinem Brief an Hermann Kurz vom 9. August 1837 schwärmt Eduard Mörike von Mergentheim, wo er seit einigen Tagen mit seiner Schwester Klara zur Kur weilt. Er hat wegen »einer Schwäche des Nervensystems« vier Wochen Urlaub von seinem Pfarrdienst in Cleversulzbach zugestanden bekommen, um sich – wie im Jahr zuvor in Bad Wildbad – zu erholen. Seiner Mutter berichtet er von Spaziergängen in den Hofgarten, der »schön angelegt & voll schöner Bäume«, aber sonst vernachlässigt sei. Diesen waldartigen Park mit seinem Nachtigallengesang wird er auch später den breiten Alleen für die Badegäste vorziehen.

Untergebracht sind die Geschwister samt Spitzhund Joli in der Kuhnschen Anstalt, dem Vorläuferbau des heutigen Parkhotels, von wo es »vielleicht 120 Schritte, bis zu der großen hölzernen Brück u. über diese in den Garten« seien, wie er Wilhelm Hartlaub mitteilt, den er zu einem Besuch von Wermutshausen herüber einlädt. »Auf diese Wege will ich die nächsten Tage meine Spaziergänge beschränken, wenn ich nicht etwa ganz in der Nähe, hinter oder vor dem Badhaus – seyn sollte. Ich wohne in No. 28 des längeren Gebäudes.«

Die Stadt Mergentheim, ehemals Residenz der Hoch- und Deutschmeister mit ihrem imposanten Schlossgebäude, das heute das Deutschordensmuseum beherbergt, gehört seit der Säkularisation zu Württemberg. Ihre rund 2700 Einwohner leben von Landwirtschaft und Weinbau, seit der Entdeckung der stark bittersalzhaltigen Mineralquellen durch den Schäfer Frank Gehring 1826 zunehmend vom Kurbetrieb. Der bringt schon mal Unruhe und Lärm mit sich, wie Mörike in seinem Brief an Hermann Kurz eher amüsiert als mitleidheischend erzählt:

Mergentheim. Stahlstich von 1842.

»Promenade«. Zeichnung von Mörike.

»Da war am Sonntag Ball in unserm Flügel und diese ganze Nacht ein Unwesen, daß ich kein Aug zuthat. Ich machte zwei und dreimal Licht und nahm endlich, weil ich nichts anders hatte, den Vossischen Homer zur Hand: Das war nun aber ganz zum desperat werden, ich las ein u. diesselbe Seite zweimal herunter ohne allen Sinn, mein Ohr lief immer wieder der verwünschten Tanzmusik nach, ich las die Verse unwillkürlich nach Walzermelodien u. Galoppes, die Lettern traten wie aus Reih und Glied, führten verschlungene Touren auf – kurz rein zum Tollwerden! [...] Die krystallhelle Quelle flößte mir am andern Morgen gleich den ganzen Unrath aus der Seele.«

Bevor Mörike sich am 15. September auf den Heimweg nach Cleversulzbach macht, hat er für den Freund Ludwig Bau-

Trübsal blasend in der »Fuchsenhöhle«. Zeichnung von Mörike, Januar 1845

er zum Geburtstag die ersten Texte aus dem Zyklus »Sommersprossen« seines »Strohmanns«, der Phantasiegestalt Liebmund Maria Wispel alias Prof. Sichéré zu Creglingen geschrieben und so viele angenehme Tage mit Hartlaubs verbracht, dass er den Wunsch äußert, »künftig nur einige Stunden voneinander zu wohnen«.

Bis zu dessen Erfüllung sollen jedoch noch einige Jahre vergehen: Nach seiner Pensionierung lebt er noch jeweils ein halbes Jahr im Wermutshausener Pfarrhaus und in Schwäbisch Hall, um sich danach für sieben Jahre in Mergentheim niederzulassen.

Der neue Wohnort, durch die Kur erprobt

Am 1. November 1844 beziehen Eduard und Klara Mörike eine Wohnung im Haus von Nikolaus Fuchs am Boxberger Tor, Mühlwehrgasse 140 (heute Untere Mauergasse 28), doch schon am 29. März tauschen sie die dunkle »Fuchsenhöhle« mit den »trüben Casernenfenstern« gegen eine nur wenig teurere Beletage-Wohnung in bester Lage am Marktplatz. Für drei Zimmer mit Küche bezahlen sie 51 Gulden Jahresmiete. Das repräsentative Eckhaus Am Markt 5, heute mit einer Gedenktafel geschmückt, beherbergt im Erdgeschoss die Geschäftsräume des Konditors und Spirituosenhändlers Jakob Ludwig Katzenberger, während die Besitzer im zweiten Obergeschoss wohnen: der Oberstleutnant a. D. Valentin von Speeth und seine Frau Josephine mit ihren Kindern Margarethe und Wilhelm, sie »ein Engel«, er ein immer Unruhe stiftender Hochstapler, laut Mörike »ein zweiter Teufel in personam«.

Rasch entwickelt sich zwischen ihnen ein freundschaftlicher Kontakt, dadurch begünstigt, dass sich Klärchen Mörike und Gretchen Speeth schon früher kennen gelernt hatten. Schon »Zum zehnten Junii«, dem 27. Geburtstag Margarethes, schenkt Eduard Mörike ihr die Verse:

Früh, schon vor der Morgenröte
Fühlt ich, Liebste, deinen Tag,
Küßte dich, o Margarete,
Wie man Engel küssen mag;
Dann vor unsres Städtchens Toren
Riefen's hundert Stimmen mir:
»*Dir*, auch *dir* ist *sie* geboren,
Wie vor Tausenden du *ihr*!«

Das klingt deutlich nach einer Liebeserklärung des 40-jährigen Dichters, und es folgt eine Reihe von Gedichten, in denen starke Gefühle zu dieser auffallend hübschen, aber wohl kapriziösen, eigensinnigen jungen Frau durchscheinen, vielleicht auch widersprüchliche von Faszination und Zweifeln, wie man aus der letzten Strophe von »Margareta« lesen könnte, das im August 1845 entstand:

Von sel'gen Schauern angeweht,
Scheu nahtest du dem namenlosen Bilde,
Wie einem Räthsel, das um Lösung fleht,
Daß Eins im Andern sich auf Ewig stillte;
Doch ach, kaum hast du halb dich selbst erkannt,
Verkennst du dich, und hast dich abgewandt!

Ménage à trois

Jedenfalls beginnt in diesem Sommer eine über sechs Jahre dauernde ungewöhnliche Dreier-Beziehung, in der Mörike sich einerseits den »beiden liebsten Schwestern« gegenüber sieht, während er andererseits mit Klara so verbunden zu sein scheint, dass er an die verreiste Margarethe in der Wir-Form schreibt: »Gute Nacht liebstes Hirschlein! [...] Ach könnten wir uns denn ins Bett legen, wenn wir denken, daß Du fährst und fährst, die ganze Nacht mit offenen Augen.« Des Weiteren habe Mörike, so berichtet Margarethe nach seinem Tod, ihr schon 1846 einen Heiratsantrag gemacht, wovon Klara jahrelang nichts erfahren hat.

Klara Mörike. Scherenschnitt von Luise Walther.

Kompliziert wird die Geschichte durch das enge Zusammenleben, denn Margarethe ist nach dem Tod ihres Vaters zusammengebrochen, Klärchen im Arm gelegen »wie ein bis auf den Tod gejagtes und gehetztes Reh« und dann wegen Streits mit ihrem Bruder Wilhelm in die Wohnung der Mörikes eingezogen. Zum anderen gibt es wegen Gretchens katholischem Glauben und der »Zeremonien«, die Mörike angeblich mitmachte, Konflikte mit Hartlaub. Tiefgreifender sind aber die – wohl aus Eifersucht resultierenden – Vorwürfe, auf die Mörike am 18. Dezember 1845 nach einem Besuch Konstanze Hartlaubs in Mergentheim mit einem deutlichen Brief reagierte:

Margarethe Speeth. Scherenschnitt von Luise Walther

»Ich mag die Sache überdenken wie ich will, so fehlt Ihr auf zweierlei weise: einmal durch Mangel an Vertraun auf uns, u. dann darin daß ihr der dritten Person gegenüber nicht dasjenige Maas von allgemeiner Liebe und Menschlichkeit eintreten laßt, das unter solchen Umständen geboten ist. Ich meinte, dieser außerordentliche Fall wäre uns allen zu einer Aufgabe gemacht die wir nur durch vereinte Herzenskräfte lösen können: – wie? dieß zu besprechen schien vorerst der lieben Constanze Erscheinung uns eine nicht genug zu preisende Gelegenheit: ich forderte DIREKT verschiedene male dazu auf, allein es war zu deutlich daß sie in Gretchen nichts weiter als ein bis zur Verzweiflung eigensinnig verwöhntes Geschöpf von zweideutigem Charakter erblicken wollte und daß man den Knoten auf jede Gefahr zu zerhauen habe oder die ältern Freunde geradezu von sich lasse!«

Die Verstimmung sitzt so tief, dass die nächste persönliche Begegnung erst ein halbes Jahr später zustande kommt.

Und immer noch Geldsorgen

Neben diesen Problemen quälen Eduard Mörike in dieser Zeit große finanzielle Sorgen. Einige seiner Freunde haben sich in Stuttgart nach Stellen für ihn umgehört, es ist die Rede von literari-

Margarethe Speeth. Nach dem Gemälde von Amalie Kohler, 1843

Rechte Seite: Seite aus dem *Mergentheimer Haushaltungs-Buch*, geschrieben von Margarethe Speeth mit Zeichnungen von Mörike

schen Damen-Vorlesungen im Oberen Museum (wozu es dann ja 1852 kommen sollte), von einer Tätigkeit in den Königlichen Bibliotheken oder dem Naturalienkabinett und als Herausgeber einer Klassiker-Ausgabe. Sogar eine vorläufige Wohnung ist in Aussicht gestellt, doch alle diese Pläne zerschlagen sich.

Das weiß Mörike noch nicht, als er den fürsorglichen Ludwig Bauer im April 1845 voller Dankbarkeit und Optimismus seine Kenntnisse in Geologie und Petrefaktenkunde aufzählt, überlegt, wo er die Bücher für die Herausgebertätigkeit besorgen kann und dem Freund seine Situation schildert: »Ich habe mich die lezte Zeit, d. h. seitdem ich ohne Amt dastehe durch alle Rubriken meiner ohnehin sehr geringen Lebensbedürfnisse so knapp zusammengehalten, als, nach dem Zeugniß meiner Freunde irgend menschenmöglich ist u. hätte dennoch [...] vermittelst meiner bloßen Pension v. nicht vollen 300 f das lezte Jahr nicht durchgebracht ohne ein Deficit von beinahe 200 f. die durch den frühern Winteraufenthalt bei unserem getreuen Hartlaub (Septbr 43 – Apr. 44) erzielte Ersparniß, eine kleine BuchhändlerEinnahme (mit abschläg. 97 f) [die *Gedichte* Wilhelm Waiblingers] sodann der billige Preis der Wohnungen in Hall mit 60 f u noch mehr hier mit 51 f für 3 ganz anständige Zimmer Kuche pp besonders aber die gewissenhafte Haushaltung durch meine Schwester Clärchen in Verbindung

Mergentheim 1846.

Monat	Tag		Einnahme:	Ausgabe.
April	18	Butter		18
		Weck		4
		Wäscherlohn		34
		Weck		3
		Porto nach Burg		4
	19	Weck		5
		Schockolade u. Butterdaig		4
	20	Weck		4
		Wurst		3
	21	Weck		5
		Statt Weck dem Lindlein Torte für		5
		Eier		4
		Butter		8½
		Brod		19
		Seife		7
		Zündhölzchen		1
	22	Weck		3
		Löffelstielzen		4
		Mandelkaffe		3
		Milchgeld		17
		Öhl und Essig		2
		Kirschenschnitt		1
	23	Faden		2
		Brod		9½
		Weck		5
	24	Weck		5
				2 / 58 x

Eduard - Hofrath. Prof. Cunzen d. 20 Apr.   Clara - Grosh. Hofräthin

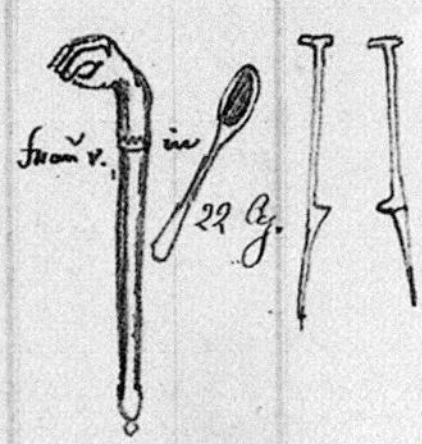

Frau v. ... im 22 Ap.

Wilh. Meister. d. 25 Apr.

Dieses ist nämlich ein ganz kleines Krüglein, woraus Milch getrunken wurde. Der Monsieur Gözen ist unsichtbar hinter dem Schreibtisch auf einer Bank angebracht.
Der Wartthurm gehört so eigentlich nicht dorthin. Ebensowenig die Pflanze worauf der Goldvogel sitzt.

D. 26 Apr.
Sonntag Mittag 12–1. Uhr Gewitter.
Ein Uhr schlug's, da zogen sich die Weiber zu dem Trank und zu dem Kolbenbrunnen.

Mergentheim
1846

Monat.	Tage.		Einnahmen.	Ausgab.	
Maj	5	Zuck			5
		Milch und Zuck			2
	6	Zuck			6
		Porto			3
		Brod			9
	7	Zuck			5
		Baumannsgarten			9
		Batzenbogen			4
		von Stuttgart	100		—
	8	Kaufmann Sondheimer			30
		Jonas			48
		Wein			24
		Sohndörfer		1	11
		Landbeck		2	10
		Sengler			24
		Seifensieder		1	32
		Schneider Herrmann		1	33
		Kuchenlaib für Rosina		2	28
		Rosina baar für Schuh		1	—
		Sattler für Handschuh. Kragen.			30
		Apotheke in Kinderpillen		3	21
		Gemüß			6
		Brod			9
		Zuck			7
		Salat			1
		Essig und Öhl			2
		Lehrgeld bis 1ten Mai		25	15
	1	Eduard, Eduard, Eduard.		2	18
		Allmosen			2
		Porto			18
		weiße Band			2
	9	Zuck			3
		Bier			4
		Gemüß			3
		Salat			2
		Öhl			1
		Mehl			16
		Radischen			2
	10	Zuck			6
		Milch			10
	11	Zuck			4
		Porto			3
				45	48

S. Wolfgang.
d. 8. Mai
L. Klibinger.

Räthsel ohne Auflösung

10. Mai

10. Mai

mit Hartls Rath und seiner verständigen Frau kam mir dabei zu Gute. Meine Schulden, welche sich in Wahrheit ursprüngl. ganz allein von übelbelohnten Opfern zu Gunsten meiner Brüder mit geleisteten Bürgschaften u.s.w. herschreiben belaufen sich noch auf 1500 f. Sie bestehen beinah ganz in verzinslichen CapitalAufnahmen. Ich habe in 4 Jahren viele Posten abgezahlt u. z. B. den Erlös aus einer vor m. Abgang v. Cleversulzb. gehaltenen Versteigerung mit 221 f darauf verwendet. Ich führe dieß Alles nur der rückhaltlosen Offenheit wegen hier an die ich Dir schuldig bin.«

Die sparsame Lebenshaltung dokumentiert das in Wermutshausen begonnene, in Hall und Mergentheim fortgeführte *Haushaltungs-Buch,* dessen über hundert Seiten einen Einblick in den Alltag gewähren. Tag für Tag wird aufgelistet, welche Lebensmittel zu welchem Preis gekauft werden, meistens »Weck«, Milch und »Brod«, gelegentlich »Schockolädchen«; Mörike braucht sein Handwerkszeug wie Papier, Federn, Tinte, Griffel und Tafel, die Frauen Nähzeug, Knöpfe, Wolle; man benötigt Arznei, einen Aderlass und geht gelegentlich ins Bad, braucht viel Porto für die lebhafte Korrespondenz und bezahlt außer dem Essen, das man von »Trätören«, also Metzgern und Bäckern kommen lässt, für Dienstleistungen wie Ofenputzen, Holzmachen, Waschen, außerdem gibt man häufig Almosen. Es ist eine bedrückend ärmliche Existenz, über die hier Buch geführt wird – denn bezeichnenderweise bleibt die Einnahmenspalte meistens leer.

Vom 1. Januar 1846 an wird das *Haushaltungs-Buch* von Margarethe in akkurater Schrift geführt, und für ein gutes Jahr beteiligt sich Mörike mit eingestreuten Zeichnungen und Versen, wodurch aus der nüchternen Buchhaltung ein Album voller Erinnerungen an eine glückliche Zeit wird. So kommentiert er Ende Juli, auf der Seite, auf die ihre Ankunft nach einer Reise fällt: »Die beste, größte Einnahme in diesem Monat ist mein Liebs Guts Gritichlein«, mit großen Ausrufezeichen daneben!

Linke Seite: Seite aus dem *Mergentheimer Haushaltungs-Buch*, geschrieben von Margarethe Speeth mit Zeichnungen von Mörike

Mörike skizziert (in der Einnahmespalte) Ziele von Spaziergängen – das Schellenhäuschen im Hofgarten, die Wolfgangskapelle bei der Nepomukbrücke, die Schlossruine Neuhaus auf dem Kitzenberg oder das Dorf Löffelstelzen –, die ersten Veilchen im März und die erste Nachtigall. Man sieht Szenen wie das Wärmen von Milch über der Kerzenflamme, eine gedeckte Kaffeetafel in Erwartung der namentlich notierten Gäste, ein Lotto mit betrübtem Vierzeiler (»Wenn die Andern Viel gewannen / Schleichet man betrübt von dannen; / Weder Rheinfall noch Bouquet / Hebt man als gewinn in d'Höh.«); ein paar Porträts, immer wieder Gerätschaften, Briefe und Koffer – sogar Kutschen.

Zimmer mit Aussicht

Von den Fenstern der Wohnung sieht man auf den Großen Markt mit dem »Milchlingbrunnen«, wo man das Trinkwasser holt, und auf die gegenüber, neben der Engel-Apotheke, gelegene Poststation, wo täglich mehrere Eilwagen halten, denn durch Mergentheim führt damals eine Hauptstraße. »Es ist doch eine schöne Sache um diese rasche und präzise Verbindung mit der weiten Welt«, formuliert Mörike einmal mit Blick auf eine Postkutsche, die auf der Landstraße in Richtung Oberes Tor rollt.

Blumentisch vor Margarethes Fenster. Zeichnung von Mörike, Juli 1846

Im Dezember 1846, als viel Schnee liegt, beschreibt Mörike seinen Blick an Hartlaub:

»Besonders angenehm sieht jetzt der Marktplatz aus, mit seinen vielfach sich durchschneidenden Fußwegen, die ohne Absicht u. Plan, sich gleichsam von selbst zu einem scheinbar ganz methodisch angelegten Netz für die Communikation der Menschen ausgebildet haben. Die Leztern alle kamen uns wie große und kleine Kinder auf diesem lustigen, für Kinder wie geschaffenen Naturschauplatz vor.«

Ein halbes Jahr zuvor hat er, ebenfalls an Hartlaub, ein »soeben ausgeschlupftes leichtes Verslein«, das Gedicht »Abreise« gesandt, zu dem eine Notiz existiert: »Auf e. reinlichen Marktplatz stand ein Eilwagen so lang ein leichter Mairegen fiel. Er fährt mit dem Geliebten ab und die Liebende sieht v. Fenster aus die trocken gebliebene Stelle noch mehrere Stunden.«

Abreise

Fertig schon zur Abfahrt steht der Wagen,
Und das Posthorn bläst zum letztenmale.
Sagt, wo bleibt der vierte Mann so lange?
Ruft ihn, soll er nicht dahinten bleiben!
– Indeß fällt ein rascher Sommerregen;
Eh' man Hundert zählt, ist er vorüber;
Fast zu kurz, den heißen Staub zu löschen;
Doch auch diese Letzung ist willkommen.
Kühlung füllt und Wohlgeruch den weiten
Platz und an den Häusern ringsum öffnet
Sich ein Blumenfenster um das andre.
Endlich kommt der junge Mann. Geschwinde!
Eingestiegen! – Und fort rollt der Wagen.
Aber sehet, auf dem nassen Pflaster
Vor dem Posthaus, wo er still gehalten,
Läßt er einen trocknen Fleck zurücke,
Lang und breit, sogar die Räder sieht man
Angezeigt und wo die Pferde standen.
Aber dort in jenem hübschen Hause, |
Drin der Jüngling sich so lang verweilte,

Steht ein Mädchen hinter'm Fensterladen,
Blicket auf die weiß gelaßne Stelle,
Hält ihr Tüchlein vor's Gesicht und weinet.
Mag es ihr so Ernst sein? Ohne Zweifel;
Doch der Jammer wird nicht lange währen:
Mädchenaugen, wißt ihr, trocknen hurtig,
Und eh' auf dem Markt die Steine wieder
Alle hell geworden von der Sonne,
Könnet ihr den Wildfang lachen hören.

Mörike sieht an seinem Fenster auch den nahe gelegenen Kirchturm der Stadtkirche Sankt Johannes, den er gerne besteigt und in einem Brief an Hartlaub am 14. November 1845 (wie im Gedicht »Auf einem Kirchthurm«) unnachahmlich beschreibt: »Neulich (am Tag MARTINI) Vormittag halb 12 Uhr als die Sonne so gut schien, bestiegen wir den großen Thurm, ausdrücklich um das prächtige Geläut mit allen Glocken – welches um diese Stunde täglich zur Todesfeier des Bischoffs stattfindet – zu hören und das Schwanken des Thurmes zu fühlen, das mir neulich der Wächter, mein Schneider, beschrieb. Da hieß es dann:

Ein Glocken-Ton-Meer wallet
Zu Füßen uns und hallet
Weit über Stadt und Land.
So laut die Wellen schlagen,
Man fühlet mit Behagen
Sich hoch zu Schiff getragen
Und hält sich schwindelnd fest am Rand.«

Eine literarisch fruchtbare Zeit

In Mergentheim entstehen zahlreiche Gedichte, darunter so bedeutende wie »Auf eine Lampe« und vor allem die *Idylle vom*

Bodensee oder Fischer Martin, in die Erfahrungen seiner Reise von 1840 einfließen, aber auch die aktuelle Lebenssituation: Wenn die Schäferin Margarete heißt und den Schiffer Tone liebt, der sich seinerseits um eine andere Frau bemüht, so ist das sicher eine Anspielung auf Mörike, der noch im Frühjahr 1845 um Friederike Faber wirbt.

Anders als mit der Schwester Klara scheint Mörike mit Margarethe intensiv über sein Dichten gesprochen und dies sehr genossen zu haben, wie man dem Brief vom 4. April 1847 entnehmen kann: »Ach ja das war eine himmlische Zeit, da es entstand [die *Idylle*], vom Anfang bis zum Ende, – die Correctur mit eingerechnet. In meinem Leben hab ich Nichts unter so glücklichen, auch nur von Weitem ähnlichen Umständen gemacht, und es ginge nicht mit rechten Dingen zu wenn mans der Arbeit nicht ansähe.«

Jedenfalls wird dieses »Diebs-Heldengedicht«, als das Mörike es selber bezeichnet, zum großen Erfolg: Schon die Honorierung durch den Verleger Schweizerbart ist mit 440 Gulden recht ordentlich, vom Kronprinzen Karl von Württemberg, dem er das Buch widmet, erhält Mörike einen »Brillantring von capitaler Schönheit und Größe«, wohl ein Smaragd mit 14 Diamanten im Wert von 200 bis 300 Gulden, den er Hartlaub in einem Brief vom 31. Dezember 1846 beschreibt und aufzeichnet. »Was aber fang ich mit dem Prachtstück an? Daß ich ihn jemals trüge, an meiner Hand oder ins Halstuch geschlungen, kommt mir natürlich nicht in Sinn. Ihn in die Schublade zu schließen [...] wäre auch nur ein geringer Spaß. Er wird also wohl seiner Zeit wieder zum Juwelier zurückwandern, was, wie ich weiß, bei dieser Art von Geschenken, von reichern Leuten als ich bin, häufig geschieht und von den fürstlichen Personen schon in Rechnung genommen ist.«

Mörike führt in Mergentheim – wie in Schwäbisch Hall begonnen – das Leben eines Pensionärs, zwar mittellos, aber durch sein Ansehen vor sozialer Deklassierung geschützt. Er verkehrt mit den Honoratioren der Stadt, die er wohl auch im so genannten Museum (dem Lesekabinett im damaligen Gasthaus »Hirschen« nebenan in der Burgstraße) trifft, wo er Zeitungen liest oder die Präsenzbibliothek benutzt; als Frei- und später sogar Ehren-Mitglied muss er keinen Beitrag bezahlen. Am Vereinsleben nimmt er wenig Anteil, pflegt sein Hobby des Petrefaktensammelns, richtet sich sogar unterm Dach eine »Steinkammer« ein und geht spazieren. Seine Lieblingsplätze sind der Garten des ehemaligen Dominikanerklosters und der Speeth'sche Garten am Frauenberg, einer Anhöhe im Nordosten, aber auch der nah gelegene Hofgarten. Diesen und seine Naturaliensammlungen öffnete Herzog Paul von Württemberg (der das Schloss bewohnte, wenn er nicht gerade auf Reisen weilte) dem Publikum. Dort wird heute nicht nur an die Geschichte des Deutschen Ordens und des Kurbads, sondern auch an Mörikes Aufenthalt erinnert.

Die Kastanienalleen erinnern Mörike an seine Heimatstadt Ludwigsburg, er schreibt im Herbst 1845 das Gedicht »Mit einem Teller wilder Kastanien« und im Frühjahr 1847 »Im Park«:

Sieh, der Kastanie kindliches Laub hängt noch wie der feuchte
 Flügel des Papillons, wenn er die Hülle verließ;
Aber in laulicher Nacht der kürzeste Regen entfaltet
 Leise die Fächer und deckt schnelle den luftigen Gang.
– Du magst eilen, o himmlischer Frühling, oder verweilen,
 Immer dem trunkenen Sinn fliehst du, ein Wunder, vorbei.

Ausflüge führen ihn nach Weikersheim, dessen damals verwilderten Barockgarten mit seinen allegorischen Figuren er beschreibt; nach Schüpf, wo er mit den »Mädchen« – man glaubt es kaum von einem Pfarrer – aus einer Kirche den schmiedeeisernen Fuß einer Sanduhr mitgehen lässt; nach Rothenburg ob der Tauber, vielleicht zu Studien für seine »Geschichte von der silbernen Kugel oder der Kupferschmied von Rothenburg«.

Politische Einlassungen

In Mergentheim erlebte Mörike die Zeit des Vormärz und die 48er-Revolution, und die Briefe aus diesen Jahren zeigen einen alles andere als unpolitischen Menschen. Zwar war ihm jegliche lautstarke Demagogie fremd und er verstaute seine Habe im Keller, um notfalls rasch emigrieren zu können, aber er nahm regen Anteil an den Geschehnissen und verhehlte auch nicht seine Sympathie, wie einem Brief vom 24. März 1848 an die Familie Hartlaub zu entnehmen ist:

»Unter all diesen Schrecken, Sorgen und Erwägungen bin ich doch durch den Sturm der Weltbegebenheiten mit jeder Zeitung wieder völlig hingerissen, über die Noth des Augenblicks u. das Ängstliche meines eignen Daseins bis zu der freudigsten Resignation erhoben worden. Wie wäre es anders möglich! Wer hat sich in diesen Wochen nicht größer als sein ganzes Leben lang empfunden! Und doch überfällt mich zuweilen der Schmerz daß ich krank sein soll u. bleiben werde jezt mit verdoppeltem Stachel! –

Bedenkt man das Benehmen der Fürsten bis auf die lezte Zeit – (die ohnmächtige Wut des Sachsen mit seinem Nein Nein Nein bei jener Deputation – den dummen Hochmuth des preuss. Königs, der ganz CAVALIÈREMENT »nur im Conversationston« mit einer Abordnung sprechen zu können versicherte u.s.w.) so muß man sich freuen daß ihnen nicht einmal der Schein einiger Sympathie für das siegreiche Volk u. seinen Willen übrig blieb. Man könnte nur allenfalls sagen es sey Schad daß ihnen eben dadurch auch der Übergang zur wahren Liebe für dasselbe abgeschnitten sey. HABEANT SIBI! es kann doch nur gut hinauslaufen, und wer nicht lieben lernt, kann sich doch auch nimmermehr rächen.

Aber das mit dem Blutbad bei den Berlinern ist leider wahr zum großen Theil!«

Doch auch wenn Mörike Partei gegen die Fürsten ergreift, sich vor den Wahlen der Nationalversammlung im Oberamt Mergentheim für den badischen Liberalen Bassermann ausspricht, sich über die vom Stadtkirchenturm wehende schwarzrot-goldene Fahne erfreut äußert und über Uhlands »sichtbar gedrückten« Bericht aus Frankfurt bei seinem Besuch in Mergentheim am 3. Juni aufgewühlt ist, mehr als Verlautbarungen in Briefen an seine Freunde sind von ihm nicht zu erwarten. Aber immerhin zeigen sie ihn als bewusst die politische Lage wahrnehmenden und kritisch denkenden Menschen. Lieber jedoch würde er sich verkriechen: »Im Ganzen steht es in der Welt jezt so, daß man in keine Zeitung mehr hineinsehn möchte.«

Und Mörike zieht sich – ob hypochondrisch übersteigert oder real – in seine Krankheiten zurück, schreibt auch Mitte Juni 1848 einen »unterthänigsten« Bittbrief an den König »um gnädigste Verwilligung einer Summe zum Behufe einer Badekur in Teinach«. Ihm wird ein Zuschuss von 100 Gulden genehmigt: Er hat inzwischen prominente Fürsprecher und in dem Mergentheimer Hofrat Dr. Krauß offenbar einen glaubwürdigen Hausarzt, dessen Attest lautet: »Er leidet an Rückenmarksleiden und sei in Folge desselben von großer Reizbarkeit seines Nervensystems und Muskelschwäche heimgesucht.« Mörike selbst klagt: »Das Üble ist daß ich den Kopf nicht tragen kann und die geringste Beschäftigung mir die KopfNerven sogleich bis zur Schwäche ermüdet. Es geht Alles vom Rückgrat aus, auf welchem irgendein Druck liegt.« Außerdem hat er Schmerzen in Beinen und Füßen und hadert offenbar mit seinem Schicksal – oder ist die Idee, statt zu schreiben mit Arzneien zu handeln, eher spaßhaft gemeint?

Als Dichtel hab ich ausgestritten
Und Praktisches betreib ich nur,
Arsenikfreie Schwefelschnitten
Und eine neue Zahntinktur!

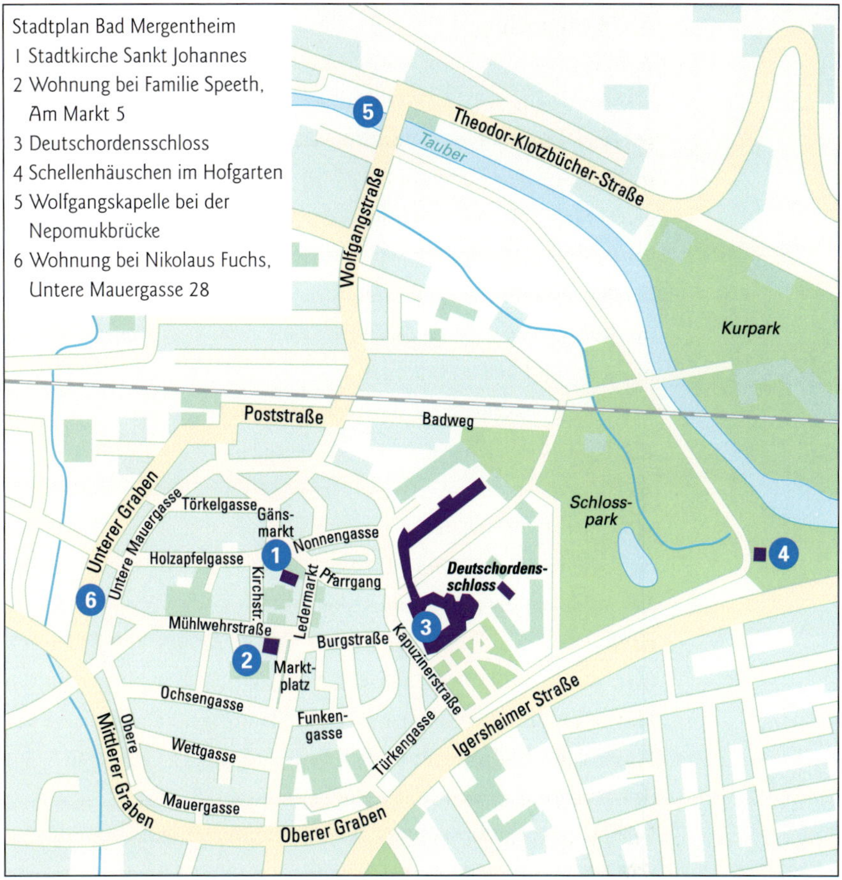

Ende Juli tritt Mörike eine zweimonatige Kur in Teinach an, zu der er – begleitet von seiner Schwester Klara – zum ersten Mal mit dem Zug von Heilbronn nach Stuttgart fährt. In Möttlingen macht er bei Blumhardt Station, der ihm die Rückenschmerzen durch Handauflegen nimmt.

Im Sommer darauf gebraucht er Mineralwasser in Mergentheim gegen seine arthritischen Beschwerden und unternimmt eine längere Reise zu seinem Bruder Ludwig nach Pürkelgut bei Regensburg.

Umorientierung

Das Jahr 1851 wird zum Wendejahr in Mörikes Leben: »In meiner Existenz ist eine Wendung eingetreten, deren Nothwendigkeit ich schon vor einem Jahr und länger fühlte und die sich in diesem Frühling schnell in so weit wenigstens entschied daß ich mein Mergentheim verlassen müsse. Hauptsächlich ist es – unter uns gesagt – ein persönliches Verhältniß was diesen Schritt bestimmt. Ein ferneres Zusammenseyn mit der Familie nemlich, mit welcher ich und meine Schwester nun 5 Jahre vertraut in Einem Hause wohnten, ist einzig unter der Bedingung möglich daß ich mich mit der Tochter des Hauses verbinde.« Dem Brief an Vischer vom 25. Juni 1851 ist freilich schon einiges vorausgegangen.

Mörike hatte nämlich die Idee gehabt, mit seiner Schwester ein Mädchenpensionat am Bodensee zu gründen, war dazu im April mit ihr nach Konstanz gefahren und desillusioniert zurückgekehrt. Eigentlich haben alle von diesem Projekt abgeraten, wieder einmal überlegen die Stuttgarter Freunde, ob nicht die Stelle eines Bibliothekars oder eines Lehrers in Stuttgart zu finden sei ...

Die Geschehnisse überschlagen sich. Im August hält Mörike um die Hand Margarethe Speeths an (nachdem er sich versichert hat, dass er seinen Pensionsanspruch behalten würde, obwohl seine Braut katholisch war), zieht mit der Schwester nach Stuttgart, beginnt sein Lehramt am Katharinenstift und hält die ersten Damenvorlesungen.

Am 25. November, fünf Uhr abends, heiraten Eduard Mörike und Margarethe Speeth in der Mergentheimer Schlosskirche, ohne den Freund Hartlaub, der im Februar in Wimsheim bei Leonberg eine Pfarrei übernommen hat. Stadtpfarrer Wüst traut sie nach evangelischem Ritus. Zwei Tage später kehrt Mörike mit Ehefrau und Schwester nach Stuttgart zurück. Vom Bodensee aus hatte er geschrieben: »Vor Stuttgart graut mir insgeheim.«

Mergentheim hat Mörike hingegen gemocht, das klingt auch in dem Gedicht an, das er Emma, der Tochter des befreundeten Oberamtsarztes Christian Bauer, zu ihrem Abschied geschrieben hat, bevor sie ihre Schwester Marie in England besucht:

An Fräulein E. Bauer
bei ihrer Abreise nach England

Ein Städtlein blüht im Taubergrund,
Das lob und preis ich alle Stund:
Da lebt es sich so feine.
Es ist der Welt nicht sehr bekannt,
Wer kennt's im stolzen Engeland?
Es ist ja viel zu kleine.
Nun aber wohnt dort eine,
Der es im Herzen weint und lacht,
Tag oder Nacht,
Wenn sie ans liebe Städtlein dacht.

»Wasser und Luft waren es indessen nicht allein was mir geholfen hat«

Badeleben und Dichtung im Schwarzwald

Wiederholt hat sich Eduard Mörike im Schwarzwald aufgehalten. Schon als junger Mann begleitete er 1828 und 1833 seinen Onkel Gottlieb Mörike auf dessen Geschäftsreisen nach Teinach. 1848, mitten im Revolutionsjahr, weilte er zur Badekur in Teinach, 1862 kurte er zusammen mit seinem Freund Johannes Mährlen in Rötenbach bei Nagold. Mehrmals führten ihn Besuche zu seinen im Schwarzwald amtierenden Freunden Ludwig Heinrich Buttersack, Stadtpfarrer in Liebenzell, und Johann Christoph Blumhardt, Pfarrer in Möttlingen.

Hin und wieder lassen sich der Schwarzwald oder Schwarzwälder Orte auch in Mörikes literarischem Werk entdecken. So ist in Hirsau und Igelsloch das »Märchen vom sichern Mann« zu Hause und der Mummelsee dient nicht nur seinen »Geistern« als Schauplatz, er ist auch das Grab Ulmons, des letzten Königs von Orplid, der einzige reale Ort in der ganzen Phantasiewelt des Königreichs Orplid.

Teinach und Zavelstein

Bis 1818 war Teinach Teilort des auf einem schmalen Bergrücken darüber liegenden, wohl in der Mitte des 13. Jahrhunderts angelegten Burgweilers Zavelstein, der seinen Namen von Zabelstein, einem Brettspiel – das Stadtwappen zeigt ein Schachbrett – ableitet. Doch was möglicherweise schachbrettartig geplant war, blieb im Keim stecken. Das von einer Burg und dicken

Mauern geschützte Gemeinwesen war, mit seinen ursprünglich 14 Häusern, die alle entlang einer einzigen Straße angereiht wurden, stets eine Zwergstadt, deren Einwohnerzahl im 19. Jahrhundert um 300 lag. 1692 hatten die französischen Truppen des Generals Mélac Stadt und Burg zerstört. Während die breiten, zur Straße giebelständig stehenden Häuser alsbald wieder aufgebaut wurden, ließ man die Burgruine liegen. 1844 schließlich sicherte man den noch am besten erhaltenen alten Bergfried und funktionierte ihn zum Aussichtsturm um, der sich bald – neben der als romantisch geltenden Altstadt – zu einem attraktiven Anziehungspunkt für Wanderer, Sommerfrischler und Ausflügler entwickelte.

Bad Teinach und Zavelstein, Lithographie aus der Oberamtsbeschreibung Calw, 1860

Doch da hatte Teinach seiner Mutter Zavelstein längst den Rang abgelaufen. Der kleine, nur aus wenigen Gebäuden bestehende Ort, dessen Badequellen samt »Sauerbrunnen« 1472 erstmals urkundlich erwähnt werden, avancierte im 17. und 18. Jahrhundert zum Lieblingsbad der württembergischen Herzöge. Eine Blütezeit erlebte die 1818 dann selbständig gewordene Gemeinde, nachdem König Wilhelm von Württemberg zwischen 1835 und 1844 dort eine großzügige hufeisenförmige Badeanlage mit Bad-Hotel, Badhaus und Brunnenhaus (heute Trinkhalle) hatte errichten lassen, die, mit Marmorstandbildern der vier Nymphen sowie einem Brunnen geschmückt, noch heute den Ortskern prägt.

Von einem seiner Besuche in Teinach berichtet Eduard Mörike am 9. Juli 1833 seiner Braut Luise Rau: »Der Weg, das Thal von Calw an ist so schön und schweigsam, mit seinen dicht u. schwarz bewachsenen Bergen, seinen frischen Wiesgründen und frischen Gewässern! Ganze Schichten alter Gefühle, die aus verschiedenen Zeiten mit diesen Gegenden bei mir verwachsen sind, lösten sich stellenweise vom Grunde meines Innern los, die älteste Erinnerung war aus meinem 12ten Lebensjahre. – Nun sitz ich hier in Mitten einer kleinen buntschäckigen Welt, von ernsthaften Bergen eingeschlossen. [...] Das Badeleben hier hat viel Ergötzliches.«

War der 28-Jährige damals als Begleiter seines Onkels gewissermaßen in Geschäften in der Badestadt, so beehrt er sie 15 Jahre später, begleitet von seiner Schwester Klara, als Kurgast wieder. Eine »vermehrte allgemeine Schwäche des Nervensystems, welche vom Rückenmark ausgeht, und die Nothwendigkeit meist in liegender Stellung zu verharren«, haben ihm die Ärzte bescheinigt, wie er am 14. Juni 1848 in seinem Antrag an König Wilhelm um Bezuschussung einer Kur in Teinach formuliert. Unterstützt von Gustav Schwab, der betont, dass »der Bittsteller« »seinem deutschen Vaterland als einer der originellsten lyrischen und Idyllen-Dichter zur Zierde« gereiche, gewährt ihm die königliche Regierung 100 Gulden Kurkostenbeitrag. Damit ausgestattet, kann er sich am 28. Juli von Mergentheim aus auf die Reise begeben. Am 1. August trifft er mit seiner Schwester – deren er »nicht würde entbehren können«, hatte er in seinem Gesuch geschrieben – in Teinach ein, das sich ihnen im neuen Glanz und mit einem vermehrten Raumangebot zeigte. Die königlichen Neu- und Umbauten hatten auch die Aufnahmekapazität von 126 Kurgästen im Jahr 1830 auf nun 220 erhöht. Abgestiegen sind sie wohl im (1979 abgerissenen) Gasthaus »Hirsch«, das in der Ortsmitte, in der Nähe des heutigen Fürstenbaus lag.

Der Morgen gehört von nun an eher den Trinkkuren und der Bade-Bibliothek, der Nachmittag den Spaziergängen in die nähere Umgebung zum Genuss des »warmen Tannendufts«. Wiederholt spazieren Bruder und Schwester auf den nordwestlich von Teinach liegenden Emberg: »Am dritten oder vierten Tag unseres Hierseyns«, schreibt er seinem Freund Hartlaub am 17. August, »schnitt ich zum Zeugniß meines Andenkens an Dich ein großes H. in eine Tanne auf dem Emberg, in beträchtlicher Höhe. Sie steht am Fußsteig der zum Gipfel führt auf einem schönen, dickbemoosten platten Fels, auf dem wir ruhten, ehe man jenen erstieg.« Tags darauf geht es hoch nach Zavelstein, einen Weg, den Mörike – wie Klara Margarethe mitteilt – »womöglich an Einem Stück, ohne ein einzigmal zu ruhn«, ersteigen wollte, und siehe da, das Ziel wurde »ohne Mühe erreicht. Gott sei gelobt!«. Immerhin kann er sich dann in der »obern Stube« des Gasthauses »Lamm«, von wo aus man eine herrliche Aussicht auf das Tal hat, erholen. Manchmal spaziert man auch nur so in den Wald, sucht einen schönen Ruheplatz mit »2 Fäuste dickem Moos unter den Tannen«, wo Eduard dann von Margarethe träumt und Klara »etwas mit Nadel u. Scheere« arbeitet.

Natürlich beschreiten die Mörikes auch den klassischen Rundweg das Teinachtal entlang – die große und kleine »Tour der Badegäste« –, der auch heute so genannt wird und noch immer zum Pflichtprogramm eines jeden Teinach-Besuchers gehört. Man geht dazu die Lindenallee am rechten Ufer der Teinach entlang, überquert entweder die untere oder obere Teinachbrücke (kleine oder große Tour) und kehrt auf dem linken Ufer zurück. Dabei kommt man an zahlreichen Inschriften, dem »Steinernen Gästebuch« der Stadt, vorbei, die zum Teil schon von Eduard Mörike bestaunt wurden. Darunter befindet sich auch die im Jahr 1786 von einem Herrn von Gemmingen angebrachte lateinische Schrifttafel »UMBROSA VALLIS! LIMPIDEQUE FONS & GARULLE AMNIS! VOSQUE AMICA NEMORA, AETERNUM VALETE!«, die Mörike für Margarethe Speeth übersetzt: »O SCHATTENREICHES THAL MIT DEINER KRYSTALLHELLEN QUELLE! UND DU GESCHWÄTZIGES FLÜSSCHEN! IHR FREUNDLICHEN WÄLDER; LEBET EWIG WOHL!«

Lebewohl sagen die Mörikes dem Ort Teinach schon nach drei Wochen Kuraufenthalt am 22. August. Das Kurleben ist nicht nach Mörikes Geschmack: »Wäre nicht das unvergleichlich liebe Tal mit seinen Tannenwäldern u. seiner herrlichen Ruine gewesen, ich hätte dieses Badeleben schon am zweiten Tage übersatt gehabt.« Sein Leiden hat es immerhin gemildert. Ja, die Schwäche im Rückgrat, die man für seine Gehbeschwerden verantwortlich gemacht hat, war nach diesen drei Wochen beseitigt. Er kehre »um viel, sehr viel gestärkter zurück«, teilt er dem Ludwigsburger Jugendfreund Ferdinand Jung mit. Allerdings, so meint er, »Wasser und Luft waren es indessen nicht allein was mir geholfen hat, so viel ist für mich ausgemacht«. Für seine Besserung verantwortlich macht er vor allem den ersten von zwei Besuchen bei seinem Freund Blumhardt in Möttlingen zu Beginn der Kur.

Möttlingen

Johann Christoph Blumhardt (1805–1880), ein enger Freund Mörikes aus dessen Studienzeit am Evangelischen Stift in Tübingen, war von 1838 bis 1852 Pfarrer in Möttlingen, einem kleinen etwa 500 Einwohner zählenden Ort im damaligen Oberamt Calw. Im ganzen Land ging von ihm der Ruf, seine Predigten wür-

Möttlingen, unvollendete Bleistift-Zeichnung von Mörike

den die Herzen seiner Zuhörer erwecken, zudem könne er Kranke heilen. Blumhardts Wirken und Leben in Möttlingen dokumentiert im Gottliebin-Dittus-Haus (Blumhardtstraße 3) eine anschauliche Ausstellung.

Die Geschwister Mörike besuchen Blumhardt auf ihrer Badereise gleich zweimal. Auf der Anreise machen sie vom 29. bis 31. Juli und auf der Rückreise vom 22. bis 24. August Station im Möttlinger Pfarrhaus. Die Blumhardts waren Gäste gewöhnt. Einen Eindruck über das Leben im Haus vermittelt Klara Mörike: »... wie staunte ich aber, als ich zum Nachtessen kam und etlich und zwanzig Personen versammelt fand. Dabei war eine englische Familie. Der Pfarrerin äußerte ich meine Verwunderung, da zeigte sie ins Nebenzimmer; da war noch mal so eine Tafel voll, Kinder, Mädchen und ältere, zum Teil kranke Personen aller Art. Nach dem Essen las der Pfarrer ein Kapitel im Neuen Testament. [...] Dann sangen sie einen Vers, den Blumhardt strophenweis vorsagte; endlich stand alles auf, kniete nieder, und Blumhardt sprach ein inniges Abendgebet.«

Johann Christoph Blumhardt (1805–1880), Scherenschnitt von Luise Walther, 1857

Beim Besuch Ende Juli logiert Klara auf dem Sofa im Wohnzimmer, Eduard wird bei einer befreundeten Familie untergebracht. Als ihn Blumhardt spät abends in sein Quartier begleitet, zeigt sich Mörike auffallend kräftig und gestärkt, anders als sonst. Er habe sich körperlich schon allein »durch Blumhardts phisische Nähe sehr gestärkt gefühlt«, schreibt Klara an Hartlaub, dem sie auch über den weiteren Besuchsablauf berichtet: »Sie saßen Stundenweiß bald oben in Bl. Zimmer, bald im Garten allein; Bl. erzählte u. zeigte ihm viel, höchst denkwürdige Sachen, u. ließ ihn tiefe Blicke in seine ganze Anschauungsweise, inneres Leben und Wirksamkeit thun. […] Vor dem Abschied aber, hat ihm B. auf Ed. ausdrücklichen Wunsch auch noch die Hand aufgelegt. Dieses aber möchtest du keinem Menschen sagen.« Eine gewisse Geheimhaltung war nötig, da das Stuttgarter Konsistorium im Januar 1846 Blumhardt jede Handauflegung nach der Absolution und jegliche Behandlung von Krankheiten verboten hatte. Wie auch immer, nach dem Besuch bei Blumhardt verbessert sich Mörikes Gesundheitszustand schnell, ab Mitte August ist er weitgehend schmerzfrei und fühlt sich gesund wie schon seit Jahren nicht mehr. Er schreibt dies vor allem der Blumhardt'schen Behandlung zu und spricht gegenüber seinen Freunden von einem »Gotteswerk« und einem »Möttlinger Erfolg«.

Nagold und Rötenbach

Im Juli 1862 wird endlich wahr, was Eduard Mörike mit seinem Freund Johannes Mährlen schon lange geplant hatte: eine etwa zweiwöchige Badereise in den Schwarzwald. Von Stuttgart aus, wo damals beide wohnen, geht es am 8. Juli mit der Postkutsche über Herrenberg nach Nagold, wo sie zunächst im Haus des Apothekers und Naturforschers Heinrich Zeller, Badgasse 6, der mit einer Schwägerin Mährlens verheiratet war, absteigen; darüber berichtet Mörike tags darauf seiner Frau: »Die besten Leute von der Welt. Wohlhabenheit, Bequemlichkeit u. friedsamer Geist dieses Hauses [...] Als ich die Wohnung pries führte mich der gute alte Herr an seinem Arm in 2 nach hinten zu gelegene Stuben, von denen ich mich kaum mehr losreissen konnte. Hier hat man die Ruinen der Burg unmittelbar vor sich und dicht unter den Fenstern die Nagold mit dem sanften Rauschen ihrs Wehrs.«

Das eigentliche Reiseziel aber ist das »Badhaus« Rötenbach, eine halbe Fußstunde nordöstlich Nagolds gelegen, über das die

Nagold, Lithographie aus der Oberamtsbeschreibung Nagold, 1862

Rötenbach bei Nagold, Bleistift-Zeichnung von Mörike, 1862

im gleichen Jahr erschienene Beschreibung des Oberamts Nagold vermeldet: »Am Anfange des Röthenbach-Thälchens hat das Bad in einem anmuthigen, mit dichten Nadelwaldungen umsäumten Wiesengrunde eine stille, abgeschiedene, gegen raue Winde geschützte Lage, und eine von den balsamischen Ausdünstungen der nahen Wälder gewürzte, gesunde Luft.« Das Wasser galt als »heilsam« oder doch zumindest »zuträglich« gegenüber »rheumatischen und gichtischen Uebel, chronischen Nervenleiden, Reizbarkeit und Schwäche des Nervensystems«.

Dieses wohl kleinste aller Schwarzwaldbäder »besteht nur aus 2 Häusern u. ist auf den allerbescheidensten Fuß eingerichtet; ganz bäurisch. [...] Unglaubliche Stille in diesem kurzen verborgenen Thalausläufer zwischen lauter Tannenwald. Kein Glockenschlag bei Nacht, kein Wächterruf. Badegäste außer uns bis DATO 2 Personen«, teilt Mörike am 9. Juli seiner Frau mit.

Das im Dreißigjährigen Krieg abgegangene Bad war erst 1726 mit dem Bau eines Wohnhauses wiederbelebt worden, das

»etwa 14–15 Personen zu beherbergen im Stande ist«; dazu gehörte noch ein in den 1830er-Jahren über der Quelle errichtetes Badhaus mit zwölf Kabinen. Von all dem ist heute nichts mehr erhalten. An das ehemalige Bad erinnert nur noch ein Jugendstil-Pavillon hinter der Straßenmeisterschule. Doch wie es zur Zeit Mörikes ausgesehen hat, vermittelt eine Zeichnung des Dichters.

Und über das Badeleben informiert uns ein Brief Mörikes an Frau und Tochter vom Sonntag, 13. Juli. »Aber! Aber das ist betrübtes Wetter! Heute Nacht fortwährend fürchterlicher Sturm und Regen. Es tost und saust in den Tannen noch immer so fort. Die Sonne meldet sich dazwischen auf Minuten und die Hühner gackern vergnüglich unter unsern Fenstern. Es war die letzten Tage her so kalt und rauh daß ich aufs Baden ganz verzichtet habe. Langeweile hatten wir indeß noch keine Stunde. Morgens u. Nachmittags Spaziergang in den Wald [...] Unsere leibliche Kost ist so gut als sie [...] nicht besser seyn kann. Manchfaltige Suppen, zweierlei Fleisch, die besten Gemüße. Butter (zum Caffe) ganz vortrefflich und eben so die Saure Milch.«

Auf dem am 19. Juli begonnenen Rückweg fahren die beiden Freunde über Freudenstadt nach Schapbach, wo sie übernachten, und dann am 22. Juli »ohne Aufenthalt von Morgens 6 bis Abends 9 Uhr auf der Post u. Eisenbahn über Rippoldsau, den Kniebis, an Rastatt u. Carlsruhe vorbei, über Bruchsal Mühlacker« nach Stuttgart.

Hirsau und Igelsloch

Das um 1050 gegründete Hirsauer Benediktinerkloster war einst Zentrum der cluniazensischen Reformbewegung in Deutschland. Von der damaligen Bedeutung und Blüte legt noch immer die zwischen 1059 und 1065 auf der rechten Nagoldseite gebaute, romanische Aureliuskirche eindrucksvoll

Zeugnis ab. Die eigentliche Klosteranlage, ab 1082 auf einem Hügel am linken Ufer angelegt, ist nach der Zerstörung 1692 durch den französischen General Mélac nur noch als Ruine erhalten. Gewissermaßen wieder entdeckt und populär gemacht wurde der Ort durch die schwäbischen Romantiker Anfang des 19. Jahrhunderts. Justinus Kerner und vor allem Ludwig Uhland besangen die Hirsauer Ruinen – »Zu Hirsau in den Trümmern / Da wiegt ein Ulmenbaum / Frisch grünend seine Krone / Hoch überm Giebelsaum.« –, Gustav Schwabs 1837 erschienenen *Wanderungen durch Schwaben* widmen Hirsau ein eigenes Kapitel.

Auch Mörike fühlt sich von den Ruinen angezogen und wählt am 22. August 1848 den Heimweg von seinem Teinacher Kuraufenthalt über Hirsau, um »die Reste des Klosters zu sehen, nach denen mich schon lange gelüstete«. Doch leider regnet es, sodass er »im nassen Gras durch die zerfallenen Kreuzgänge waten« muss.

Wer in Hirsau auf Mörikes Spuren wandeln möchte, sollte nicht nur durch die Klosteranlage streifen, sondern sich von dort auf eine kleine recht reizvolle Wanderung begeben, nämlich von der Straße nach Bad Wildbad bei der Klosteranlage rechts abbiegen und der ausgeschilderten Brudersteige folgen, um so nach einem guten Kilometer zur Bruderhöhle zu gelangen, wo nach Mörikes 1837/38 geschriebenem »Märchen vom sichern Mann« der ungeschlachte und nichtsnutzige Riese Suckelborst hauste:

Aber nun lag er einmal Mittags in seiner Behausung,
Seinen geliebtesten Fraß zu verdaun, saftstrotzende Rüben,
Zu dem geräucherten Speck, den die Bauern ihm bringen
vertragsweis;
Plötzlich erfüllete wonniger Glanz die Wände der Höhle:
Lolegrin stand vor ihm: der liebliche Götterjüngling.

Hirsau, kolorierter Stahlstich aus Gustav Schwabs *Wanderungen durch Schwaben*, 1837

Von Lolegrin erhält der Riese den Auftrag, zu den Toten in die Unterwelt hinabzusteigen und ihnen sein Wissen vom Ursprung und Wesen der Welt mitzuteilen.

Um diesen Auftrag zu erfüllen, begibt er sich zunächst nach Igelsloch (ein kleines Dorf, etwa acht Kilometer entfernt von Hirsau in Richtung Wildbad), wo er den Bauern die Scheunentore stiehlt und sie zu einem von ihm beschriebenen Riesenbuch verknüpft. Damit geht er nun ins Totenreich, wo ihn der Teufel mit allerlei Faxen verhöhnt, ihm sogar seinen Schwanz in die Tasche steckt. Worauf Suckelborst dem Teufel den Schwanz ausreißt, als Lesezeichen in sein Buch steckt, prophetische Worte spricht und geht:

Unermeßliches Beifallklatschen des sämmtlichen Pöbels
Folgte dem Trefflichen nach, bis er ganz in der Pforte
verschwunden,
Und es rauschte noch lang und tosete freudiger Aufruhr.

Mummelsee

Der eine ehemalige Gletschermulde ausfüllende, auf 1036 Meter hoch am Fuß der Hornisgrinde gelegene und beinahe vier Hektar große Karsee war schon vor der Zeit Mörikes sagenumwoben. In seinem 1669 erschienenen *Simplicissimus* lässt Johann Jakob von Grimmelshausen Griesbacher Bauern Schauergeschichten um Erdmännlein und Wassergeister am Mummelsee erzählen. Später werden daraus Seejungfrauen, die ihr Vater, der Seekönig, streng bewacht. Dieser Überlieferungsstrang dürfte Mörike als Vorbild für sein Gedicht »Die Geister am Mummelsee« gedient haben, das er 1828 schrieb. Der heute touristisch gut erschlossene See, vor allem im Sommer ein Ausflugsziel, lag damals noch abseits aller Straßen.

Sein erstmals am 5. Januar 1829 in der von den Brüdern Franckh in Stuttgart herausgegebenen *Damenzeitung* abgedrucktes Gedicht nahm Mörike in den 1832 veröffentlichten *Maler*

Aus der Musikbeilage zum *Maler Nolten*, 1832, das Lied der Feenkinder aus dem Gedicht »Die Geister am Mummelsee«

Nolten auf, wo er es in das phantasmagorische Zwischenspiel »Der letzte König von Orplid« einordnete: »Neunte Scene, Nacht. Mondschein Waldiges Thal. Mummelsee. Im Hintergrunde den Berg herab gegen den See schwebt ein Leichenzug von beweglichen Nebelgestalten. Vorne auf einem Hügel der *König*, starr nach dem Zuge blickend. Auf der andern Seite, unten, den König nicht bemerkend, *zwei Feenkinder:*

Vom Berge, was kommt dort um Mitternacht spät
Mit Fackeln so prächtig herunter?
Ob das wohl zum Tanze, zum Feste noch geht?
Mir klingen die Lieder so munter.
    Ach nein!
So sage, was mag es wohl seyn?

Das was du da siehest ist Todtengeleit,
Und was du da hörest sind Klagen;
Gewiß einem Könige gilt es zu Leid,
Doch Geister nur sind's, die ihn tragen.
    Ach wohl!
Sie singen so traurig und hohl. [...]«

Auch die vierzehnte und letzte Szene des »Zwischenspiels« hat den Mummelsee zum Schauplatz. Aus seiner Mitte steigt Silpelitt mit einem großen Spiegel hervor, in dem sich der König Ulmon von Orplid als Knabe und Fürst erkennt und im See versinkt:

Doch du, verschwieg'ner See, empfängst den Leib,
Und wie du grundlos, unterirdisch, dich
Dem weiten Meer verbindest, so wirst du
Mich fluthend führen in's Unendliche,
Mein Geist wird bei den Göttern seyn; ich darf
Mit Weyla theilen bald das ros'ge Licht.

»Den weiten See zu beschauen den ganzen Tag und segelnde Schiffe«

»Die Idylle am Bodensee«

Drei Mal führten Reisen Eduard Mörike an den Bodensee. Auf der ersten begleitet er im Herbst 1840 seinen Bruder Ludwig (1811–1886), einen gelernten Landwirt, der mit dem Kloster Kreuzlingen über die Anpachtung eines größeren Hofguts in Verhandlungen stand, wozu er auch die Einwilligung des Großen Raths von Thurgau in Frauenfeld benötigte. Am Ende der ersten Septemberwoche fahren die beiden im neu gekauften Einspänner los, noch bevor für Eduard die beantragte einmonatige Urlaubsbewilligung vorliegt. Über Esslingen, Blaubeuren, wo man übernachtet, geht es nach Ulm und von dort weiter nach Neuravensburg bei Wangen. Am dritten Tag endlich erreichen die beiden den Bodensee bei der Stadt Lindau, deren Lage Mörike »zum Entzücken« findet. Der weitere Verlauf der etwa vierwöchigen Reise – am 6. Oktober ist Mörike wieder in Cleversulzbach – ist nur bruchstückhaft bekannt. Stationen sind unter anderem Bregenz – »ist eine sehr belebte Stadt (östreichisch) Frachtwagen und Geschrei, daß man sein eigen Wort nicht hörte« –, Sankt Margrethen, Höchst, wo sie den Rhein überqueren, Rorschach, Sankt Gallen, Uttwil, Stein am Rhein, Schaffhausen, die Kartause Ittingen und Steckborn.

Bei Sankt Margrethen, »ein großes Schweizer-Dorf«, »das einen völlig fabelhaften Eindruck der lieblichsten Art« machte, suchen und finden sie schließlich in der Nähe des Gasthauses »Alten-Rhi« die Rheinmündung im regnerischen Abendlicht: »Ein verlassenes Boot, am Pflock angebunden, ächzte im Wellenschlag, die lezten Vogelstimmen verklangen im Weidicht […] Wir schöpften eine gute Portion halbfeuchten Rheinsand in meinen

Lindau am Bodensee, Stahlstich aus Gustav Schwabs *Wanderungen durch Schwaben*, 1837

Mantelzipfel, um sämmtliche Schreibzeuge in Wermutshausen und Cleversulzbach damit zu versehen.« Tatsächlich reist der Sand, in eine Schachtel umgefüllt, mit nach Hause, wo er zusammen mit einer guten Flasche Wein, Jahrgang 34, aus Stein am Rhein, dem Freunde Hartlaub überreicht wurde. Dazu sagte dessen Tochter Ada ein von Mörike eigens dafür verfasstes Gedicht auf: »Ich bin das kleine Sandweiblein, / Bring' guten Sand vom alten Rhein. / Damit kann man so Brief als Predigt, / Und was man etwa sonst benötigt, / Allzeit aufs allerfeinste sandeln. / Zwar unscheinbar und grau, wird er so fort / Auch wohl sich nie in Gold verwandeln: / Doch deckt er künftig manches goldne Wort.«

Im Mittelpunkt der Reise dürfte wohl Konstanz und Umgebung samt dem Kloster Kreuzlingen gestanden haben. In Konstanz selbst besichtigen die beiden allerlei »Merkwürdigkeiten«, den Hafen, das Konzilsgebäude, das Münster, von dessen Turm Mörike sich »am goldigsten Morgen« an »einer unbeschreiblichen Aussicht berauscht«.

Der Bodensee von Berlingen bei Konstanz, Bleistiftskizze von Mörike. 1851

Besucht wurde auf der Reise auch die Kartause Ittingen, eine ehemalige, um 1150 gegründete Augustinerpropstei, die 1461 von den Kartäusern übernommen und im 18. Jahrhundert im Stil des Barock und Rokoko zu einer großartigen Klosteranlage, teilweise nach Plänen von Caspar Moosbrugger aus Einsiedeln, ausgebaut worden war. 1848 aufgehoben, privatisiert, dienen die Gebäude heute als thurgauisches Bildungs- und Kulturzentrum, in dem unter anderem ein Museum untergebracht ist, das Leben und Kultur der Kartäuser in den authentischen Räumen zeigt. Aus Mörikes Erinnerungen an den Besuch erwuchsen 1846 zwei Gedichte, die, wie der Dichter kommentiert, »im Wesentlichen etwas Selbsterlebtes« wiedergeben. Offensichtlich verband er dabei aber Ittinger Eindrücke mit weiter zurückliegenden Erlebnissen aus Scheer, verknüpfte das Kloster mit dem Scheerer Pfarrer Michael Wagner, den er im Gedicht »Dem Herrn Prior der Carthause I.« als »Pater elegantiarum« und »esuritionum«, als Meister eleganter Gedichte und Veranlasser aller Hungerleiderei, bezeichnet. Auch im zweiten Gedicht »Besuch in der Carthause«

spielt er auf Wagner, der eine »Stutzuhr« besaß, an. Er schildert, fast visionär, wie der Pater schon ein Jahr nach der Aufhebung seines Klosters in dieses zurückkehrte, um hier zu sterben:

Es war ihm wohl, wie in den schönsten Tagen kaum.
Man sagt, er sei bisweilen mit verwegenen
Heirathsgedanken umgegangen – es war damals
So ein lachendes Pumpelchen hier, für den Stalldienst, wie mir
    däucht –
Doch das sind Possen [...] die kleine Stutzuhr, welche sonst
Dem Bette gegenüber stand und allezeit
Sehr viel bei ihm gegolten, nirgend mehr zu sehen. |

Am meisten beeindruckt hat Mörike der Rheinfall bei Schaffhausen, den er zweimal, am 24. und am 30. September, besucht. Im Brief an Hartlaub schreibt er aus Steckborn: »Ich sitze hier im

Die Kartause Ittingen, Souvenirbildchen aus Mörikes Besitz

Postwirthshaus allein bei Licht auf unserm Zimmer, nachdem ich einen kurzen Gang durch dies alte Städtchen und an dem See hin gemacht, der hinten an das Haus stößt. Wir kommen heute von Schaffhausen, und ich bin noch ganz voll von der Herrlichkeit des Rheinfalls, den wir den gestrigen Tag vom Frühstück bis zum Sonnenuntergang genossen haben.«

Seine Beobachtungen, bei denen sich ihm die übereinander donnernden Wasserwogen in dahinwallende Götterrosse verwandelten, schlugen sich in dem Gedicht »Am Rheinfall« nieder, das er am 5. August 1846 einem Brief an Hartlaub beilegt:

Halte dein Herz, o Wanderer, fest in gewaltigen Händen!
    Mir entstürzte vor Lust zitternd das meinige fast.
Rastlos donnernde Massen auf donnernde Massen geworfen,
    Ohr und Auge wohin retten sie sich im Tumult?
Wahrlich, den eigenen Wuthschrei hörete nicht der Gigant hier,
    Läg' er, vom Himmel gestürtzt, unten am Felsen gekrümmt!
Rosse der Götter im Schwung, eins über dem Rücken des andern,
    Stürmen herunter und streu'n silbern die Mähnen umher;
Herrliche Leiber, unzählbare, folgen sich, nimmer dieselben,
    Ewig dieselbigen – wer wartet das Ende wohl aus?
Angst umzieht dir den Busen mit Eins, und, wie du es denkest,
    Über das Haupt stürzt dir krachend das Himmelsgewölb!

Unter dem Eindruck der Schweizer Reise entstand 1845/46 *Die Idylle am Bodensee*, eine scherzhafte Doppelerzählung in klassischen Hexametern vom Fischer Martin und der gestohlenen Glocke mit herrlichen Landschaftsbildern:

[...]
Aber noch freut sich das Türmchen in schlanker Höhe, den weiten
See zu beschauen den ganzen Tag und segelnde Schiffe
Und jenseits, am Ufer gestreckt, so Städte wie Dörfer,

Fern, doch deutlich dem Aug' im Glanz durchsichtiger Lüfte.
Aber im Grund wie schimmern die Berge! wie hebet der Säntis
Silberklar in himmlischer Ruh' die gewaltigen Schultern [...]

Der Rheinfall bei Schaffhausen, Stahlstich, um 1850

Das umfangreiche Werk, in sieben Gesänge eingeteilt, wurde vom Publikum und der Kritik weithin begeistert aufgenommen. Jakob Grimm, der für den Preis der Tiedge-Stiftung »über das beste in den letzten fünf jahren erschienene gedicht zu urtheilen« hatte, meinte in seinem Gutachten: »Ich habe umgeschaut und erwogen, und erkläre mich für Mörikes idylle vom Bodensee. Es ist ein weiches, ungefärbtes, von glücklichster stimmung eingegebnes werk, voll lebendigen gefühls.« Ludwig Uhland schrieb an Mörike am 5. Dezember 1846: »Es hat mir lange nichts so ungetrübten poetischen Genuß gewährt. Ein so trefflich gelungenes Werk muß zu weiteren Lust und Muth geben [...] Sie haben sich in unsrer unmüßigen Zeit den Frieden der Poesie gewahrt.«

Und der Kritiker der *Bremer Zeitung* urteilt, die »Idylle« sei eine Dichtung, wirkend »durch die bewundernswürdige Kraft gestaltenbildender Charakteristik und durch die seltene Vollendung einer poetischen Form [...], deren rhythmischer Wohllaut wie das sanfte Geplätscher der Wellen am Kiesstrand des tiefgrünen leise bewegten Bergsees unser Ohr umspielt«. Zudem rühmt er den »Zauber des liebenswürdigen, durch Thränen lächelnden Humors«, der das »Ganze durchgeistet«.

Eine zweite Reise führt Mörike, diesmal mit seiner Schwester Klara, vom 19. April bis zum 12. Juni 1851 an den Bodensee. Ohne Kutsche, aber wesentlich schneller, geht es nun zunächst, »von morgens 8 bis 4 Uhr abends«, mit der Eisenbahn von Stuttgart nach Friedrichshafen. Am 21. April fahren die beiden dann weiter mit dem Dampfboot über den See nach Konstanz und mieten sich schließlich am Tag darauf für sieben Gulden im Monat im nahen Egelshofen, das sich 1873 mit dem Weiler Kreuzlingen zusammenschloss und dessen Namen annahm, ein. Ihre Behausung, heute Stählistraße 6, verfügt über »zwei frisch u. freundlich tapizirte Zimmer im oberen Stock, die durch einen gleichfalls bewohnbaren Gang oder Vorplatz getrennt sind«.

Nicht zur Erholungsreise sind die Geschwister aufgebrochen, sondern in der vagen Hoffnung, eine neue Existenzbasis zu finden. Die 280 Gulden Pension reichten hinten und vorne nicht, auch wenn das Salär durch gelegentliche Einnahmen, aus literarischen Veröffentlichungen etwa, aufgebessert werden konnte. Zudem war an die beabsichtigte Eheschließung Eduard Mörikes mit Margarethe Speeth ohne ein geregeltes Einkommen in einer einigermaßen auskömmlichen Höhe nicht zu denken.

»Wir all sahen ein, dass wir, sowohl in ökonomischer als in persönlicher Rücksicht, auf die bisherige Weise in Mergentheim unmöglich fortleben können«, erläutert Mörike in einem Brief aus Egelshofen seinem Freund Hartlaub, und fährt fort, »Cl. machte den Vorschlag eine ganz kleine Pension für Mäd-

Konstanz am Bodensee, kolorierte Lithographie, um 1840

chen von 6 – 14 Jahren zu errichten; wir bildeten die Sache in Gesprächen und allen möglichen Berechnungen auf dem Papier näher aus [...] Ich hatte sogleich Constanz um seiner vortheilhaften Lage zwischen 4 Ländern [Schweiz, Österreich, Baden und Württemberg], u. seiner weitgepriesenen Wohlfeilheit willen, in den Sinn fassen müssen.«

Etwa sechs Wochen verbringen die beiden in Egelshofen. Über die Art ihrer Erkundigungen und Geschäfte erfahren wir aus den überlieferten Briefen wenig, mehr über die eher an Sommerfrische erinnernden Unternehmungen. Man genießt die Ruhe, sitzt in der Laube, wandelt zur Kelter, wo ein umgestürzter »Most-Trog« als ein »angenehmer Sitz im Mittagsschatten« dient, »wohin zuweilen Clärchen ihr Strickzeug« mitnimmt. Man spaziert nach Gottlieben, kehrt in der »Krone« ein, was später mit einer Gedenktafel gewürdigt wurde, die heute noch bestaunt werden kann. Aus den Fenstern der »Krone« schaut man dem »Gewimmel unzähliger kleinen Fischlein zu, die vorn im sonneklaren Wasser spielten«. Ein ander Mal »ergeht« man sich nach Emmishofen, kehrt im »Löwen« oder im »Schäpfle« in Kreuzlingen ein. Einmal gar lassen sich die beiden von Ermatingen mit dem Ruderboot in einer halbstündigen Fahrt zur Insel Reichenau bringen, besichtigen dort zwei Kirchen, darunter das Münster in Mittelzell, und durchwandern die Insel.

Und immer wieder ist man in Konstanz, in der »Krone«, »ein Wirtshaus, das wir gerne beibehalten«, zumal man dort auch den *Schwäbischen Merkur* lesen kann. In der alten Bischofsstadt wird »Rauchtabak« und »Magnesia« gekauft, zudem besichtigt man die Stephanuskirche, schaut sich im Münster und seinem Kreuzgang samt der Heilig-Kreuz-Kapelle um und geht schließlich durch das Kreuzlinger Tor zum See, wo man von einem Bänkchen die »vortrefflichste Aussicht« genießt: »Vorzüglich bewundert man die verschiedenen Farben des Wassers, streifweise abgesezt, bald das herrlichste HellGrün, bald dunkel u. schwärzlich gemischt, hier silberglänzend, röthlich, manchmal im Ganzen regenbogenfarbig. Das stille Gehn u. Kommen eines Schiffleins mit weit her leuchtendem Segel ist mir da immer eine herzrührende Erscheinung im Gegensatz zu den übermüthigen Dampfbooten, die man denn doch auch wieder gerne sieht.«

Schließlich wird deutlich, dass die Geschäftsidee unrealistisch ist: »Was unsern ursprünglichen, bescheidnen Pensionsplan betrifft (zumal in Absicht auf die hiesige Gegend) so blick ich oft mit Schmerzen darauf zurück, denn nach den starken Einwürfen anderer ganz unparteiischer Leute u. den von ihnen angeführten Beispielen ist er uns eben nach u. nach völlig entsunken.« Zum Abschluss zeichnet Mörike für seine künftige Gattin das »einsame Kirchlein« Bernrain auf dem Seerücken, eine aus dem 14. Jahrhundert stammende gotische Kapelle, die seit 1831 der Gemeinde Emmishofen als Pfarrkirche diente. »Es kann als Symbol unseres hiesigen Aufenthalts um desto eher gelten, weil

Die Insel Reichenau im Bodensee, Stahlstich, um 1850

wir das Glöcklein auf dem Thürmchen jeden Abend um 8 Uhr auf unserm Zimmer hörten«, schreibt er Margarethe Speeth am 10. Juni, zwei Tage vor der Abfahrt.

Die Mission ist also gescheitert, doch schon bald danach gibt es neue Hoffnung auf eine bessere Existenz, geregelte Arbeit, solide Einkünfte, die sich dann auch erfüllt: Im Herbst 1851 übernimmt Eduard Mörike die Stelle des verstorbenen Gustav Schwab als Literaturlehrer am Stuttgarter Katharinenstift.

Ein letztes Mal hält sich Mörike im Juli 1857 am Bodensee auf. Dieses Mal mit Ehefrau Margarethe, es war so etwas wie eine verspätete Hochzeitsreise. Die Töchter – Marie war gerade fünf Monate alt – sind in der Obhut Klärchens in Stuttgart zurückgeblieben. Standquartier nimmt das Paar vom 2. bis zum 18. Juli in Schwarzenberg, einem beliebten Fremdenverkehrsort im Bregenzer Wald. Im dortigen renommierten Gasthof »Hirsch« zeigt man noch heute das von Eduard und Margarethe Mörike benutz-

Bernrain bei Emmishofen im Thurgau, Bleistift-Zeichnung von Mörike, 1851

te Doppelbett. Die zwei Wochen vergehen den beiden vor allem mit Wanderungen, auf denen Mörike viel zeichnet. Den Bodensee erleben sie eher auf der Durchreise. Die Anfahrt erfolgt zunächst von Stuttgart mit der Eisenbahn bis Friedrichshafen, sodann mit dem Dampfschiff auf stürmischer See über Rorschach und Lindau nach Bregenz und schließlich mit der Kutsche nach Schwarzenberg. Auf der Rückreise unternahm das Paar einen Abstecher nach Konstanz.

»Sein Heil auch einmal in der Hauptstadt zu probiren«

Und immer wieder in Stuttgart

Obwohl die Aufenthalte in Stuttgart eigentlich nie einem persönlichen Wunsch Eduard Mörikes, sondern immer den Umständen entsprangen, hat er in der Residenzstadt die längste Zeit seines Lebens verbracht: die Jahre von 1851 bis zu seinem Tod am 4. Juni 1875. Freilich mit einigen längeren Unterbrechungen, während derer er in Lorch, Nürtingen und Fellbach wohnte.

Warum es ihn trotzdem immer wieder in die Hauptstadt zog?

Um Margarethe Speeth heiraten und den gemeinsamen Hausstand finanzieren zu können, bedurfte es eines größeren Einkommens als seiner geringen Pfarrerpension. Der etwas halbherzig betriebene Plan eines Mädchenpensionats am Bodensee war gescheitert, aber Mörike erhielt durch Vermittlung seiner Freunde in Stuttgart eine Stelle am Katharinenstift, wo er zunächst eine, später zwei Stunden Literatur wöchentlich unterrichtete.

Noch von Egelshofen bei Konstanz aus schrieb er am 12. Juni 1851 an die künftige Ehefrau: »Unter uns gesagt – vor Stuttgart graut mir ins geheim. Am liebsten käme ich nach Mergentheim zurück, wenn es nicht Unsinn wäre! [...] Wofern ich nicht ganz leicht ein Interimsquartier bei Tante Prokurator finden kann, wollen wir sogleich eines mit 2 kleinen Zimmern *für mich* miethen; [...] Denn eh ich ordentlich eingerichtet bin u. eine weibliche Umgebung habe, sind allerdings die FrauenzimmerLektionen schicklicherweise nicht zu beginnen.«

Er bezieht ein Interimsquartier bei seiner Tante in der Rotebühlstraße 65/ Ecke Silberburgstraße, einer geschotterten, recht belebten Chaussee, denn wochentags geht hier der Verkehr zum Markt, sonntags sind Ausflügler unterwegs. Erst gegen

Friedrich Wagner und Friedrich Federer: Stuttgart von Nordosten, 1852

Abend nimmt der Lärm der Großstadt, in der zu dieser Zeit rund 50 000 Menschen leben, ab, wie er in einem Brief an Margarethe Speeth in den letzten Juni-Tagen schildert: »Welche Stille u. Einsamkeit umgiebt mich wohlthätig heut zum erstenmal in dieser umtreibenden Stadt! Hie u. da rollt ein Gefährt die Straße herunter – vorhin war schöner Gesang mit Clavier im nächsten Haus – jezt eine Kindertrommel auf der Gasse. Ein Strom von Menschen im Putze, zu Fuß u. zu Wagen, der Solitüde zu, ist längst verrauscht. Die Hälfte der Einwohnerschaft, wie ich, in ihre kühlen Wände eingeschlossen.«

Nachdem er noch einige Sommerwochen bei seinem Freund Wilhelm Hartlaub in Wimsheim verbracht hat, kehrt Mörike nach Stuttgart zurück und versucht, sich mit dem Gedanken an einen dauernden Aufenthalt anzufreunden, wie man einem Brief vom 5. August 1851 an Elise Mährlen, der Frau seines besten Stuttgarter Freundes entnehmen kann: »Ja denn, da säß ich jezt! Gott weiß auf wie lange, vielleicht für immer. Desto betrübter! werden Sie ausrufen. Ich kann Sie mit dem scharfen Lied das Sie dem guten Stuttgart singen – es war nur etwas grausam für einen hoffnungsvollen Inwohner – vollkommen wohl verstehn; doch werden Sie es natürlich finden, daß Jemand der lange Zeit weder auf dem Land noch in der Stadt gelebt, in frühern Jahren aber, ganz auf das Dorf beschränkt, mit einem übergroßen Hang zur einsamen Natur, sich beinah daran aufgerieben hat, versucht seyn kann, sein Heil auch einmal in der Hauptstadt zu probiren, selbst wenn die Wahl ihm freigegeben wäre. Was faul und hohl hier ist, berührt und ärgert mich wenig; des Guten aber und des Neuen, – es sey Persönliches oder von Seiten der Kunst pp ist jedenfalls für einen armen Schlucker so viel da, daß ich, bei meiner physischen und geistigen Gebundenheit, bei meiner ängstlich abgemessenen Diät mir mehr Mäßigung in dem Genusse des Vorhandenen als sonderliche Billigkeit in Ansehung des Mangelhaften muß befohlen seyn lassen.«

Schüler im »Gymnasium Illustre«

Mörike kannte Stuttgart seit seiner Kindheit recht gut. Nach dem frühen Tod des Vaters im September 1817 war die Familie nach Stuttgart umgezogen, Eduard wohnte bei seinem Onkel, dem Obertribunalrat Friedrich Eberhard von Georgii in der Büchsenstraße 48.

»Das Haus, unfern des Büchsenthors gelegen und durch einen auf zwei Säulen ruhenden Erker als etwas Besonderes gezeichnet, zeigte den behaglichen Luxus des Rococo, der Garten am Haus war in französischem Geschmack gehalten: es gab zusammen ein einheitliches Bild«, weiß ein Zeitgenosse – und auch, dass sich dahinter »ein Lustgarten mit verschnittenen Büschen und Granatbäumen an die einstige Stadtmauer zog«. Hier hatte 1810 Friedrich Wilhelm Joseph Schelling im Gartensaal Vorlesungen gehalten, vor Mörikes Zeit: »In meiner Gymnasiumszeit bekam ich meines Wissens den Schelling nie zu sehen. [...] Von den regelmäßigen Gästen, z. B. der Kegelgesellschaft im Garten, machte nur der witzige Haug einen Eindruck auf mich.«

Wehmütig hat Mörike betrachtet, wie das Wohngebäude (das man sich etwa gegenüber der heutigen Liederhalle denken kann) im Sommer 1874 abgerissen wurde: »Ganz im Zerfall fand ich am gleichen Abend das Georgiische Haus, die Galerie auf dem Erker, wo mein Stübchen war, schon abgebrochen.«

Von September 1817 bis November 1818 besuchte Eduard das »Gymnasium Illustre« in der nahe gelegenen Gymnasiumstraße 5; das Landexamen – dessen Ablauf man sich nach Schilderung in der köstlichen Novelle von Hermann Kurz, *Die beiden Tubus*, diesem satirischen Denkmal württembergischer Theologensozialisation, gut vorstellen kann – bestand er nicht, wurde aber dennoch im Niederen Evangelisch-theologischen Seminar in Urach aufgenommen.

1824 war er, von der Begegnung mit Maria Meyer psychisch und physisch angeschlagen, aus dem Tübinger Stift nach Stuttgart zur Mutter geflohen, die am Bollwerk wohnte. Eduard zog sich gerne in ein »Waldhäuschen«, sein »Geheime-Kabinetchen«, zurück, lud aber auch seine Geschwister dorthin ein, wo dann, wie wir von Luise wissen, »meistens erhaltene und geschriebene Briefe gelesen, geistes und herzens und MM-sche Angelegenheiten besprochen« wurden.

Wiederholter Versuch, vom Schreiben zu leben

Seine zweite Vikariatsstelle versah er vom Dezember 1826 bis zum folgenden Mai in Möhringen, damals noch nicht nach Stuttgart eingemeindet, nach einer weiteren Station in Köngen nahm er Urlaub vom Pfarrdienst und versuchte nach längerem Aufent-

Das Büchsentor, links dahinter das Haus von Georgii. Um 1850.

halt in Oberschwaben ab dem Herbst 1828 in Stuttgart eine ihm gemäße literarische Beschäftigung zu finden. Doch die Produktion von Erzählungen für die neu gegründete *Damen-Zeitung* provozierte nur seinen allergrößten Widerwillen, und nach zwei Monaten äußerte er seine »Aversion gegen die Zeitungsschreiberei« gegenüber den Freunden Ludwig Bauer und Johannes Mährlen: »Der ganze Franckh'sche Handel wird wieder von mir aufgesteckt. Ich bin die lezten Wochen her fast krepirt vor Ekel an der Sache und vor Zorn über die Blindheit worin ich mich bereden konnte, daß ich mir jemals, auch nur ein ViertelJahr bei *diesem* Geschäft gefallen könnte, ohne daß meine Poësie sich die Schwindsucht dabei hole.« Untergekommen war er erst bei Verwandten, eine Zeit lang bewohnte er eine eigene Wohnung in der Sophienstraße 12.

Nach weiteren drei Jahren, Mitte April 1831, wurde er noch einmal für vier Monate von der »Vikariatsknechtschaft« beurlaubt, wohnte in Johannes Mährlens Gartenhaus in der Nähe des Charlottenplatzes und im exotischen Park in Hohenheim. Daran erinnerte er sich später in einem Brief an Hermann Kurz, der gerade an seinem Roman *Schillers Heimathjahre* schrieb: »Und mir gehts hier wie Andern: der Stoff, der Mann, die Zeit von SOLITUDE, Grafeneck, Hohenheim interessirt mich beinah mehr als selbst die Kunst des Romanschreibers. Nie hat mich jene Zeit so eigen angeweht als wenn ich an sonnigen Herbsttagen auf einem jener verlassenen Freudenplätze das Laub der Linden u. Kastanien fallen sah. Wissen Sie daß ich einmal einen Frühling in den Hohenheimer Gärten im ehmals sogenannten Römischen Wirthshaus wohnte? Ich war einigemal bei Nacht einer Geistererscheinung gewärtig. Man sagt ja, daß sich Karl [Herzog Carl Eugen] öfters zu Pferde dort sehen lasse.«

In diesem Frühjahr 1831 in Stuttgart überarbeitete er seinen *Maler Nolten* und schloss den Vertrag mit dem Verleger Schweizerbart; 150 Gulden sollte er für den Roman als Honorar erhalten. Wieder einmal war auf Anraten seines Arztes eine Kur notwendig, diesmal Molke statt Sauerbrunnen. Über Mörikes Krankheitsbild wurde und wird häufig allerlei gemutmaßt, neben der von ihm selbst diagnostizierten psychosomatischen Hypochondrie sind auch somatische Erkrankungen aufgetreten. Seit der Kindheit hatte er Probleme mit der Sehfähigkeit und seit den 1830er-Jahren plagten ihn Rheumatismus, chronische Angina, Unterleibsentzündungen sowie das immer wieder erwähnte Rückenmarksleiden. Ärzte unserer Zeit haben aus den verschiedenen Beschreibungen eine einleuchtende Diagnose auf Multiple Sklerose gestellt.

Im November und Dezember 1838 weilte Mörike mit seinem Bruder Ludwig in Stuttgart im Gasthof »Zur Sonne« (in der Eichstraße 2 neben dem alten Rathaus) und in einem Privatquartier in der Hauptstätter Straße 87, vor allem wegen Verhandlungen mit den Verlegern Etzel wegen der Publikation seines Einblatt-

Stadtplan Stuttgart

1 Büchsenstraße 48
2 Gymnasium Illustre
3 Rotebühlstraße 65
4 Augustenstraße 14 b
5 Königin-Katharina-Stift
6 Hospitalstraße 36
7 Alleenstraße 9 (heute Geschwister-Scholl-Straße)
8 Hohe Straße 16
9 Garten am Kornberg
10 Militärstraße 51 (heute Breitscheidstraße)
11 Kanzleistraße 8 (heute Willi-Bleicher-Straße)
12 Reinsburgstraße 67
13 Forststraße 35
14 Moserstraße 22 (Tafel am Sterbehaus)
15 Pragfriedhof (mit dem Grab 623 im Quadarat 10)
16 Denkmal in der Silberburg-Anlage
17 Hutzelmännlein-Figur am Stiftsfruchtkasten

Tübinger Tor mit der Silberburg im Hintergrund. Zeichnung von Mörike, 1838

druckes *Spiegelvers* und mit Schweizerbart wegen der Sammlung griechischer und römischer Oden, Elegien und Epigramme *Classische Blumenlese*. Vergeblich hörte er sich wegen einer Bibliothekarsstelle um, traf den Oberkonsistorialrat Karl von Grüneisen wegen eines zentralen Beitrags zum Schillerfest und den Komponisten Ignaz Lachner wegen der Oper *Die Regenbrüder*, zu der Mörike ein Libretto verfasst hatte. Als am 8. Mai 1839 die Schiller-Statue von Bertel Thorvaldsen unter den Klängen einer von Mörike gedichteten, von Lindpaintner vertonten »Cantate« enthüllt wurde, hatte der Dichter sich für die Feier entschuldigt; auch zur Aufführung der Oper am 20. Mai im Hoftheater reiste er aus Cleversulzbach nicht nach Stuttgart.

Endgültig in Stuttgart angekommen

Vom 22. August bis zum 20. November 1851 bewohnt Eduard Mörike mit seiner Schwester Klara drei Zimmer im Erdgeschoss des Mietshauses Augustenstraße 14 b, einer damals vornehmen Umgebung. Doch die Wohnung erweist sich schnell als zu klein für drei Personen – die Braut hilft beim Umzug und bleibt drei Wochen – sodass man gleich wieder kündigt und in der Hospitalstraße 36 ein neues Domizil anmietet.

In diesem Herbst entstehen unter anderm die Gedichte »Erinna an Sappho« und »Grabgedanken« (»Denk' es, o Seele«), das später die Mozart-Novelle abschließen wird:

Ein Tännlein grünet wo,
Wer weiß, im Walde,
Ein Rosenstrauch, wer sagt,
In welchem Garten?
Sie sind erlesen schon,
Denk' es, o Seele,
Auf deinem Grab zu wurzeln
Und zu wachsen.

Zwei schwarze Rößlein weiden
Auf der Wiese,
Sie kehren heim zur Stadt
In muntern Sprüngen.
Sie werden schrittweis gehn
Mit deiner Leiche;
Vielleicht, vielleicht noch eh'
An ihren Hufen
Das Eisen los wird,
Das ich blitzen sehe!

Schillerfeier mit der Enthüllung des Denkmals am 8. Mai 1839. Lithographie

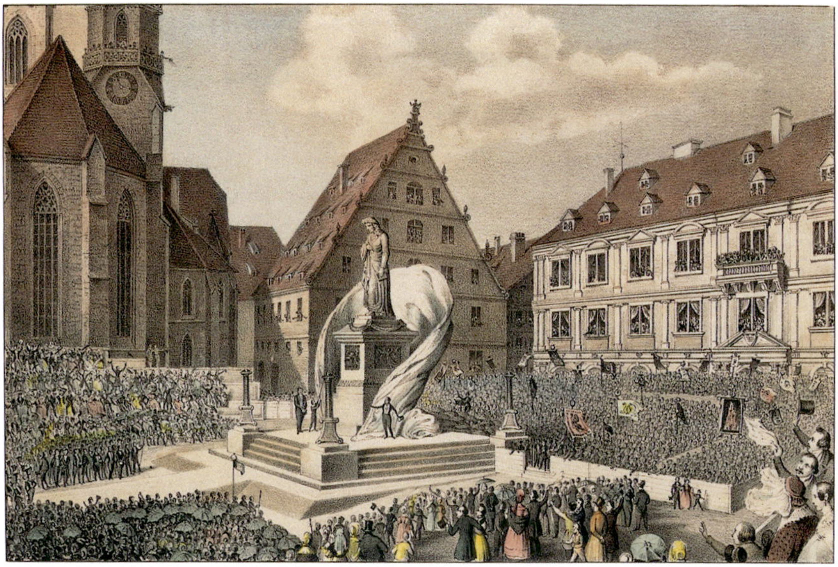

In vier Sitzungen, während derer der Künstler Bonaventura Weiß meist direkt auf den Stein zeichnet, entsteht das als Lithographie weit verbreitete Porträt, auf dem Mörike mit sich und der Welt zufrieden wirkt. »Wer es bis jezt gesehn erklärt es für sehr ähnlich [...] und ich, so viel sich Einer selber kennen kann, muß es auch zugestehn; auch ist das Ganze frei u. gut mit einer Art v. Eleganz behandelt«, teilt er Hartlaub mit. Mörike will sogar ein Verslein darunter setzen, um Weiß, dessen Geschäft unter der neu aufgekommenen Daguerreotypie leidet, zu unterstützen: »Und sähst du lieber dich vom Lichte selbst gemalt / Als daß ein Künstleraug dich auf die Tafel strahlt?«

Eduard Mörike. Lithographie von Bonaventura Weiß, 1851

Nur vier Jahre später allerdings gefällt Mörike das Porträt gar nicht mehr und er möchte lieber »ein gutes Daguerreotypbild« von sich veröffentlicht sehen.

Als »Lehrer der teutschen Literatur« wird Mörike zunächst provisorisch für 50 Gulden jährlich am Katharinenstift angestellt, am 15. Oktober hält er seine erste Stunde vor 50 Schülerinnen, behandelt *Emilia Galotti* und den *Werther*, was ihm gleich Schwierigkeiten mit den Eltern einbringt.

Linke Seite: Eduard Mörike. Daguerreotypie von Carl Geiger, 1855

Das Katharinenstift, 1818 nach dem Plan der württembergischen Königin Katharina als »Anstalt für Bildung der Töchter der mittleren und höheren Stände« gegründet, war seit 1819 in der Friedrichstraße 34/36, im ehemaligen Wohnhaus von Joseph Süß Oppenheimer untergebracht. 1903 zieht das »Katzenstift« in einen Neubau an der Schillerstraße.

»Mit hundert Fenstern steht ein stattlich Haus, / Da blüht ein Jugendflor, der wallet ein und aus«, schreibt Mörike einer Schülerin ins Album. Zu seiner Zeit werden hier rund 300 Schülerinnen von 20 Lehrern, meist Theologen, unterrichtet. Ob er sich daran erinnert, 15 Jahre zuvor als »Liebmund Maria Wispel« ein Gedicht »An die Schönen des Katharinenstifts« verfasst zu haben, in dem er sich über die »Fuscher und suspendierte Pfarrer« als Lehrkräfte mokierte?

Nun sind ihm die Mädchen, die im angeschlossenen Internat leben und wegen ihrer grünen Tracht »Laubfrösche« genannt werden, Anlass für Verse:

»Laßt mir die Grünen in Ruh, und schweigt mir doch von dem Laubfrosch! / Dieser plumpe Vergleich, dieser erbärmliche Witz! / Kleidet denn nicht das Grün auf Erden die edelsten Dinge? / Vielbesungener Lenz, zeige dein stolzes Gewand!«

Nach anfänglicher Irritation wegen seiner »schlechten Kleidung«, des »wenig Gepflegten seines Äußeren und seines faltigen, ältlichen Gesichts« mögen seine Schülerinnen ihn offenbar gern und hüten sich, ihn zu verspotten, selbst wenn sie Anlass dazu hätten.

Eine komische Anekdote berichtet Isolde Kurz, und zwar hat Mörike ihr angeblich selbst erzählt, »wie er einstmals als Lehrer am Katharinenstift in Stuttgart seinen jugendlichen Zuhörerinnen über Goethes *Iphigenie* sprach und gerade beim Vortrag des Monologs ›Heraus in eure Schatten‹, vom Bedürfnis nach seinem Schnupftuch getrieben, rückwärts nach der Tasche griff, etwas Weißes, Langes herauszog und zur Nase führte, wobei ihm die ungewohnte Rauheit und Härte des Stoffes auffiel. Aber unbeirrt im Sprechen fortfahrend, wollte er das Tuch wieder in die Tasche stecken, doch nun schien es ihm wie verhext; er stopfte

Ausblick aus der Wohnung in der Alleenstraße auf Katharinenstift und Stiftskirche. Zeichnung von Mörike

und stopfte und konnte nicht damit zu Ende kommen, je mehr er hineinschob, desto länger wurde es, bis er zuletzt den Kampf aufgab und das Tuch hängen ließ. Als er es nach einiger Zeit von neuem langte, kam es ebenso lang aus der Tasche wieder heraus und nun sah er – o Schrecken! –, daß es eine Fenstergardine war, was er bearbeitet hatte. ›Aber denken Sie sich‹, setzte er am Schluß der Geschichte mit Befriedigung hinzu, ›ein ganzer Saal voll mutwilliger junger Mädchen und auch nicht eine, die zu ihres Lehrers Nöten den Mund verzog! Sie saßen sämtlich in heroischer Fassung da, als ob sie nichts gesehen hätten.‹«

Jahre später, im Winter 1865 schreibt Mörike in einem Brief: »Aus der Wirklichkeit aber muß ich bei dieser Gelegenheit doch auch erwähnen, daß die Frau Königin [Olga] neulich einer Lektion von mir im Katharinenstift anwohnte. Sie kam mit der Massenbach u. Frl. Theiß, das kleine Hündchen dabei, das zuerst seine Thour durch den Saal machte, that am Anfang einige Fragen an mich, nahm dann mit einer Häkelarbeit Platz und bezeugte schließlich ihr Interesse an dem Gegenstand (Nibelungen-Lied, Sigfrieds Tod) und war recht freundlich.« Und an

Hartlaub fügt er an: »Wenn sie freundlich ist und lächelt, wobei man ihre schönen Zähne sieht, verbreitet sich ein eigenes, wohlthuendes Licht über ihr äußerst blasses Gesicht. Besonders schön ist ihr Gang.«

Zu dieser Zeit ist ihm das Unterrichten schon sehr zur Last geworden, oft hat er den Rektor Karl Wolff um Vertretung bitten müssen, weil er krank war, und ihm dazu unwiderstehliche Entschuldigungen gesandt: »Ich bin ja bekanntlich der unglückselige Mann, der immer von hundert Haken und Häkchen gehalten und gezerrt, hinter seinen besten Vorsätzen zurückbleiben muß!«

Im November 1866 ersucht er beim König um »gnädigste Enthebung«, worauf ihm mitgeteilt wird, dass die 350 Gulden in den letzten 15 Jahren eigentlich kein Gehalt für so wenige Unterrichtsstunden gewesen seien, dass er jedoch wegen seiner Verdienste als deutscher Dichter eine Gnadenpension in gleicher

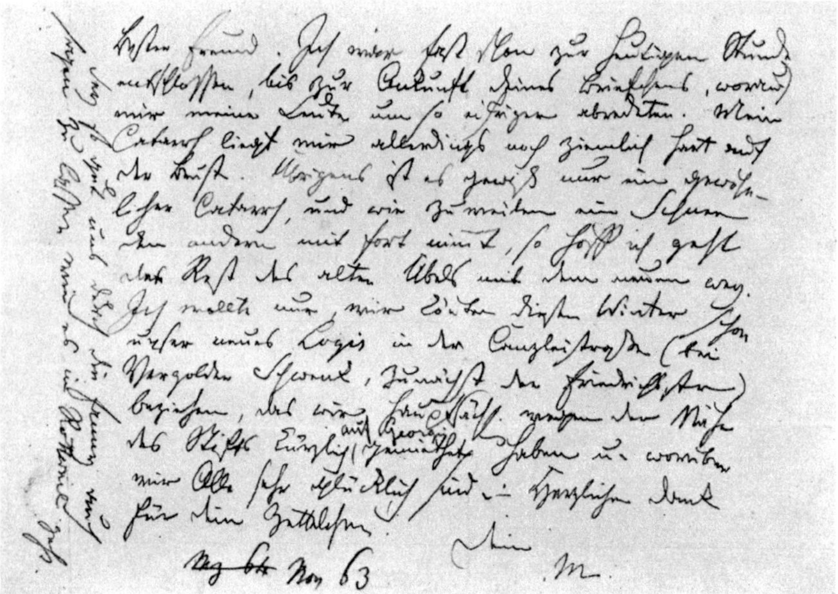

Entschuldigungsschreiben von Mörike an Rektor Karl Wolff »wg. Catarrh«, November 1863

Höhe erhalte: sie möge dazu dienen, »Euer Hochwohlgeboren noch lange und sorgenfrei Ihrer literarischen Thätigkeit zu erhalten«.

»So unbedeutend die Geschäftslast an sich war, so fühle ich doch recht wie viel Nachtheiliges und Störendes damit für mich weggefallen ist«, schreibt er im Dezember erleichtert an seinen Freund Hartlaub.

Parallel zum Unterricht am Katharinenstift hält Mörike schon Anfang 1852 unter großem Zulauf und viel Beifall »Damen-Vorlesungen« im Oberen Museum, der seit 1807 bestehenden zweiten Stuttgarter Lesegesellschaft in der Kanzleistraße 16. Das heißt, er rezitiert, beginnend mit *Hamlet,* zweimal wöchentlich aus Stücken von Shakespeare oder deutsche Gedichte, 1853 liest er aus dem *Stuttgarter Hutzelmännlein* und danach einen Goethe-Zyklus, was »viel Rumohr unter den Frommen« macht. Auch diese Tätigkeit wird ihm zur Qual, wie er Hartlaub anvertraut: »Wie will ich froh seyn wenn ich das Museum vollends abgestoßen habe – die lezte (16te) Vorlesung mit der ich von Woche zu Woche hinausgeschoben werde liegt mir jezt noch wie ein alter Schnee-fleck widerwärtig vor dem Gesicht.«

Die Ehe zu dritt

In den 24 Jahren von 1851 bis zu seinem Tod am 4. Juni 1875 bewohnt Eduard Mörike in Stuttgart noch weitere acht Domizile: Von der Augustenstraße zieht er am 20. November 1851 mit der Schwester Klara in die Hospitalstraße 36. Nach einer kurzer Reise zur Hochzeit nach Mergentheim kehren sie zu dritt zurück. Immerhin für dreieinhalb Jahre werden sie hier bleiben; es entstehen das *Stuttgarter Hutzelmännlein* und Teile der Novelle *Mozart auf der Reise nach Prag.* Dafür braucht der Dichter seine Ruhe, worauf seine Zeichnung mit dem Wegweiser und einem »Net daheim!« hindeutet.

Ausblick aus der Wohnung in der Hospitalstraße. Zeichnung von Mörike, 1853.

In dem alten, 1616 erbauten Haus wohnen sie zunächst im ersten, später im zweiten Stock; es gibt dahinter einen Garten mit großem Nussbaum, Blumenpracht und Himbeeren, vor allem ein Gartenhaus, dessen Dachknopf in einem Gedicht an die Schwester besungen wird – nicht zuletzt, um sie durch Beschwörung dieser Idylle nach einem Streit wieder nach Hause zu locken, denn das Leben zu dritt bringt jetzt gelegentlich Auseinandersetzungen.

Der liebe Knopf
Zum NamensTag

In Sonne- Mond- und Wetterschein,
Es mochte regnen oder schnein,
Sah dieser Freund in guter Ruh
Dem Wechsel aller Dinge zu.

Doch, guter Tröster, alter Knopf,
Das will Dir sicher nicht in Kopf,
Daß wir vom Fenster aus zu Dreien
Uns nicht mehr sollen dein erfreuen!
– Getrost! was krumm, ward oft noch grad,
Oft über Nacht kam guter Rat.

In dem bürgerlichen Viertel, beim Zentrum der Reichen Vorstadt und der Hospitalkirche, unter den »Prototypen der Ehrbarkeit« (Hans-Ulrich Simon) und mit zahlreichen Bekannten in der Nähe – der Optikus Carl Geiger, von dem Mörike sich 1855 daguerreotypieren ließ, war ein Nachbar – hätte man es eigentlich auf Dauer aushalten können.

Was den Ausschlag für einen neuerlichen Umzug gegeben hat, ist unklar: War es der Lärm, unter dem Mörike litt, wenn oben »gebeethovelt« wurde? Natürlich konnte er »Gebrauch von seinen alten Ohrstöpseln machen«, dann allerdings war es »fast so still, wie auf dem untersten Meeresgrund«. War es der geplante Verkauf des Nachbargrundstückes an die israelitische Gemeinde, die hier 1856 eine (1938 von den Nationalsozialisten zerstörte) Synagoge errichtete, was eine

Margarethe und Eduard Mörike. Fotografie von Hermann Kayser, um 1866

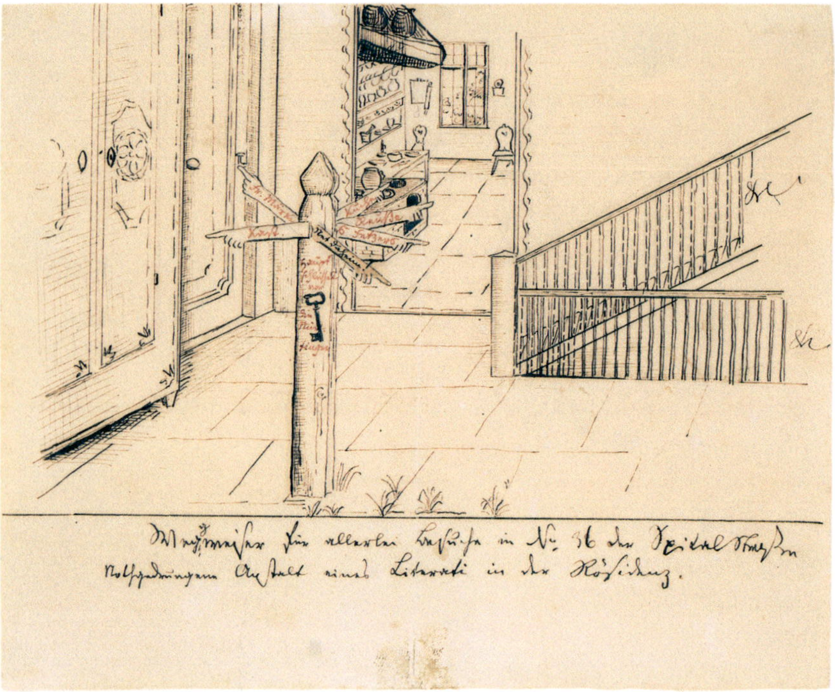

Wegweiser auf dem Treppenabsatz in der Hospitalstraße 36. Zeichnung von Mörike.

Umgestaltung des Hauses mit sich bringen sollte? Oder war es zum ersten Mal der Wunsch, aus dem Stadtzentrum hinauszuziehen, wegen der Gesundheit, die »in diesem schwülen Thal« leide?

Jedenfalls packen die Frauen Ende April 1854 wieder alle Habseligkeiten zusammen und verfrachten sie (per Handwagen) in die Alleenstraße 9, heute Geschwister-Scholl-Straße. Über die Aufteilung der Wohnung im dritten Stock wissen wir aus einem Brief von Margarethe Mörike an ihre Mutter vom Februar 1855 gut Bescheid:

»Von der Küche kommt man in ein Zimmer mit 2 Fenster das rückwärts gegen Gärten zu liegt, dort schlafen wir jetzt und ist Eduards Arbeitszimmer – das soll also mein Zimmer werden und Clara wird bei mir schlafen; dann kommt ein Eckzimmer mit 3 Fenster, gegen schöne Gärten und die Straße zu gelegen, darinen hatten wir unsere guten Möbel für den Winter – dieses würdest Du bewohnen, es ist auch das größte und schönste von allen; dann geht es ins Wohnzimmer, wo das Klavier der Mädchen steht und wir eßen, es ist zugleich das Besuchs und Arbeitszimmer, und hat 2 Fenster auf die Straße; daneben ist ein schmales Zimmer mit 2 Fenster, wo Antonie ist [eine Kostgängerin]; und von dort geht es wieder in ein schmales Zimmer rückwärts, was bisher Clara bewohnte, später aber Eduards Schlaf und Arbeitszimmer werden muß. Ich hoffe die Unruhe des Nachts mit der Nähe des Kindes soll Dich doch nicht so stören wenn die Thüre zu bleibt, denn anders wäre es ja fast nicht zu machen, weil Eduard am entferntesten arbeiten muß, weil auch jenes Zimmer viel zu klein für Dich (d. h. für ein Bett und Sopha pp) wäre, und weil wir des Ausgangs wegen auch kein anderes zum gemeinschaftlichen Wohnzimmer machen können.«

Es soll »wohnlich u. heiter« gewesen sein, »recht bequem und angenehm, ohne daß es für unsere Verhältniße zu gut wäre«, aber ist – zumal mit Untermieterinnen und der Mutter – räumlich doch sehr beengt. Mörike und seine Schwester weichen bisweilen in ein Stübchen unterm Dach aus.

Angesichts der heutigen Hochhaussituation ist es kaum mehr vorstellbar, dass es hier vor hundertfünfzig Jahren in einer schönen, stillen Straße Amselgesang und Musik auf der Seewiese, Luft und Sonne, einen unvergleichlichen Blick bis zur Stiftskirche und zur anderen Seite auf Gärten und Weinberge gegeben haben soll. In dieser Wohnung werden 1855 und 1857 die Töchter Fanny und Marie geboren.

Im August 1855 kommt Theodor Storm zu Besuch, mit dem Mörike seit der Korrespondenz über das *Stuttgarter Hutzelmännlein* eine Freundschaft verbindet. Da Storms Ankunft am Bahnhof mit Mörikes Literaturstunde am Katharinenstift zusammenfällt, holt Hartlaub ihn am Zug ab und bringt ihn in die »einfach aber nett eingerichtete Wohnung, freilich mehrere Treppen hoch«. Von ihm haben wir anschauliche Beschreibungen des Ehepaars Mörike:

»Bald kam Frau Gretchen – eine schlanke Gestalt von 35 Jahren, mit edlen Gesichtszügen und besonders schönen, sanften und dabei doch schelmischen Augen, aber mit einem sehr wetterbraunen Teint ... Frau Gretchen hieß mich im allerschwäbischsten Akzent willkommen und setzte mir zum Frühstück gesottene Kringel, ungesalzene Butter und Käse vor, nebst selbstgezogenem Wein, der natürlich wie Wasser aus Biergläsern getrunken wurde. Dann kam Eduard Mörike. Er sieht beweglicher, nicht so bürgerlich vornehm aus, wie auf dem Dir bekannten Bilde, obgleich er bei Gelegenheit sehr vornehm soll sein können. [...]

Er war damals erst einundfünfzig Jahre alt; in seinen Zügen aber war etwas Erschlafftes, um nicht zu sagen Verfallenes, das bei seinem lichtblonden Haar nur um so mehr hervortrat; zugleich ein fast kindlich zarter Ausdruck, als sei das Innerste dieses Mannes von dem Treiben der Welt noch unberührt geblieben. Er faßte mich an beiden Händen und betrachtete mich mit großer Herzlichkeit. [...] Als ich eben da heraus gestiegen bin, da hab' ich mir die Stufe angesehen und gedacht, ob wohl der Storm da herüber gestiegen ist?«

Storm berichtet in seinen Erinnerungen auch von einer Lesung aus der beinahe fertig gestellten Mozart-Novelle im privaten Kreis nach dem Nachmittagstee: »Mörike las, wie mir damals schien, vortrefflich; jeder Anflug von Dialekt war dabei verschwunden. Auch hier aber hatte ich Gelegenheit zu bemerken, welch' hohe Stellung der Dichter bei seinen Jugendgenossen einnahm und wie sie überall nur das Beste und Schönste von ihm erwarteten. [...] Der jetzt gegenwärtige Hartlaub folgte der Vorlesung mit einer verehrenden Begeisterung, die er augenscheinlich kaum zurückzuhalten vermochte. Als eine Pause eintrat, rief er mir zu: ›Aber, i bitt Sie, ist das nun zum aushalte!‹.«

In der Küche der Wohnung in der Alleenstraße. Zeichnung von Mörike

Den norddeutschen Gast wundert, daß auch Mörike »sich in behaglichster Weise in der Sprache seiner schwäbischen Heimat erging«. Als er ihn darauf hinweist, legt ihm dieser die Hand auf den Arm und sagte lächelnd: »Wisse Sie was? I möcht's doch net misse.«

Das Stuttgarter Hutzelmännlein

Bei einem Abendspaziergang mit Theodor Storm zeigt Mörike ihm das Haus Marktplatz 5, um 1400 sogar mal das gräfliche Rathaus, über das es im *Stuttgarter Hutzelmännlein* heißt: »Am Markt gegen dem Adler über sieht man dermalen noch ein

Das Hutzelmännlein und Seppe. Scherenschnitt von Luise Walther, 1853

merkwürdiges altes Haus, vornher versehen mit drei Erkern, davon ein paar auf den Ecken gar heiter wie Türmlein stehn mit Knöpfen und Windfahnen, hüben und drüben unterhalb der Eckvorsprünge zwei Heiligenbilder aus Stein gehauen, je, mit einem kleinen Baldachin von durchbrochener Arbeit gedeckt: Maria mit dem Kind samt dem jungen Johannes einerseits und St. Christophor der Riese andererseits, wie er den Knaben Jesus auf seiner Schulter über das Wasser trägt, einen Baumstamm in der Faust zum Stab. Dies Haus – in seinen Grundfesten samt dem Warengewölb vermutlich noch dasselbige – gehörte von Voreltern her dem Grafen eigentümlich und ward von ihm auf jenen Tag unserem Schuster in Erkenntlichkeit für seine kostbare Gabe und zum Beweis besonderer Gnade als freie Schenkung überlassen, nebst einem Teil des inbefindlichen Hausrats.«

Dieses Haus, rechts vom Eingang zur Schulstraße, wurde im Zweiten Weltkrieg zerstört, die 1515 entstandene Erkerkonsole mit dem Christophorus und der gedrückten Gestalt, die Mörike zum Vorbild für den »Pechschwitzer«, das »Hutzelmännlein« nahm, wurde gerettet und lagert im Stadtarchiv. Mit dem grinsenden Gnom, der von dem Bildhauer Hubert Zimmermann in Stein gehauen und nach dem Wiederaufbau des Stiftsfruchtkastens 1956 an der Ecke zur Stiftstraße angebracht wurde, hat die Konsolfigur wenig gemein. Die Identität dieses akrobatisch die Beine verdrehenden Schuhmachers muss der darunter eingemeißelte Spruch erklären, das Anfangsgedicht:

> Ein Kobold gut bin ich bekannt
> in dieser Stadt und weit im Land;
> meines Handwerks ein Schuster war
> gewiß vor siebenhundert Jahr.
> Das Hutzelbrot ich hab erdacht,
> auch viel seltsame Streich' gemacht.

Das *Stuttgarter Hutzelmännlein* erschien im Mai 1853 in einer Auflage von 1500 gehefteten Exemplaren für 1 Gulden 12 Kronen und 500 elegant gebundenen mit Goldschnitt zu 1 Gulden 48 Kronen bei Schweizerbart. In diesem erfolgreichen Märchen (nach zwei Jahren wurde bereits die zweite Auflage gedruckt) um Glücksschuhe, nachwachsendes Hutzelbrot, zauberhafte Krakenzähne, Klötzle aus Blei und nicht zuletzt die schöne Lau im Blautopf pflegt Mörike einen künstlichen schwäbischen Dialekt und erläutert ungewöhnlich klingende Ausdrücke in wissenschaftlich scheinenden Anmerkungen.

»Wohl vor fünfhundert und mehr Jahren, zu denen Zeiten, als Graf Eberhard von Wirtemberg, ein tapferer Kriegsheld und ruhmvoller Herr, nach langen, schrecklichen Fehden mit des Deutschen Reichs Häuptern, mit dem Habsburger Rudolf und dessen Nachfolgern, zumal auch mit den Städten, das Schwabenland nun wieder zu Ruh und Frieden kommen ließ, befand sich in Stuttgart ein Schustergesell namens Seppe bei einem Meister, der ihm nicht gefiel, deshalb er ihm aufsagte; und weil er nie gar weit vor seine Vaterstadt hinausgekommen, nicht Eltern noch Geschwister mehr hatte, so war er jetzt willens zu wandern.«

So beginnt die wegen diverser sagenhafter Einschübe einigermaßen verwickelte, aber immer vergnügliche Lektüre – märchenhaft mutet schon die Freiheit des Gesellen an, aus einer Laune heraus seine Stelle aufzugeben. Die Eingangsformel nennt historische Daten und entspricht gleichzeitig einem »Es war einmal«; die Gebäude schildert Mörike, wie er sie zu seiner Zeit sah, und nicht, wie er vorgibt, dass sie Ende des 13./Anfang des 14. Jahrhunderts ausgesehen haben. Er bringt also bewusst »anachronistische Brechungen in die historische Perspektive«, und diese »Vermischung von Mittelalter und 19. Jahrhundert macht das Märchen streckenweise zur Groteske« (Simon).

Indem Mörike – »ich habe soviel Lokalitäten und Namen als möglich gebraucht« – viele verschiedene, auch inzwischen verschwundene Örtlichkeiten wie das Büchsentor oder den Bopserbrunnen realistisch beschreibt, setzt er ihnen und der alten Residenzstadt gewissermaßen ein Denkmal.

Die Zeitgenossen waren sich in ihrem Urteil nicht einig: Während Friedrich Theodor Vischer spontan »die heitere Klarheit der Anschauung wirklicher Dinge, das Gefühl geschichtlicher Zustände, die Kenntnis der Sitte und namentlich auch die Sprache« lobt, tadelt David Friedrich Strauß, es sei »ein wahres Mausnest von Fabeleien, die durcheinander krabbeln, ohne Plan, ohne Schürzung und Lösung des Knotens«.

Das *Hutzelmännlein* wird Mörikes größter Erfolg und einige Freundschaften ergeben sich für ihn daraus: die zu der Scheren-

schneiderin Luise Walther, geborene von Breitschwert, zu Theodor Storm und auch die zu Moritz von Schwind.

In dieses Jahrzehnt fallen auch seine ersten öffentlichen Ehrungen wie das Doktor-Diplom der Universität Tübingen im August 1852 und die Verleihung eines Professorentitels durch König Wilhelm I. im September 1856.

Das Bopserbrünnlein mit der Weißenburg. Zeichnung von Mörike, 1859

Zurück in die Reiche Vorstadt

Obwohl Margarethe Mörike die Wohnung in der Alleenstraße so positiv geschildert hat, ziehen die Mörikes am 30. Juni 1858 in die Hohe Straße, wo sie nun vier Zimmer und Küche mit rund 75 Quadratmetern bewohnen, ohne Kostgänger und im zweiten Stock, was mehr Bequemlichkeit und einen Zuwachs an Renomee bedeutet.

Der entscheidende Vorteil ist ein eigener Garten für die Kinder, allerdings erwirbt Mörike zu Beginn des Sommers 1859 ein Gartengrundstück am Kornberg (heute etwa Ecke Kornberg- und Falkertstraße) hinzu. Zu Nutzen und Vergnügen werden Küchengarten, Blumenrabatten, Obstbäume und etwas Rebland bewirtschaftet, ein Gartenhäuschen wird für Feiern genutzt, aber auch für die literarische Arbeit: Mörike wird freilich mehr Notizen gemacht haben als die auf einem vollgekritzelten Fensterladen erhaltenen.

Seinen Heimweg vom Einkauf im Zentrum um den Marktplatz, in Müllers Laden in der Kirchstraße 14, der ihn durch die Stift- und Lindenstraße (heute Kienestraße), dann in die Rote Straße (heute Theodor-Heuss-Straße) und über die Lange in die Hohe Straße führt, beschreibt Mörike in seinem Geburtstagsgedicht für Gretchen zum 10. Juni 1859, »Mit einem Messerchen und einem kupfernen Fingerring«:

Von Müllers Laden her kam ich im Sonnenbrand
Die rothe Straße hergerannt;
Erwog in meinem Sinn mein armes Angebinde,
Und ob sich nicht dazu noch etwas Hübsches finde:
Ein Blumenstrauß, ein Band, ein Tüchlein – oder – schau!
Im selben Augenblick – ich lüge nicht – o Frau, –
Seh ich vor mir was auf dem Pflaster blinken,
Ein goldnes Kleinod, will mich dünken!

Schnell raff' ich es vom Boden auf,
Betracht' es wie ein Dieb verstohlen nur im Lauf,
Schon bang, ich werd es, pflichtgeflissen
Zur Policei gleich tragen müssen;
Ward aber nur zu bald gewahr,
Insofern hab' es nicht Gefahr.

Ein wundersamer Fund auf jeden Fall just heute!
Wenn er *dir* gilt, sag an, was solch ein Pfand bedeute! –
– Sei's, was es will, ich bin nicht eifersüchtig drob,
Auf dieses Zeichen geb ich nichts verloren:
Dein erster Mann lebt noch, gottlob,
Für einen zweiten – bist Du nicht geboren!

Fanny, lesend. Zeichnung von Mörike, 1857.

Der fürsorgliche Vater

Das Wohnumfeld in der Hohen Straße verändert sich und missfällt den Mörikes, sodass sie wieder umziehen, diesmal in eine Gegend nördlich des Zentrums, in der vor allem Handwerker und Weingärtner Häuser besitzen. Es sei »nett und still wie auf dem Land«, berichtet Margarethe über die Militärstraße 51 (heute die Breitscheidstraße), wo sie von August 1859 bis April 1864 wohnen. Und Eduard Mörike beschreibt den Weg zu ihnen: »wenn man zur Stadt herauskommt

Mörike mit Klara (links), Margarethe und den Töchtern Fanny und Marie. Fotografie von Friedrich Brandseph, 1860

u. geht hinunter auf di Mil. Straße u. dann fort, bis wieder Häuser kommen«.

Viel später, von November 1873 bis Ende 1874, wird Eduard Mörike mit Schwester Klara und Tochter Marie noch einmal in diesem Bezirk, in der Forststraße 35 (heute Sportplatz des Dillmann-Gymnasiums) wohnen, die damals das Ende der Stadtbebauung markierte; außerhalb lagen Wiesen, Ackerland und vor allem Weinberge.

In Mörikes Briefen sind die Töchter nun ein zentrales Thema, vor allem Fannys originelle Aussprüche werden in »Musterkärtchen«, eigentlich Episoden aus dem Tagebuch, notiert. Es entstehen Gelegenheitsgedichte anlässlich eines zerbrochenen Rasierspiegels oder die »Väterliche Ermahnung nebst einem Groschen«, die endet: »Eh du einen Kreuzer ausgiebst, / Dreh' ihn zweimal – einen Groschen / Sechsmal in der Hand herum! / Solches räth Dir Dein Berather / Freund und stets getreuer Vater.« (Nachsatz: »Der leider dieser goldenen Regel sein Leben lang nicht nachgekommen ist.«) Oder er schreibt Distichen über die Kinder »An Gretchen«:

Jüngst, als unsere Mädchen, zur Fastnacht beide verkleidet,
　Im Halbdunkel sich scheu erst an der Thüre gezeigt,
Dann sich die Blonde als Schäferin dir, mir aber die kleine
　Mohrin mit Lachen zumal warf in den offenen Arm,
Und du, Liebste, von fern mein Gefühl nicht ahnend, in's Ohr mir
　(Der ich verblüfft da saß) flüstertest ›lobe sie doch‹ –:
O wie gedacht' ich der Zeit, da *diese* nicht waren, und *wir* uns
　Beide noch fremd, ja du selber noch hießest ein Kind.
Einst und Jetzt im Wechsel – ein fliegender Blitz der Gedanken
　Machte mich stumm, und hoch wallte vor Freuden mein Herz.

Verschiedene Umstände erfordern einen neuerlichen Umzug: die Erhöhung der Miete, der erwartete Baulärm und nicht zu-

Ausblick aus der Wohnung in der Kanzleistraße. Zeichnung von Mörike

letzt ein näherer Schulweg für Fanny ins Katharinenstift. Im April 1864 zieht die Familie Mörike in die Kanzleistraße 8, in unmittelbarer Nachbarschaft des Oberen Museums, dessen Lage man sich zwischen Kanzlei-, Rothe- und Lindenstraße, also heute etwa zwischen Willi-Bleicher-Straße, Theodor- Heuss- und Kienestraße denken muss. Allerdings kann man sich angesichts der Nachkriegsarchitektur und -straßenführung selbst mit Hilfe historischer Fotografien und alter Stadtpläne kaum mehr eine Vorstellung von der früheren Bebauung dieses Quartiers machen.

Die Kanzleistraße war an ihrem Anfang eine noble Geschäftsstraße mit dem Großen Bazar und dem Ständehaus, im weiteren Verlauf jenseits der Schlossstraße in Richtung Katharinenhospital lagen die Seewiesen. Von der Wohnung im dritten Stockwerk – zudem mit 150 Quadratmetern die größte, die Mörike je bewohnte – schweifte der Blick über die Dächer bis zur Uhlandshöhe, zum Steinbruch am Kanonenweg (heute Haußmannstraße) und zum Schießhaus; man sah den vergoldeten Engel des Theaters und aus dem Fenster gelehnt bis zur Königstraße; in der anderen Richtung die Calwer Straße entlang bis zum Alten Postplatz (heute Rotebühlplatz) und im Hintergrund Weinberge mit Hoffmanns Schweizerhäuschen.

Zum Katharinenstift war es ein Katzensprung, ebenso zum Bahnhof, damals gegenüber dem Königsbau (in der heutigen Bolzstraße) gelegen, wo Mörike, der gerne mit der Eisenbahn fuhr, nach Lorch oder Nürtingen abreiste.

In unmittelbarer Nähe der Mörikes residierten der Buch- und Kunsthändler Roth, die Musikalienhandlung von Gustav Adolph Zumsteeg (Calwer Straße 4) und der Fortepianofabrikant Klinckerfuß (Kanzleistraße 18). In diesem Haus hatte Lud-

Der Hauptbahnhof in der damaligen Schlossstraße

wig Uhland während seiner Tätigkeit in der Abgeordnetenkammer zwei Jahre gewohnt, fanden Gesellschaftsabende mit Dichtern (Hauff, Schwab, Kerner) statt, gingen später Musiker wie Johannes Brahms, Clara Schumann und *der* Mörike-Komponist Hugo Wolf ein und aus. Voller Stolz schreibt Mörike über dieses Domizil: Hier wohnt man »ganz mitten in der Stadt«, im Zentrum der Ehrbarkeit, zwischen Stifts-Pfarrhaus und Museum, mit Blick auf Residenz und Theater und hat trotzdem noch »ein paar Schnitzel grüner Landschaft« im Visier.

Allmählich eine berühmte Persönlichkeit

Hier fand Ende Januar 1865 der legendäre Besuch Iwan Turgenjews (1818–1883) bei Mörike statt, von allen Biographen mit anderen Details ausgeschmückt: So soll der russische Dichter als Replik auf Mörikes Geständnis, keines seiner Werke zu kennen, die Verserzählung *Der alte Turmhahn* fast vollständig rezitiert haben. Mit ihm kam die spanische Komponistin und Sängerin Pauline Viardot-Garcia von Baden-Baden her und sang Mörike von ihr vertonte Lieder vor. »Ihre Stücke sind meist die gleichen, wie wir von Hetsch haben«, kommentiert er missmutig, fügt aber später an Hartlaub hinzu, sie habe ihn durch ihren Gesang und ihre Persönlichkeit bezaubert.

Ein hübsches Aperçu ist, dass Wilhelm Raabe (1831–1910) der Sängerin einen Vers ins Albumblatt schreibt, der die erste Zeile aus Mörikes »Jägerlied« zitiert:

> Zierlich ist des Vogels Tritt im Schnee,
> Singt Professor Eduard Mörike.
> Schwarz auf Weiß bezeugt dies Albumblatt,
> daß ein Vogel es beschritten hat,
> der mit zierlich aufgesetztem Fuß
> Scharrt der hohen Dame seinen Gruß.

Raabe, der von 1862 bis 1870 in Stuttgart lebte, ist Mörike nie begegnet: »Das ist der einzige Stuttgarter Genosse von der Feder, den ich nie gesehen. Eine quabblige, faule Natur, die sich sogar durch eine wöchentliche Literaturstunde im Katharinenstift beschwert fühlte und lieber drum die gutbezahlte Stelle aufgab.« Später hat er doch ein wenig bedauert, ihn nicht kennen gelernt zu haben und gab als Grund seinen eigenen »geselligen litterarischen und politischen Tummel und Taumel« sowie Mörikes »hypochondrisch-zurückgezogenes Leben« an.

Dies stimmt allerdings nur zum Teil. Zwar verweigert Mörike sich nach Kräften der Geselligkeit, wie sie etwa die Künstlergesellschaft »Das strahlende Bergwerk« pflegt – immerhin hat er dort als Ehrenmitglied den Namen »Wendehals« bekommen und ein ironisches Gelegenheitsgedicht »Unter ein Bildchen mit Gnomen, welche schmieden« produziert. Oder wenn er sich bei der Einweihung der Liederhalle 1864 entschuldigt: »Ach, ich käme ja mit Freuden, / Ja, zu kommen wär mir Pflicht, / Aber solche Sprünge leiden / Meine sanften Drachen nicht!« Vielleicht hätten Ehefrau und Schwester ihn gerne zu einem solchen Fest begleitet ...

Andererseits empfängt er sehr wohl Besucher: So kommen Friedrich Hebbel, Berthold Auerbach, der ihm schmeichelt, »der bedeutendste lyrische Dichter mit Göthe« zu sein, oder Emanuel Geibel, der sich dafür einsetzt, dass ihm vom bayerischen König der »Maximilians-Orden für Kunst und Wissenschaft« verliehen wird. In den 1860er-Jahren wird Mörike öfter von der württembergischen Königsfamilie empfangen, bei einer dieser Gelegenheiten erhält er den »Friedrichsorden«.

Mörikes Werke erschienen in verschiedenen Verlagen, und es bedurfte immer wieder zäher Verhandlungen um die Höhe von Auflagen und Honoraren: Die Novelle *Mozart auf der Reise nach Prag* erschien nach dem Vorabdruck im *Morgenblatt* 1855 in Cottas Verlag, ebenso die zweite und dritte Auflage der Gedichte, aber 1867/68 muss er erleben, dass Schweizerbart und Cotta sich von ihm trennen wollen und er gezwungen ist, sich nach anderen Verlegern umzusehen. 1870 hat Ferdinand Weibert für den Göschen Verlag dann zwar die Rechte an allen Werken übernommen, aber einiges verramscht; der *Maler Nolten* ist vergriffen und Mörike wird bis kurz vor seinem Tod an einer Neufassung arbeiten.

Trotz des äußeren Erfolgs sind Mörikes letzte Lebensjahre deshalb überschattet: neben diesen Querelen auch von der Krankheit und vor allem von den Konflikten mit der Ehefrau Margarethe, die mit dem Heranwachsen der Töchter wieder aufbrechen. Weit entfernt von seiner Aussage »Mein bestes Glück liegt innerhalb des Hauses« oder der Charakterisierung der beiden Frauen als »sanfte Drachen« herrscht nun häuslicher Aufruhr.

Klara Mörike. Pastell von Luise Walther, 1871

Im August 1871, nach einem anderthalbjährigen Intermezzo in Nürtingen, bezieht die Familie ihr letztes gemeinsames Domizil in der Reinsburgstraße 67 kurz vor der Ecke Schwabstraße. An den Weinhängen des Hasenbergs hat sie sich bessere Luft als im Talkessel erhofft. Wohl gefühlt hat Mörike sich auch äußerer Gegebenheiten wegen nicht: Es gab viel Baulärm zu ertragen, denn hier wurden in der Gründerzeit vier- bis fünfgeschossige Mietshäuser errichtet. Stuttgarts Einwohnerschaft hat sich in den Jahrzehnten, die Mörike hier lebte, auf fast 100 000 verdoppelt: Dies und die zunehmende Industrialisierung haben die Residenzstadt gravierend verändert.

Eduard Mörike. Pastell von Luise Walther, 1874

Hatte Mörike im November 1851 vor der Hochzeit an Margarethe und Klara geschrieben: »Lebt wohl und freut Euch, Eins wie das Andere, ich kann Beide nicht in mir trennen. Eurer getreuer Eduard«, so entscheidet er sich nun, 22 Jahre später, zur vorläufigen Trennung von der Ehefrau und geht mit der Schwester und der jüngeren Tochter Marie erst zu Hartlaubs nach Vellberg, dann nach Fellbach. Im November 1873 ziehen sie nach Stuttgart in die Forststraße 35, ein Jahr später in die Moserstraße 22. Das Haus kann er kaum noch verlassen, die Schwester Klara pflegt ihn. Am 21. Mai 1875 kommt Margarethe Mörike aus Mergentheim und das Ehepaar versöhnt sich; am 4. Juni stirbt Eduard Mörike. Über den Tod schreibt Klara an Hartlaub: »Diesen Morgen um 8 Uhr verschied sanft, fast unmerklich, aber nach qualvollen Schmerzen, die die ganze Nacht andauerten, unser geliebter Eduard.«

Am 6. Juni 1875 trat der aus nur etwa zwei Dutzend Personen bestehende Trauerzug den Gang zum Pragfriedhof an. Mit dabei waren Karl Gerok, Albert Zeller, Ferdinand Freiligrath und Johann Georg Fischer, der am Grab davon sprach, »daß Mörike ein Stern erster Größe am deutschen Dichterhimmel sei«. Friedrich Theodor Vischer schilderte den Freund als Dichter, »der in dieser Welt eine Welt von Wundern zaubert«. Wenig später schrieb Gottfried Keller: »Wenn sein Tod nun seine Werke nicht unter die Leute bringt, so ist ihnen nicht zu helfen, nämlich den Leuten!«

Den hellen Grabstein mit einem Bronzerelief von Rudolf Dietelbach findet man im ältesten, südöstlichen Teil des Friedhofs. Ganz in der Nähe liegt auf eigenen Wunsch Albrecht Goes begraben, der den Pfarrer- und Dichterkollegen 1938 in seinem verständnisvollen Essay als einen »Mozart der deutschen Sprache« pries.

Die sarkastischen Verse von Eduard Paulus, zur Mörike-Feier 1876 gedichtet, klingen vielleicht doch zu hart:

Ach, viel zu frühe durch das Grab
Ging er ins ewige Ruhland –
Wie vor ihm schon der Gustav Schwab,
Der Kerner und der Uhland.

Doch wenn ein schwäbischer Poet
Das Augenlid geschlossen,
Wird kolossal, so gut es geht,
Sein Bild in Erz gegossen.

Freund Mörike kommt jetzt daran –
Es wurde stets in Schwaben
Für einen Dichter was getan,
Sowie man ihn begraben.

Nicht weit entfernt vom Sterbehaus, das wie alle anderen Wohnhäuser Mörikes in Stuttgart im Zweiten Weltkrieg oder danach zerstört worden ist, in der Stadtbücherei im Wilhelmspalais, erinnern ein paar wenige Vitrinen mit Exponaten aus der Sammlung Kauffmann an »Mörike und seine Freunde«. Zu einer Gedenkstätte, einem Museum gar, hat es allerdings bis heute nicht gereicht, nur die Mörikestraße, das Gymnasium und ein Altersheim tragen den Namen des Dichters. In der kleinen dreieckigen Silberburg-Anlage, zwischen Silberburg- und Hohenstaufenstraße zu Füßen des Reinsburghügels, den seinerzeit die Silberburg krönte, steht ein gerade frisch renoviertes Mörike-Denkmal, das auf Veranlassung der Lesegesellschaft – zwar nicht »in Erz gegossen«, sondern von Wilhelm Rösch in Marmor gemeißelt – zum fünften Todestag am 4. Juni 1880 enthüllt wurde.

Das erste Grabmal Mörikes auf dem Pragfriedhof bis 1904. Das Metallrelief von Rudolf Dietelbach schmückt heute auch den neuen Stein.

*»'s leit a Klötzle Blei glei bei Blaubeura,
glei bei Blaubeura leit a Klötzle Blei«*

Der Blautopf und die schöne Lau in Blaubeuren

Natürlich kannte Eduard Mörike Blaubeuren nicht nur aus den Erzählungen seines Vaters oder seines Freundes Ludwig Amandus Bauer, die beide die dortige Klosterschule, das Evangelisch-theologische Seminar, absolviert hatten. Einige Male hat er die kleine Stadt mit dem ehemaligen Benediktinerkloster auch selbst besucht, etwa im September 1840, wo er auf der Reise an den Bodensee zusammen mit seinem Bruder in Blaubeuren übernachtete und darüber unter anderem nach Hause berichtete: »Wir sahen den Blautopf und den berühmten Hochaltar.«

Doch ein »Mörike-Ort« ist Blaubeuren fast ausschließlich wegen der Erzählung vom *Stuttgarter Hutzelmännlein* und der darin enthaltenen »Historie von der schönen Lau«. Schon allein durch dieses Märchen, meint Bernhard Zeller im Blaubeurer Heimatbuch von 1986, »gewinnen die Stadt und der Blautopf, die alte Mühle, das Kloster und die Landschaft der Alb jene zeitlose Unvergänglichkeit, die nur durch Poesie verliehen werden kann.«

Das Stuttgarter Hutzelmännlein

Bereits in Cleversulzbach hat Mörike an der Geschichte gearbeitet: »Der Gedanke mit den Glücksschuhen [...] ist so glänzend, daß ich noch mehr daraus machen würde, als ein kleines Märchen«, ermunterte ihn 1838 Hermann Kurz. Doch noch fünf-

zehn Jahre sollten vergehen, bis 1853 bei Schweizerbart in Stuttgart die erste Auflage erscheinen konnte. Das Büchlein wurde ein Verkaufserfolg, schon zwei Jahre später war eine Neuauflage fällig, viele weitere folgen noch. Zur anhaltenden Nachfrage haben nicht unwesentlich die Illustrationen beigetragen. Schon zur ersten Ausgabe schuf die damals zwanzigjährige Luise Freiin von Breitschwert (1833–1917), von einer Lesung Mörikes aus seinem Manuskript fasziniert, in Abstimmung mit dem Verleger, aber hinter Mörikes Rücken, 47 Scherenschnitte, die sie ihm noch vor der Drucklegung überreichte. Auch Moritz von Schwind hat – angeregt von der Lektüre des *Hutzelmännleins* –

Kloster und Stadt Blaubeuren

Ende der 1860er-Jahre eine Reihe überaus reizvoller Zeichnungen zur »Schönen Lau« gefertigt, die den Dichter »außerordentlich überrascht und erfreut« haben. Daraus entstand eine Prachtausgabe, die unter dem Titel *Historie von der Schönen Lau. Von Eduard Mörike mit 7 Umrissen von Moritz von Schwind; in Kupfer radiert von Julius Naue 1873* bei der G. J. Göschen'schen Verlagsbuchhandlung in Stuttgart publiziert wurde. Beliebt war auch die sehr viel später bei Steinkopf erschienene Ausgabe mit Farbzeichnungen von Karl Stirner.

Gerühmt wurde und wird die Geschichte vom Hutzelmännlein, die Mörike in eine Welt »wohl vor fünfhundert und mehr Jahren« verlegt hat, wegen seiner inhaltlichen Nähe zur Sage, zum echten Volksmärchen, wegen der im Volkston gehaltenen Erzählweise, der altertümlich und landschaftlich-schwäbisch gefärbten Sprache, die gelegentlich auch Ausdrücke oder Redewendungen im schwäbischen Dialekt verwendet, vor allem aber wegen des »Lokalkolorits«, des Märchenhaften und der Mischung von Phantastik und Realismus, dem Spiel mit dem verfremdend Märchenhaften und dem Gewöhnlichen, der Scheinwelt und der Wirklichkeit. Man spürt förmlich das Vergnügen des Autors am Umgang mit der Sprache, mit deren Rhythmen, Klängen, Bildern, Worten er leicht und frisch und kunstvoll zugleich umgeht.

In seine Erzählung nimmt er volkstümliche Gedichte, Lieder, Reime, Verse, Sprichwörter, Rätsel, mundartliche Redewendungen auf, darunter etwa den Stolpervers »'s leit a Klötzle Blei glei bei Blaubeura, glei bei Blaubeura leit a Klötzle Blei«. Er beherrscht die Elemente des Volksmärchens so perfekt, dass es den Zeitgenossen schwer fiel, an eine Erfindung Mörikes, an ein konstruiertes und bewusst geformtes Kunstmärchen zu glauben. Ludwig Uhland vermutete, Mörike habe eine »verschollene« uralte Blaubeurer Sage entdeckt, und Theodor Storm hielt das Hutzelmännlein für eine »Figur des Volksglaubens«. Doch das Hutzel-

Die schöne Lau beim »Lichtkarz«, Scherenschnitt von Luise von Breitschwert, 1853

männlein und die Lau sind ureigenste Geschöpfe Mörikes, auch wenn der Dichter in einer Anmerkung mit vorgeblicher Wissenschaftlichkeit seinem Leser mitteilt, dass der Name Lau »von La, Wasser« komme, »welches in lo, lau, b'lau überging«, und »daher nach Schmid (Joh. Christoph v. Schmid, Schwäbisches Wörterbuch; Stuttgart 1831, S. 73) der Name des Flüsschens Blau (und Blautopf) abzuleiten wäre«. Der Autor führt seinen Leser an der Nase herum, hält ihn zum Besten.

Ja, im Umgang mit seinem Leser zeigt sich Mörike meisterlich, er bezieht ihn ins Geschehen mit ein, lässt ihn mal hinter die Kulissen schauen, wendet sich augenzwinkernd an ihn, macht ihn zum Mit- und Besserwisser, gibt ihm die allzu verknoteten Fäden des Geschehens in die Hand und hilft ihm beim Entwirren. Manche Passage, Pointe ist mehr als ein Baustein der Erzählung, dient nicht nur dem Fortlauf der Fabel, sondern bewusst dem Amüsement des Lesers. So soll der Klötzle-Vers nicht nur die Lau zum Lachen bringen, und wenn der Leser nicht wenigstens schmunzelt, so wird er dahin geführt: Als die Lau den Vers, um Fehler zu vermeiden, zunächst nur ganz langsam spricht, wird sie von der Wirtin ermahnt, »so sei es keine Kunst, es müsse gehen wie geschmiert! Da nahm sie ihren Anlauf frisch hinweg, kam auch alsbald vom Pfad ins Stolperfeld, fuhr bunterüberecks und wußte nimmer gicks noch gacks«.

Viele kleine Geschichten in der Geschichte sind lediglich zum Vergnügen des Lesers gedacht, etwa, wenn er über den Seppe nach seinen zum Glück geplatzten Ulmer Heiratsplänen erzählt: »Endlich ging sein Trost und letzter Schluß dahin, wie sein Vetter als sagte: ›Es hat nur drei gute Weiber gegeben: die eine ist im Bad ersoffen, die ander' aus der Welt geloffen, die dritte sucht man noch.‹«

Ein »wahres Mausnest von Fabeleien« nannte David Friedrich Strauß *Das Stuttgarter Hutzelmännlein* spöttisch, wobei er gar nicht unrecht hatte. Die an sich schon verschlungene und verwickelte Geschichte vom Schustergesellen Seppe, seinem Schnitzbrot und seinen vertauschten Zauberschuhen, seiner Wanderschaft und seinem zum Glück führenden Seiltanz bildet die Rahmenerzählung für die *Historie von der schönen Lau,* in der wieder bei einem »Lichtkarz« Spinnerinnen Geschichten erzählen, etwa die vom unsichtbar machenden Krakenzahn im Bleilot, die der Autor dann wiederum mit der schönen Lau oder dem Schicksal Seppes verknüpft. Während die Rahmenerzählung den Seppe auf seiner Wanderschaft von Stuttgart über die Schwäbische Alb nach Ulm und wieder zurück führt, wobei er Blaubeuren lediglich kurz aufsucht, spielt die Geschichte von der Lau ganz und gar und ausschließlich dort.

Die schöne Lau

Die schöne Lau, »eine Wasserfrau mit langen fließenden Haaren« und mit einem Leib »allenthalben wie eines schönen natürlichen Weibs, dies eine ausgenommen, daß sie zwischen den Fingern und Zehen eine Schwimmhaut hatte, blühweiß und zarter als ein Blatt Mohn«, war von ihrem Ehemann, einem »alten Donaunix vom Schwarzen Meer«, in den Blautopf verbannt worden, da sie ihm nur tote Kinder geboren hatte. »Das aber kam, weil sie stets traurig war ohn' einige besondere Ursach'. Die Schwiegermutter hatte ihr geweissagt, sie möge eher nicht eines

Die schöne Lau beim Schachspiel, Scherenschnitt von Luise von Breitschwert, 1853

lebenden Kindes genesen, als bis sie fünfmal von Herzen gelacht haben würde.« Das fünfte Mal gar ohne zu wissen warum.

Das Lachen gelang dank der Hilfe von Menschen, vor allem der guten Wirtsfrau Bertha Seysolffin vom Nonnenhof, zu deren Wirtschaft die Lau auf unterirdischen Gängen gekommen war und die sie mit dem Vers begrüßte:

Die Wasserfrau ist kommen,
Gekrochen und geschwommen,
Durch Gänge steinig, wüst und kraus,
Zur Wirtin in das Nonnenhaus.

Das erste Mal musste sie lachen, als sie der Wirtin »Enkelein mit rotgeschlafenen Backen, hemdig und einen Apfel in der Hand, auf einem runden Stühlchen von guter Ulmer Hafnerarbeit, grün verglaset« sah und dessen »zierlichen Sitz« bestaunte, dann aber »die Nase mit eins rümpft« und am Geruch feststellte, was sie da gerade bewundert hat. Zum zweiten Mal lachte sie in einem Traum, der ihr vorspiegelte, die Wirtin habe sich in eine dicke Wasserfrau verwandelt und sei vom Abt des Klosters so »mächtig« geküsst worden, dass »es vom Klostertürmlein widerschallte, und schallte es der Turm ans Refektorium, der sagt' es der Kirche und die sagt's dem Pferdestall und der sagt's dem Fischhaus und das sagt's dem Waschhaus und im Waschhaus da riefen's die Zuber und Kübel sich zu.« Sodann musste sie lachen, als des »Klosters Koch, der Wirtin Sohn, ein lustiger Vogel«, im Scherz mit einer »Bettscher« das Überlaufen des Blautopfs verhindern wollte. Es handelt sich dabei um drei oben zusammenhängende Holzlatten, die ins Bett gesteckt wurden, um das Herausfallen der Decke – oder auch eines kleinen Schläfers – zu verhindern. Ein andermal kam ihr das Lachen, als sie sich beim Aufsagen des Klötzle-Blei-Verses vergaloppierte.

Und schließlich und letztmals gelang das Lachen, als der Klosterkoch die ohnmächtig Gewordene in den Blautopf zurückwarf, weil ihr Gemahl, der Wassernix, im Kommen war: »Da raunte ihm sein eigener Schalk in's Ohr: wenn du sie küßtest, freute dich's dein Leben lang und könntest du doch sagen, du habest einmal eine Wasserfrau geküßt. Und ehe er es recht dachte, war's geschehen. Da löschte ein Schluck Wasser aus dem Topf das Licht urplötzlich aus, dass es stichdunkel war umher, und tat es dann nicht anders, als wenn ein ganz halb Dutzend nasser Hände auf ein paar kernige Backen fiel', und wo es sonst hintraf. Die Schwester rief: ›Was gibt es denn?‹ – ›Maulschellen, heißt man's hierherum!‹ sprach er: ›ich hätte nicht gedacht, daß sie am Schwarzen Meer sottige Ding auch kenneten!‹ – Dies sagend stahl er sich eilends davon, doch weil es vom Widerhall drüben am Kloster auf Mauern und Dächern und Wänden mit Maulschellen brazzelte, stund er bestürzt [...]. Inwährend diesem argen Lärm nun hörte man die Fürstin in ihrem Ohnmachtschlaf so innig lachen, wie sie damals im Traum getan, wo sie den Abt sah springen.«

Die schöne Lau schaut in den Alkoven und muss lachen, Zeichnung von Moritz von Schwind, 1868

Am Blautopf

Auf den Spuren von Mörikes Werk sollte man den Blautopf besuchen, den »Gumpen« und Wohnsitz der schönen Lau, möglicherweise dort, auf einer Parkbank oder auf grünem Moos sitzend,

Blick auf den Blautopf und das Kloster Blaubeuren, Stahlstich aus Gustav Schwabs *Wanderungen in Schwaben*, 1837

die *Historie von der schönen Lau* lesen, die so beginnt: »Der Blautopf ist der große runde Kessel eines wundersamen Quells bei einer jähen Felsenwand gleich hinter dem Kloster. Gen Morgen sendet er ein Flüßchen aus, die Blau, welche der Donau zufällt. Der Teich ist einwärts wie ein tiefer Trichter, sein Wasser ist von Farbe ganz blau, sehr herrlich, mit Worten nicht wohl zu beschreiben; wenn man es aber schöpft, sieht es ganz hell in dem Gefäß.«

Die schöne, so wunderliche blaue Farbe, der die Stadt Blaubeuren, die Blau und der Blautopf wahrscheinlich ihren Namen verdanken, entsteht, wie man heute weiß, durch die große Tiefe des Topfes, immerhin 20,6 Meter, die die Eigenfarbe des klaren Wassers vor allem bei schönem Wetter voll zur Geltung kommen lässt. Der Quelltopf besitzt eine mittlere Schüttung von 2160 Litern in der Sekunde mit einer Wassertemperatur von 9,2 Grad, minimal sind es 310 Liter, maximal 32 000 Liter pro Sekunde. Die Oberfläche des Topfes bedeckt bei einem Durchmesser von rund 35 Metern etwa 900 Quadratmeter. Bis 1958 diente das austretende Quellwasser der Stadt zur Trinkwasserversorgung. 1960 gelang es erstmals einer Tauchergruppe, die Düse, die in der Tiefe liegende Hauptaustrittstelle des Wassers, zu überwinden. Seit 1961 erforscht vor allem Jochen Hasenmayer unter Aufopferung seiner Gesundheit die Geheimnisse des Höhlensystems, über das es inzwischen Vermessungen und Beschreibungen gibt.

Doch seine Faszination gewinnt der Blautopf zu einem guten Teil noch immer aus Mörikes Erzählung. Erinnert sei dabei auch an Hermann Hesse, der auf seiner Nürnberger Reise im Herbst 1925 in Blaubeuren Mörike seine Reverenz erwies: »[...] es steckte hinter dem Namen ›Blaubeuren‹ ein Reiz und Geheimnis, eine Flut von Anklängen, Erinnerungen und Lockungen [...] Schön und wichtig war unser erster Gang an den Blautopf, unter den Bäumen auf dem märchenhaften Wasser schwamm gelbes Laub, Wehr und Bach voll von Gänsen und Enten, tief im Grunde saß die schöne Lau und lächelte bläulich herauf, einsam und hoffnungslos stand daneben das rührend drollige Denkmal eines früheren Königs. [...] Überall war die Lau verborgen, überall duftete es nach Jugend und Kindheit, Träumen und Lebkuchen und nicht minder nach Hölderlin und Mörike, und daß keine Denkmäler von ihnen dastanden, konnte ich nicht bedauern. Es war begreiflich, immer hatten die Schwaben mehr Dichter als Könige gehabt.« Was würde Hesse wohl sagen, wenn er gewusst hätte, dass an Stelle des König-Denkmals heute am Ufer des Blautopfs bei der alten Hammerschmiede eine Steinplastik der schönen Lau von der Hand des Bildhauers Fritz von Grävenitz zu bewundern ist.

Noch etwas durfte Hesse 1925 sehen, was uns heute meist verborgen bleibt: den Nonnenhofkeller. »Durch eine alte Treppe und ein dämmerndes Vorgewölb führte uns unser Führer in einen hohen fest und schön gemauerten Keller, zeigte uns die Himmelsrichtungen, zeigte uns woher der unterirdische Wasserlauf

Blaubeuren und die den Ort umgebenden Berge, Holzstich, 1866

kam, und als ich nicht mehr warten konnte und nach dem Bade fragte, da leuchtete er mit der Taschenlampe in eine Ecke des feierlichen Raums, und es enthüllte sich eine dieser gewohnten Rohheiten, nämlich ein zementierter Fleck, noch ziemlich neu, Zementglattstrich, und hier war also das Bad der Lau! Unter diesem verfluchten Zementfleck quoll das geheimnisvolle, kühle Wasser, in dem die Schöne geschwommen hat, bis an die Brust im Wasser schwebend.«

Vom Blautopf zum Klötzle-Blei-Felsen

Nach dem Blautopf empfiehlt sich eine Besichtigung des daneben liegenden ehemaligen, 1085 von Hirsau aus besiedelten Benediktinerklosters mit dem berühmten spätgotischen Hochaltar, so wie dies 1840 auch Mörike getan hat. Von dort sind es nur ein paar Schritte bis zu dem im alten Amtshaus 1990 eingerichteten kleinen Schubartmuseum, Klosterhof 8, in dem auch Illustrationen zu Mörikes schöner Lau zu sehen sind. Und wer den Nonnenhof, das Wirtshaus der freundlichen Bertha, besuchen will, der wird ihn bei einem Gang durch die mittelalterliche Altstadt schon irgendwo finden, er braucht dazu nur reichlich Phantasie, so wie Mörike eben, der ihn ohne real existierendes Vorbild erfunden hat. Zu Hesses Zeit hat man das alte Bandhaus des Klosters als Nonnenhof ausgegeben. Wer vom Blautopf kommt und durch den großen Torbogen den Klosterhof betritt, findet es als erstes Haus gleich links. Und wer gar das Glück hat, ausnahmsweise in den Keller geleitet zu werden, der kann die Betonplatte noch immer besichtigen wie einst Hermann Hesse.

Blick in den Chor der Klosterkirche Blaubeuren mit dem berühmten Hochaltar, Lithographie, um 1850

Ja, und dann gehört auch noch ein Spaziergang dazu, raus aus der Altstadt zunächst die Ach und dann die Ulmer Straße entlang zum Klötzle-Blei-Felsen, an dem man tatsächlich ein Bleilot von der Wand herabhängen sehen kann.

»Das Lorcher Klima thut uns beiden sehr gut«

Zwei Jahre spätes Eheglück in Lorch

»Es war wohl eine der schönsten Zeiten meines Lebens! Wie Kinder waren wir vergnügt – und als gehöre uns das ganze herrliche Revier dort, ging ich mit Eduard Hand in Hand und Arm um Arm durch die Fluren und Wälder.« Viele Jahre später erinnerte Margarethe Mörike sich an »das unbeschreiblich liebliche Lorcher Landleben«, an die beiden Jahre, die das Ehepaar dort in seltener Harmonie ohne Schwester Klara und die Töchter verbringen konnte.

Den Ausschlag für den Weggang aus Stuttgart hatte Eduard Mörikes Gesundheit gegeben, die bessere Luft und mehr Ruhe verlangte; er fühlte sich in der Großstadt »totbesucht« und fürchtete immer, dass sein geheimer Rückzug sich herumsprechen würde: »Wenn nur unsre Verborgenheit sich hält, die leider schon einen kleinen Riß erhalten hat. Die Clara sorgt an ihrem Ort so viel wie möglich dafür.« Waren Fahrten nach Stuttgart nötig, wie zur 50-Jahr-Feier des Katharinenstifts, so klagte er anschließend, er fühle sich wie gerädert.

In der damaligen Wirtschaft »Zum Rössle« (heute Stuttgarter Straße 12) hatte man bei der wohlhabenden Witwe Dorothea Friz eine sonnige, bequeme Wohnung gemietet, »am Ende des Städtchens gegen Schorndorf hin«, mit einem Garten hinter dem Haus; am 16. Juni 1867 zog das Ehepaar ein.

In einem Brief an Wilhelm Hartlaub vom 1. Juli heißt es: »Wahr aber ist, ich lebe hier, Essen u. Trinken abgerechnet, fast nur vom Genusse der Gegend, insonderheit der Luft, und habe kaum noch eine Feder angerührt. Wir haben hier vollkommen

Kloster Lorch 1865

was wir brauchen, was Gretchen fast noch mehr als ich bedurfte – die lang ersehnte absolute Ruh u. Stille. Der Gegensatz unseres hiesigen Lebens zu jenem in Stuttgart ist so stark, daß wir als wie nach einem glücklichen, doch übergroßen Sprung noch eine ganze Weile jenseits des Grabens liegen blieben u. eben nur allgemach aufstehn. Besonders ist mein Schlaf noch nicht in Ordnung.«

Lorch, bis heute ein reizvoll im Remstal gelegener Ort, war 1865 zur Stadt erhoben worden und zählte in diesen Jahren rund 2000 Einwohner. Der Marktflecken gehörte einst zum Kloster, lag im Spätmittelalter an der Fernhandelsstraße Cannstatt–Nürnberg, weshalb sich neben Ackerbau- und Handwerksbetrieben verhältnismäßig viele Wirtshäuser fanden. Die Eröffnung der Bahnlinie bildete die Voraussetzung für den um 1870 einsetzenden Tourismus in den Luftkurort Lorch.

In römischer Zeit hatte hier ein Kastell gestanden, das eine Biegung des Limes markiert, heute befindet sich an dieser Stelle die bis ins 9. Jahrhundert zurückgehende Pfarrkirche Sankt Maria, die allerdings im 15. und 18. Jahrhundert um- und überbaut wurde. Um 1100 wurde auf dem Bergsporn das Benediktinerkloster Sankt Petrus angelegt, das im Bauernkrieg zerstört und nur teilweise wieder aufgebaut wurde; erst nach Mörikes Lebenszeit hat man die Kirche renoviert und den Marsiliusturm rekonstruiert.

Ruhe und Stille genießend

Mörike unternimmt, wie er Hartlaub berichtet, kaum in Lorch angekommen, zahlreiche Spaziergänge »im Thal u. durch die Wälder; von verschiedenen Höhen die Aussicht auf das Kloster Lorch, den Rechberg, Hohenstaufen. Auf einer Hochebene zwischen den Kirnecker Höfen, wo wir den lezteren zum ersten Mal in seinem ganzen Umriß und sehr deutlich vor uns hatten, dachte ich sehr an Dich und L[udwig] Bauer. Ein andermal, am späten Abend, rief mir sein feierlicher Anblick plötzlich die langvergessenen Verse wieder wach: O Staufen, Staufen! einsam in dunkler Nacht.«

Nach zwei Monaten in Lorch, am 13. August 1867 schreibt Mörike ausführlich an Karl Wolff: »Das Lorcher Klima thut uns beiden sehr gut. Die ersten Wochen fühlte ich mich auffallend angegriffen u. herunter, bis meine Frau auf den Gedanken kam, die hiesige Luft verlange mehr Nahrung als ich von daheim gewohnt war. Drauf ging es gleich besser.« Leider ist nicht überliefert, was Mörike an Nahrung zu sich nahm ...

Detailliert schildert er jedoch die Ziele von Spaziergängen und längeren Ausflügen in diesem Sommer; es geht mehrmals nach Bruck und zur Burg Kirneck, einmal mit dem Oberförster Paulus in einer leichten »Calesche« die Göppinger Straße hinauf

Elisabethenberg mit Vogelhof. Aus Mörikes Lorcher Hausbuch

und später »zu Fuß durch ein herrliches, wildes, von 3 Mühlen besetztes Tälchen (das Beuthenthal) es ist ein angenehmes Wirtshaus dort, der Wäscherhof mit der prächtigen Aussicht auf den Rechberg, Stauffen u. s. w.«. Dieses Wäscherschlösschen zeichnet Mörike und beschriftet es: »ältester Wohnsitz der Hohenstaufen bei Lorch«; auch an den »Elisabethenberg mit Vogelhof« gibt es eine gezeichnete Erinnerung im Lorcher Hausbuch, dorthin fuhr man zunächst mit dem Zug nach Waldhausen und wanderte den Berg hinauf, dann »über den Erlenhof ins Thal hinab und heim«.

Der heutige Mörike-Weg führt vom Zentrum in östlicher Richtung zum Zollplatz, dann nach Norden in die Friedrichstraße und nach Unterquerung der Bahnlinie zum Kloster hinauf, das Mörike im selben Brief beschreibt: »Inzwischen wurde auch das Lorcher Kloster mehrmals besucht: der dicke (Römer?)-Turm mit seiner Wendeltreppe, deren massive Spindel ein Mann bei weitem nicht umklaftern könnte, bestiegen, die öden Mönchszellen durchgangen, die Kirche ohnehin. An der niedern Ringmauer gegen das Thal sind schmale Blumengärten. Da war ich wieder halb in Bebenhausen! [...] Eins hättest Du mit ansehen sollen. Wir standen vor dem Klosterthor, 40 Schritt von der uralten Linde, und schauten in die Weite und ins Thal hinab, wo links nach Gmünd die Eisenbahn, mit einer schönen Krümmung um den Berg herum verschwindet. Hinter unserem Rücken tanzten die Kinder auf dem Grasboden im Schatten der Linde.«

»Spaziergang ins Götzenthal«. Aus Mörikes Lorcher Hausbuch

An Mörikes Aufenthalt erinnern im Klostermuseum einige Vitrinen mit Porträts, Gegenständen aus seinem Besitz, Faksimiles von Zeichnungen vor allem aus dem Lorcher Hausbuch, in dem Mörike Gelegenheitsverse notierte und illustrierende Skizzen sammelte; auf die ehemalige Barbarossa-Linde weist eine Tafel hin.

Der Mörike-Weg führt weiter ins Götzental, wo heute eine Hütte den Platz der ehemaligen Mühle markiert. Mörikes Zeichnung von Mühle und See ist seltsamerweise seitenverkehrt und gibt – wohl unfreiwillig – ein Rätsel auf. Absichtsvolle Bilder-Rätsel finden sich freilich auch im Hausbuch.

Eduard Mörike. Scherenschnitt von Paul Konewka in der ersten Fassung

Auf einem Spaziergang nach Unterkirneck am 3. April 1869 lernt Mörike Paul Konewka kennen und bewundert dessen Scherenschnitte: Konewka porträtiert Mörike daraufhin im Gasthaus »Hohen Linde« mit Zylinder und Schirm. Diese Silhouette wurde nicht nur eine der berühmtesten Mörike-Darstellungen, sondern war auch Vorbild für die 1990 geschaffene lebensgroße Mörike-Statue des Künstlerpaares Maria und Hans Kloss, die in der Hauptstraße 24 steht. In diesem Haus lebte Mörike nach einem zweimonatigen Intermezzo gegenüber (Hauptstraße 27) genau zwei Jahre: vom 12. November 1867 bis zu seinem Umzug nach Stuttgart 1869.

Vier Jahre später, nach der Trennung von seiner Ehefrau, verbrachte Mörike noch einmal einen trübsinnigen Spätsommer in Lorch beim Feinbäcker Friz in der Hauptstraße 1. Nicht weit entfernt ist an der Ecke Stuttgarter und Göppinger Straße das Gasthaus »Sonne«, in dem Mörike gerne einen Schoppen trank und in dessen Saal von reisenden Schauspieltruppen Theater gespielt wurde; ein Jahrhundert zuvor hatte hier die Familie

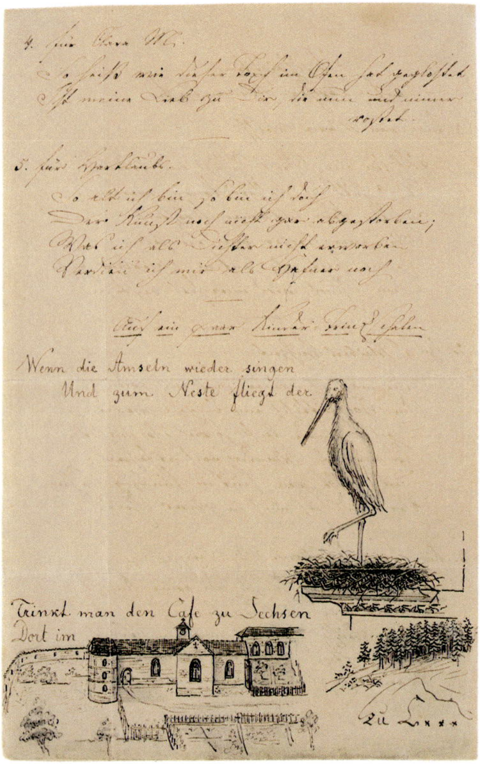

Das Storchen-Bilderrätsel. Zeichnung von Mörike

Schiller mit dem vierjährigen Sohn Friedrich gewohnt, bevor sie dann 1764 ein Haus weiter zum Schmied Molt zog.

In die Lorcher Zeit Mörikes fallen trotz der Ruhebedürftigkeit intensive Verhandlungen mit Verlegern und zahlreiche Besuche von Freunden, natürlich reisen auch die beiden Töchter Fanny und Marie, die in der Stuttgarter Wohnung von Schwester Klara betreut werden, in den Schulferien nach Lorch.

Eine neue Liebhaberei

Vor allem entdeckt Mörike in Lorch ein Hobby für sich. Er habe seine Frau zum Hafner begleitet, um etwas für den Haushalt zu kaufen, berichtet er in einem Brief, und dann mit großem Vergnügen die Arbeit an der Drehscheibe betrachtet. Er bestellt einen Blumentopf und graviert ihn mit der Schusterspfrieme. Dem ersten Versuch folgen weitere, Mörike lässt sich ungebrannte, »lederhärte« Vasen oder Schalen geben, bemalt sie oder ritzt Sinnsprüche ein, um sie dann zu verschenken: »Beikommende Probe meiner Profession nehmet in Güte auf. Sie steht schon, ich weiß nicht wie lange, zur Absendung bereit; jetzt folgt sie in Begleitung etlicher Stücke meines Meisters«, schreibt er an Hartlaub im Dezember 1867, später schickt er ihm ein Gefäß mit der Inschrift:

Rechte Seite: Hafnermeister Johann Georg Groß in Lorch. Zeichnung von Mörike

So alt ich bin, so bin ich doch
Der Kunst noch nicht gar abgestorben;
Was ich als Dichter nicht erworben,
Verdien ich mir als Hafner noch.

Als solcher hat er sich auf seinen – oft die Vergänglichkeit des Materials bedichtenden – Inschriften auf den Vasen, Schalen, Töpfen gelegentlich bezeichnet. Den Hafnermeister Johann Georg Groß hat er mehrmals porträtiert, als einen zufrieden seine Pfeife schmauchenden Handwerker.

In die Lorcher Zeit fällt außerdem der intensive Briefwechsel mit dem Maler Moritz von Schwind (1804–1871), dessen Arbeiten Mörike einige Jahre früher kennen gelernt und den er damals gleich um eine Illustration des Gedichts »Erinna an Sappho« gebeten hatte. Der erste Brief von insgesamt 14 reist am 25. Oktober 1867 aus dem Remstal nach München und enthält außer vielfacher Entschuldigung für langes Schweigen eine herzliche Einladung zu einem Besuch, der Schwind ein Jahr später Folge leistet.

Zwischendurch gehen immer wieder Kunstwerke von Schwind, eine Vase von Mörike und auch ein Widmungsgedicht auf die Post, in dem der Dichter dem Maler seine Ehrerbietung erweist und gesteht, dass ihn erst die Schwindschen Arbeiten von seiner »alten Grille« Maler zu werden, abgebracht hätten. Moritz von Schwind hat mittlerweile Zeichnungen zum »Märchen vom sichern Mann«, »Erzengel Michaels Feder« und dem »Pfarrhaus von Cleversulzbach« angefertigt, später entstehen die berühmt gewordenen Zeichnungen zur *Historie von der schönen Lau*.

Schwinds Besuch in Lorch hat Mörike in einer originellen Zeichnung festgehalten, die zeigt, wie der Maler in seinem Mittagsschlaf recht unsanft von Mörikes Kater Weißling aufgestört wird, außerdem in einem Bericht an Hartlaub vom 30. Novem-

»Märchen vom sichern Mann«. Zeichnung von Moritz von Schwind

ber 1868: »Mit Schwind war ich auch kurze Zeit vergnügt zusammen, und Gretchen tat ihr Mögliches, ihn zu befriedigen. Er ist allerdings ein unruhiger Gast, der einen auch ziemlich in Atem erhält. In seinem Wesen liegt eine gewisse Gewalttätigkeit, vor welcher die meisten wohl scheu zurückweichen. Das Genialische an einem Menschen aber hab' ich nicht so leicht wie bei ihm empfunden.«

Aus der Korrespondenz zwischen Margarethe und Klara wissen wir sogar, was Schwind in Lorch am 19. und 20. November zum Essen vorgesetzt wurde: »Abends hatte ich eine herrliche Zunge mit Häringsalat; den anderen Mittag (aus der Sonne): Hirnsuppe – Rindfleisch Teufelsgurken Preiselbeer – Kalbsbrust

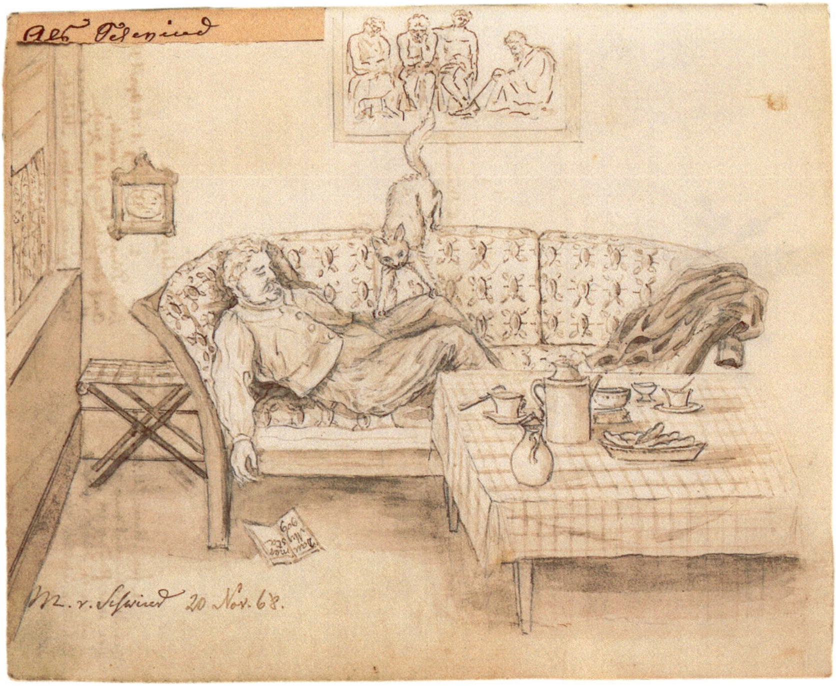

Moritz von Schwind zu Besuch in Lorch. Zeichnung von Mörike

Salat und Äpfelmuß; Abends kochte ich wieder: Suppe vom Mittag übrig, Schweinkotlet und geröstete Kartoffel, samt dem Zungenrest; in den Zwischenzeiten tischte man den Syrakuserwein Backwerk, Käs, Bier, Caffe auf; Eduard meint es sey alles vollkommen gut gewesen.« Vermutlich ging es normalerweise im Haushalt der Mörikes sparsamer zu.

Eine gewisse unbeschwerte Heiterkeit dokumentiert ein Gedicht Mörikes zum Geburtstag von Margarethe an Pfingsten 1868, die früher als erwartet nach Lorch kam:

»Ich gab ihr einen teilweis von mir bemalten irdnen Briefbeschwerer in Gestalt eines Hasen. Dabei war eine Deputation von lebenden Vierfüßern: unsere weiße Katze, der schwarzhaarige Haushund, die graue Katze vom Haus mit zwei ganz blonden Jungen in ihrem Korb, endlich das bekannte braune Hündlein unseres Nachbars, des Apothekers.«

Verehrteste! Du wirst verzeihn,
Wenn sich mit andern Gratulanten,
Die sich des schönen Festes freun,
Zuteuerst auch die Abgesandten
Der fast verächtlich so genannten
Tierwelt um dich zusammenfanden.
Hinter dem Weißling und dem Mohr
Und einem grauen Kunigundle
Mit ihrem süßen Jugendflor
Drängt feurig das Rhabarberhundle
Schwanzwedelnd sich zum Gruß hervor.

Dann ist ein alter Hase hier,
Der kommt, dich freundlich einzuladen,
Im weiten Lorcher Waldrevier,
In unsern reinen Tannenlüften,
Auf Kirnecks Höhn, an Brucker Klüften,
Den allzulang getragnen Schaden
Der Residenzluft wegzubaden.
Und hiermit – gratulieren wir!

Fellbach als kurzzeitiger Fluchtort

»Perturbatio domestica« – häuslicher Aufruhr – notierte Eduard Mörike Anfang Oktober 1871 in seinen Kalender. Zwei Jahre später ist der Konflikt zwischen ihm und seiner Frau Margarethe dermaßen eskaliert, dass das Ehepaar sich trennt und in verschiedenen Wohnungen lebt; erst auf dem Totenbett kommt es zu einer Versöhnung.

Gründe für Spannungen gibt es genügend: die immer im Haushalt anwesende jüngere Schwester Klara, die von Beginn an ablehnende Haltung des Freundes Wilhelm Hartlaub gegenüber Margarethe, unterschiedliche Auffassungen bei der Erzie-

Fellbach mit der Linde und – rechts davon – Mörikes Wohnhaus. Aquarell, 1852.

hung der beiden Töchter, Temperamente, die sich einfach nicht vertrugen ... Jedenfalls verlässt Mörike im Juli 1873 die gemeinsame Stuttgarter Wohnung und reist mit Klara und Tochter Marie erst einmal auf die Stöckenburg bei Vellberg zu Hartlaub, Mitte August nach Lorch, wo er noch einmal erfreut den »alten Sonnenschein, denselben Luftgeruch, dieselben freundlichen Gesichter wie in den früheren Jahren« wahrnimmt. Doch nachdem Margarethe mitteilt, sie wolle die Wohnung in der Reinsburgstraße 67 behalten, macht sich Klara auf die Suche nach einem günstigen Quartier in der Nähe Stuttgarts. Sie mietet in Fellbach das so genannte Breyersche Landhaus, bestehend aus einem großen Wohn- und einem Wirtschafts-Gebäude auf einem ausgedehnten Grundstück mit Nutzgarten, also eigentlich viel zu weitläufig für drei Personen.

Marie Mörike. Fotografie, 1874

Am 11. September fährt Mörike mit Tochter Marie per Eisenbahn von Lorch über Schorndorf und Waiblingen nach Fellbach – die Strecke der Remstalbahn zwischen Aalen und Cannstatt war 1861 eröffnet worden.

In einem Brief an Wilhelm Hemsen schreibt Mörike, er sitze »in einem hübschen, ganz am äußersten Ende des Dorfs gegen Cannstatt zu, zwischen Gärten und offenen Feldern gelegenen

Hause, das vor dreißig Jahren ein in Holland reich gewordener Würtemberger als Ruhesitz für sich erbaute, und das seit dem Tod des letzten Besitzers«, des Pfarrers Breyer, eines entfernten Verwandten, völlig leer gestanden hatte. Der Aufenthalt ist nicht auf Dauer geplant, denn das Anwesen ist von Klara Mörike allein nicht zu bewirtschaften, zudem im Winter zu kalt und ungesund für die kränkelnde Marie. So ist bereits Mitte Oktober beschlossen, »um Martini« Fellbach wieder zu verlassen, wenn auch »bitter ungern wir alle drei«.

Heute befindet sich an der Stelle in der Lindenstraße 17 der Schultheiß-Brändle-Kindergarten, darunter als Veranstaltungsort der Mörike-Keller, doch längst markiert die Straße nicht mehr den Rand des Dorfes. Schon damals galt Fellbach mit seinen 3000 Einwohnern als eines der ansehnlichsten Dörfer Württembergs, bekannt für herrliche Weine, die sehenswerte Lutherkirche und eine auf dem Berg weithin sichtbare Fellbacher Linde, wie Hartlaub, die Oberamtsbeschreibung zitierend, mitteilt. Auch sein bei einem Besuch Anfang Oktober gewonnener, persönlicher Eindruck ist überaus positiv: Es sei eine »prächtige Umgegend, in welcher sich einem Herz und Mut erweitern« und er wünscht den Mörikes, dass sie »an diesem immerhin unfreiwilligen Aufenthaltsort schöne Tage« erleben.

Nun hat Mörike gerade einen einsamen 69. Geburtstag gefeiert und fühlt sich als der »traurigste aller Landfahrer«, in der »Verbannung« oder einer neuen »Armethei«, aber immerhin unternimmt er an schönen Herbsttagen lange Spaziergänge über die Felder in Richtung Cannstatt oder durch die Weinberge auf den Rotenberg. Außerdem kommen erstaunlich viele Besucher in diesen wenigen Wochen, fast täglich schaut jemand vorbei: alte Freunde und Bekannte wie der Politiker Friedrich Notter und der Oberhofprediger Karl Grüneisen, die Klavierlehrerin der Töchter Marie Hirt, die Scherenschneiderin Luise Walther mit ihrem Mann, der als Obertribunalrat die Vermögensauftei-

Eduard Mörike »In Trauer und sehr alt«. Fotografie von Hermann Kayser, 1873

Fanny Mörike. Pastellbild von Luise Walther, 1874

lung des Ehepaars Mörike organisiert; die Tochter Fanny mit ihrem Verlobten Friz Durand, Hartlaubs Schwiegersohn Theodor Hahn, und Wilhelm Hemsen bringt den Schriftsteller Berthold Auerbach mit.

Eine Fotografie aus dieser Zeit von Hermann Kayser zeigt Mörike »in Trauer und sehr alt«, wie er selbst auf der Rückseite notiert. Einige seiner besten Freunde wie Moritz von Schwind und Johannes Mährlen sind gestorben, die Ehe ist gescheitert, die Arbeit an der Neufassung des *Maler Nolten* geht nicht so gut voran, wie dem Verleger Ferdinand Weibert eigentlich zugesagt.

Am 16. November verlassen Eduard und Klara Mörike Fellbach in Richtung Stuttgart, wo sie in der Forststraße 35 eine bescheidene Bleibe finden. Kein einziges Gedicht, nur wenige Briefe wurden in Fellbach geschrieben, aber immerhin »zwei glückliche Gedanken nacheinander für den M. Nolten gefaßt«.

Die Nachwelt verdankt diesem zweimonatigen Aufenthalt den 1991 gestifteten, an renommierte Schriftsteller/innen verliehenen Mörike-Preis der Stadt Fellbach und einen ebenfalls an den Dichter erinnernden Rotwein.

»Bilder aus Bebenhausen«

Wer heute Bebenhausen besucht, kann noch vieles von jenem Zauber entdecken, den Mörike erlebt und beschrieben hat. Das um 1190 von Zisterziensermönchen aus Schönau besiedelte ehemalige Kloster hat sich seine Abgeschiedenheit weitgehend bewahrt. Zu Recht gilt es wegen seiner reizvollen landschaftlichen Lage und seiner eindrucksvollen Gestaltung als eines der schönsten Zisterzienserklöster. Berühmt sind der filigrane Dachreiter und das zweischiffige Sommerrefektorium, von Mörike in seinen Distichen besungene Meisterwerke gotischer Baukunst. Fast unverändert hat sich die gesamte Klausur so erhalten, wie sie sich zur Zeit der Reformation in der ersten Hälfte des 16. Jahrhunderts darbot, in der das Kloster aufgehoben wurde.

Zur Zeit Mörikes waren gerade erste Restaurierungsmaßnahmen innerhalb der Klausur in Gang gekommen, nachdem sich ab 1807 mit der Schließung der evangelischen Klosterschule als Nachfolgenutzerin ein gewisser Verfall eingestellt hatte. Behutsam waren die Eingriffe des 19. Jahrhunderts im Außenbereich, der Innenbereich wurde jedoch teilweise zum Jagdschloss der württembergischen Könige umgebaut.

Ein unvergleichliches refugium monasticum

Schon während seiner Zeit als Student am Tübinger Stift hat Eduard Mörike das nahe gelegene ehemalige Zisterzienserkloster Bebenhausen besucht. Doch von Bedeutung, als ein Ort der Inspiration, der Ruhe und Rekreation wurde es ihm erst im Alter, insbesondere durch zwei längere Aufenthalte 1863 und 1874.

Beim ersten Besuch weilt Mörike sieben Wochen, vom 28. August bis zum 15. Oktober 1863, in Bebenhausen, um sich in dörflicher Abgeschiedenheit zu erholen: von seinem angespannten häuslichen Leben in Stuttgart, dem Lärm der Hauptstadt, dem Andrang der Besucher und von seiner Ehe, »einem steten Quell tiefer Bekümmernis« (Kelletat). Karl Wolff, sein Altersfreund und Vorgesetzter, Rektor am Stuttgarter Katharinenstift, an dem Mörike seit 1851 zwei Wochenstunden »Fräuleins-Lektionen« erteilte, hatte ihn als Feriengast in sein direkt neben der Bebenhäuser Klosteranlage gelegenes Landhaus eingeladen. In dem stattlichen Haus (heute Böblinger Straße 15), das ursprünglich wohl als klösterliches Gasthaus gedient und das Wolff von seinem Schwiegervater, dem Naturforscher Karl Friedrich Kielmeyer, geerbt hatte, lagen die Gästezimmer im westlichen Obergeschoss: »Wohltätiger Eindruck der Einfachheit in allen Zimmern; das natürliche Braun des Holzwerks an Thüren u. Gesimsen«, notiert er in seinem »Tagbüchlein«, dem wir neben den Briefen unsere Kenntnisse über den Aufenthalt verdanken.

Das ehemalige Zisterzienserkloster Bebenhausen. Aquarell von 1744

Das Wolff'sche Landhaus, in dem Mörike 1863 und 1874 wohnte

Am 28. August, einem Freitag, ist die kleine Gesellschaft – der Dichter wird von seiner Schwester Klara und seiner sechsjährigen Tochter Marie begleitet – mit der Eisenbahn nach Tübingen gereist und von dort mit der Kutsche über Lustnau nach Bebenhausen gefahren: »An dem herrlichen Schreibthor vorbei u. Halt vor dem Wolffischen Gasthaus! Freundliches Gesicht der Pächtersfrau. [...] Während ausgepackt wurde ging ich dem leisen Rauschen eines Brünnleins nach. Einladender Steinsitz am Waschhaus. An Ludw. Richter gedacht. Erste Augen- und Seelenweide am Kloster, der Epheubewachsenen Ringmauer.«

Die Tage vergehen ausgesprochen geruhsam, nur selten unterbrochen von Gästen. Erst gegen Ende des Aufenthalts machen Mörike, seine Schwester und die Tochter einen Ausflug nach Tübingen. Dort beschaut man das Schloss und die daneben gelegene Kegelbahn der alten Küferei, die Mörike in seiner Ballade »Des Schloßküpers Geister zu Tübingen« besungen hat. Man besucht den dichtenden Oberjustizrat Karl Mayer, den Philologen Wilhelm Ludwig Holland, die Witwe von Ludwig Uhland und den Universitätsmusikdirektor Otto Scherzer, Friedrich Silchers Nachfolger. Ihm, der viele Mörike-Gedichte vertont hat, liest Mörike »Erinna an Sappho« vor, worauf ihm dieser rät, den Maler Moritz von Schwind zur Illustration des Gedichtes zu gewinnen und es damit zu publizieren.

Der sonst eigentlich eher zurückhaltende Mörike folgt diesem Rat beherzt und schreibt an Schwind, woraus sich dann eine ertragreiche Zusammenarbeit und herzliche Freundschaft entwickelt.

Abgesehen von diesem dreitägigen Tübingen-Aufenthalt, wo man beim Bäsle Luise Lempp in der Münzgasse übernachtete, vergingen die herbstlichen Wochen in der Zurückgezogenheit und Stille Bebenhausens. Mörike bewundert die Gärten, beschaut die Wege, durchstreift Wald und Wiesen, steigt zum Jordantraufweg hoch, von wo man einen herrlichen Blick auf das Kloster hat, spaziert im Wald, verfolgt die alte Böblinger Straße den Roten Graben hinauf bis zum Widenmanns-Denkmal. Er liest viel und stöbert in der kleinen von Kielmeyer hinterlassenen Bibliothek.

Voll Poesie klingen die Tage aus: »Als wir nachher von der Wohnstube aus den vollen Mond so in aller Stille prächtig hinter dem Wald des Kirnbergs heraufsteigen sahen und von der andern Seite wieder die NachtGestalt des Klosterthurms betrachteten – das Gilfen eines hungrigen Raubvogels, im Gegensatz zu dieser Ruhe, vermehrte das Gefühl erwünschter Einsamkeit – summirten wir das ganze Glück so eines Bebenhauser Taglaufs.«

Ein Gedichtzyklus entsteht

Und immer wieder spaziert die kleine Gesellschaft oder Mörike allein durch die vor sich hin dämmernde, brachliegende Klosteranlage. Voll Staunen nimmt der Dichter »in dieser Abgeschiedenheit« die alten Räume und Gänge wahr.

Der Eulenspiegel in der Brunnenstube des Kreuzgangs unter den 1752 Mörikes in Neuffen geborener Großvater Christian Friedrich Beyer (1735–1808) seinen Namen eingraviert hat

Einzelheiten werden entdeckt, etwa die Signatur des aus Neuffen stammenden Großvaters – BEYER H[ospes] 1752 NEYFEN –, der sich als ehemaliger Klosterschüler über hundert Jahre zuvor in der Brunnenstube verewigt hatte. Man dechiffriert verwitterte Grabsteine, buchstabiert verblichene Inschriften, man bewundert die Gewölbe, Kapitelle, Kreuzblumen und Fialen ebenso wie die ornamentierten Bodenfliesen oder die Steinmetzzeichen.

In dieser Ruhe und Stille, beim »täglichen, unmittelbaren Anblick solches Alterthums«, in der »wunderbar gemischten Stimmung« – »als wie in einer halb durchsichtigen Wolke eingewickelt« – entstehen die »Bilder aus Bebenhausen«, ein elf Epigramme in klassischen Distichen umfassender Zyklus, der »vollkommenste Gedichtkreis seiner Spätzeit«. Die »Bilder« erzählen von der Bebenhäuser »Vakanz«:

Nachmittags
Drei Uhr schlägt es im Kloster. Wie klar durch die schwülige Stille
Gleitet herüber zum Waldrande mit Beben der Schall,
Wo er lieblich zerfließt, in der Biene Gesumm sich mischend,
Das mich Ruhenden hier unter den Tannen umgibt.

Vor allem aber beschreiben die Gedichte das Kloster, durchstreifen seine Anlage und Räume, namentlich dichterisch umgesetzt werden der »Gang zwischen den Schlafzellen«, die »Brunnen-Kapelle am Kreuzgang«, das »Sommer-Refektorium«, die »Stimme aus dem Glockenturm« und der »Capitelsaal«, von dem es beispielsweise heißt:

Wieder und wieder bestaun' ich die Pracht der romanischen Halle,
Herrliche Bogen, auf kurzstämmige Säulen gestellt.
Rauh von Korn ist der Stein, doch nahm er willig die Zierde
auch zu der Großheit auf, welche die Massen beseelt.
Nur ein düsteres Halblicht sendet der Tag durch die schmalen
Fenster herein und streift dort ein vergessenes Grab.
Rudolph dem Stifter, und ihr, Mechtildis, der frommen, vergönnte
Dankbar das Kloster, im Port seiner Geweihten zu ruhn.

Selbst Details und Einzelheiten werden vermerkt, dichterisch beschrieben und interpretiert, wie etwa am Brunnenhaus des Kreuzgangs:

Eulenspiegel am Kreuzgang, was? Der verruf'ne Geselle
Als Gurtträger? Und wem hält er sein Spiegelchen vor?
Einem entrüsteten Mönch, der ganz umsonst sich ereifert;
Immer noch lachet der Schalk, weis't ihm die Eule und lacht.

In Abschiedsstimmung klingt der Zyklus im »Verzicht« aus:

Hinter den licht durchbrochenen Thurm, wer malt mir dieß süße,
    Schimmernde Blau, und wer rundum das warme Gebirg?
– Nein! wo ich künftig auch sei, fürwahr mit geschlossenen Augen
    Seh' ich dieß Ganze vor mir, wie es kein Bildchen uns gibt.

Der letzte Sommer in Bebenhausen

Noch einmal, vom 6. Juni bis zum 25. Juli 1874, im letzten Sommer seines Lebens, weilt Mörike, inzwischen von seiner Frau getrennt, als Gast in Bebenhausen. »So säß ich denn zum erstenmale wieder seit elf Jahren hier, im Angesicht des Klosters, dessen schöner Turm mir auf zweihundert Schritte in das Fenster sieht, höre die alten Glocken wieder schlagen, den Guckuckruf vom nahen Buchenwald herüber, und komme eben aus dem Garten, auf dessen oberster Terasse ein langer schmaler Weg an einem niedern Mäuerchen hingeht, das seiner ganzen Länge nach mit Pfingstnelken bewachsen ist, welche die frische Morgenluft durchwürzen, Es ist halt einzig hier«, schreibt er am 9. Juni an Wilhelm Hemsen. Gastgeberin ist nun Luise Walther, die Stieftochter des inzwischen verstorbenen Rektors Wolff, eine bekannte Künstlerin, der wir drei in jenen Wochen entstandenen Schattenrisse von Mörike, darunter den mit dem großen Schlapphut, verdanken.

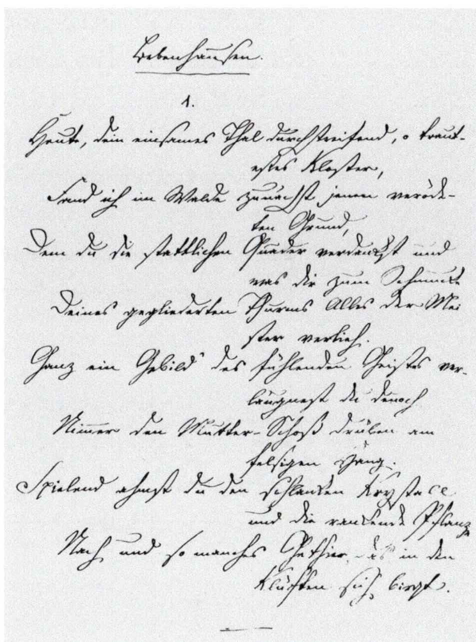

»Bilder aus Bebenhausen«, Handschrift Mörikes mit einer Textvariante

Noch einmal erlebt er sein »unvergleichliches refugium monasticum«, wenngleich es diesmal nicht ganz so geruhsam zugeht wie elf Jahre vorher. Mörike ringt mit einer Überarbeitung seines gut 40 Jahre zuvor erschienenen Romans *Maler Nolten.* »Ich glaube wirklich ein neues Werk würde ihm leichter fallen«, schreibt seine ihn auch dieses Mal begleitende Schwester. Dennoch überwiegen die heiteren Seiten. Am 19. Juli etwa schickt er an Tübinger Freunde ein Gedicht »Zu einem ausgeschnittenen Röschen«, das Luise Walther mit einem Scherenschnitt aus Rosenranken umrahmt hatte:

Ich hatt' ein Röslein wunderzart
Auf diesen Tag für dich gespart:
Allein es welkte vor der Zeit,
Ihm selbst wie mir zu großem Leid.
Es welkt' und starb. – Vielleicht jedoch,
Sein bitter Los ihm zu versüßen,
Vergönnst Du seinem Schatten noch,
An deinem Feste dich zu grüßen.

»Bebenhausen d. 23 Jul. 1874. Morgens 10 ½ Uhr«. Federzeichnung von Mörike

Wie üblich ist Mörike auch mit dem Zeichenstift unterwegs. Jedenfalls fertigt er zwei Tage vor seiner Abreise »Morgens 10 ½ Uhr« eine kleine Zeichnung der Klosteranlage von Süden.

Eduard Mörike 1874, Scherenschnitt von Luise Walther

Ja, und manches Mal kommen gar Gäste. So besuchen ihn und seine Schwester, wohl an einem der letzten Tage, Marie Kurz, die Witwe von Hermann Kurz, mit ihrer Tochter Isolde. Diesem Besuch und Isoldes Feder verdanken wir eine eindrucksvolle Schilderung des alten Mörike: Die damals 20-Jährige erinnert sich in der Biographie ihres Vaters im Nachhinein: »Während wir so im Grünen auf Bänken und Stühlen um einen verwitterten Holztisch saßen, und ich mir die Physiognomie des Dichters beim Sprechen betrachtete, kam über mich die wunderliche, aber unabweisliche Vorstellung, daß dieser große Kopf eines schwäbischen Landpfarrers mit den etwas schlaffen Zügen und den stehenden grämlichen Falten nur eine scherzhafte oder schützende Maske sei, unter der jeden Augenblick ein feiner jugendlicher Griechenkopf oder ein lächelnder Ariel zum Vorschein kommen könne.«

Beim Abschied verabredet man sich mit den beiden Geschwistern »übers Jahr um die gleiche Zeit«. Doch dies sollte Eduard Mörike nicht mehr erleben. Er starb fast übers Jahr am 4. Juni 1875 in Stuttgart.

Nützliche Informationen und Adressen

Museen und Ausstellungen

Bad Mergentheim
»Mörikes Mergentheimer Zeit«
Ausstellungsort und Informationen: Deutschordensmuseum, Schloss 16, 97980 Bad Mergentheim, Telefon (0 79 31) 5 22 12, Internet: www.deutschordensmuseum.de
Öffnungszeiten: Di bis So 10 bis 17 Uhr.
Führungen: Sa, So, feiertags 15 Uhr, Do 15.30 Uhr, jeden 2. Montag im Monat 19.30 Uhr und nach Vereinbarung.

Bad Urach
Ausstellungsort und Informationen: Einkehrhaus der Evangelischen Landeskirche, Bismarckstraße 12, 72574 Bad Urach, Tel. (0 71 25) 9 49 90, E-Mail: info@stifturach.de

Bebenhausen
Ausstellungsort und Informationen: Kloster Bebenhausen, 72074 Tübingen, Telefon (0 70 71) 60 28 02.
Öffnungszeiten: Besichtigung vom 1. April bis zum 31. Oktober täglich von 9 bis 18 Uhr, montags von 12 bis 13 Uhr geschlossen. In der übrigen Zeit täglich von 9 bis 12 und 13 bis 17 Uhr, montags geschlossen.
Führungen: nach Voranmeldung. Sonderführungen siehe www.schloesser-magazin.de (»Veranstaltungen« anklicken).

Blaubeuren
Ausstellungsort und Informationen: Kloster Blaubeuren, Schubartstube, Klosterhof 8, Telefon (0 73 44) 96 26 25 oder 42 16; Tourismuszentrale, Auf dem Graben, 89143 Blaubeuren, Tel. (0 73 44) 92 10 25, Internet: www.blaubeuren.de
Öffnungszeiten: Ab Palmsonntag bis 31. Oktober täglich von 9 bis 18 Uhr, im Winter Mo bis Fr 14 bis 16 Uhr, Sa, So 11 bis 16 Uhr.

Cleversulzbach
Ausstellungsort und Informationen: Mörike-Museum, Turmhahnstraße, 74196 Neuenstadt am Kocher-Cleversulzbach, Telefon (0 71 39) 97 23.
Öffnungszeiten: So und Feiertage (außer Weihnachten, Neujahr, Karfreitag, Ostersonntag) 11 bis 16.30 Uhr.

Lorch
»Schiller und Mörike«
Ausstellungsort und Informationen: Heimatmuseum und Kapitelsaal des ehemaligen Klosters, 73547 Lorch, Telefon (0 71 72) 92 84 97.
Öffnungszeiten: täglich 10 bis 18 Uhr, Do 10 bis 21 Uhr.

Ludwigsburg
»Justinus Kerner, Eduard Mörike, Friedrich Theodor Vischer, David Friedrich Strauß, Tony Schumacher«
Ausstellungsort und Informationen: Städtisches Museum, Wilhelmstraße 9/1, 71638 Ludwigsburg, Telefon (0 71 41) 9 10-22 90.
Öffnungszeiten: Mi bis So 10 bis 12 und 13 bis 17 Uhr.

Marbach am Neckar
»Literatur des 19. und 20. Jahrhunderts«
Ausstellungsort und Informationen: Schiller-Nationalmuseum, Schillerhöhe 8–10, 71672 Marbach am Neckar, Tel. (0 71 44) 8 48-0, Internet: www.dla-marbach.de
Öffnungszeiten: Di bis So 10 bis 18 Uhr, Mi 10 bis 20 Uhr.

Ochsenwang
Ausstellungsort und Informationen: Mörikehaus, Eduard-Mörike-Straße 15, 73266 Bissingen an der Teck-Ochsenwang, Telefon (0 70 23) 23 04.
Öffnungszeiten: nach Vereinbarung.

Stuttgart
»Mörike und seine Freunde/Sammlung Fritz Kauffmann«
Ausstellungsort und Informationen: Stadtbücherei im Wilhelmspalais, Konrad-Adenauer-Straße 2, 70173 Stuttgart, Telefon (07 11) 2 16-57 10, Internet: www.stuttgart.de/stadtbuecherei
Öffnungszeiten: Mo bis Fr 11 bis 19 Uhr, Sa 10 bis 16 Uhr.

Wermutshausen
Ausstellungsort und Informationen: Mörike-Zimmer im ehemaligen Pfarrhaus, Wermutshausen 25, 97996 Niederstetten-Wermutshausen, Telefon (0 79 32) 88 80.
Öffnungszeiten: nach Vereinbarung.

Weitere Informationen im Internet unter www.literaturland-bw.de.

Vorschläge für Spaziergänge und Wanderungen auf den Spuren von Eduard Mörike

Cleversulzbach
Ausgeschilderter Mörike-Spaziergang.

Eduard-Mörike-Weg
für Wanderer und Radwanderer
Wegstrecke: Bempflingen, Frickenhausen-Tischardt, Grafenberg, Großbettlingen, Kohlberg, Neuffen-Kappishäusern, Nürtingen, Riederich.
Informationen bei den Bürgermeisterämtern. Kleiner Führer erhältlich.

Lorch
Mörike-Wanderweg vom Wohnhaus in der Hauptstraße 24 über Zollplatz und Kloster bis zur Götzenmühle.

Mörike-Pfad »Donau-Oberschwaben«
für Wanderer und Radwanderer
Wegstrecke: Scheer, Mengen, Bad Buchau, Bussen, Zwiefalten, Pflummern.
Informationen: Bad Buchau, Verkehrsamt, Marktplatz 6, Telefon (0 75 82) 93 36 10 oder Mengen, Städtisches Museum, Hauptstraße 96, Tel. (0 75 76) 73 18. Internet: www.stadtscheer.de/Moerikepfad.htm

Wandern ohne Gepäck
auf fünf buchbaren Etappen von Nürtingen über Metzingen, Bad Urach, Feldstetten und Blaubeuren nach Ulm
Informationen: Tourismusverband Schwäbische Alb, Marktplatz 1, 72574 Bad Urach, Telefon (0 71 25) 94 81 06, Internet: www.schwaebischealb.de

Zeittafel

1804 8. September: Geburt von Eduard Friedrich Mörike in Ludwigsburg als siebtes Kind des Stadt- und Amtsarztes Karl Friedrich Mörike und seiner Frau Charlotte Dorothea geborene Beyer.

1811 Eintritt in die Ludwigsburger Lateinschule, Schulkameraden: Rudolf Lohbauer und Ernst Friedrich Kauffmann; Jugendfreundschaft mit der gleichaltrigen Kusine Klara (Clärchen) Neuffer, die bis 1821 anhält.

1817 22. September: Tod des Vaters nach längerer Krankheit; Übersiedlung der Familie nach Stuttgart, Aufnahme Eduards bei seinem Onkel Friedrich Eberhard von Georgii, Wechsel auf das »Gymnasium Illustre« in Stuttgart.

1818 27. November: Eintritt in das Niedere Evangelisch-theologische Seminar in Urach; Beginn der Freundschaft mit Wilhelm Hartlaub, Ludwig Amandus Bauer und Johannes Mährlen, erster Kontakt mit Wilhelm Waiblinger.

1822 23. Oktober: Beginn des Studiums am Evangelischen Stift in Tübingen.

1823 Ostern: Begegnung mit Maria Meyer in Ludwigsburg, mit Waiblinger bei Friedrich Hölderlin im Tübinger Turm.

1824 Juli: Maria Meyer in Tübingen, gesundheitlicher Zusammenbruch Mörikes und »Flucht« nach Stuttgart; 25. August: plötzlicher Tod des jüngeren Bruders August.

1825 Höhepunkt der Freundschaft mit Bauer, Erfindung der Insel Orplid und der Figur des »sichern Mannes«.

1826 Umzug der Familie nach Nürtingen; Oktober: Theologisches Abschlussexamen; Dezember: Beginn des Vikariats in Oberboihingen und Möhringen.

1827 31. März: Tod der älteren Schwester Luise in Nürtingen; ab Mai Vikar in Köngen; 11. Dezember: Beurlaubung aus der »Vikariatsknechtschaft«.

1828 Ab 20. Februar: Aufenthalt in Scheer bei seinem Bruder Karl, dann in Buchau bei seinem Vetter, Liebe zu Jorinde-Josephine, eine große Zahl der schönsten Gedichte entsteht; im Herbst: Rückkehr nach Stuttgart, vergeblicher Versuch als freier Schriftsteller zu leben, die ersten Gedichte werden im *Morgenblatt für gebildete Stände* veröffentlicht.

1829 ab 17. Februar: Pfarrverweser in Pflummern; ab 19. Mai: Pfarrverweser in Plattenhardt; 14. August: Verlobung mit Luise Rau; im Dezember: Vikar in Owen.

1830 Fertigstellung des *Maler Nolten*.

1831 Karl Mörike wird wegen Betrugs zu einem Jahr Festungshaft verurteilt, Eduard Mörike vom Dienst beurlaubt; ab Ende Juli: Pfarrverweser in Eltingen.

1832 ab 21. Januar: Pfarrverweser in Ochsenwang; im August erscheint der *Maler Nolten* bei Schweizerbart in Stuttgart.

1833 November: Lösung der Verlobung durch Luise Rau, Diakonatsverweser in Weilheim.

1834 März: Pfarrverweser in Owen; April/Mai: Pfarrverweser in Ötlingen; 3. Juli: Antritt der Pfarrstelle in Cleversulzbach, die Mutter und Schwester Klara führen den Haushalt; »Miß Jenny Harrower« erscheint in *Urania, Taschenbuch auf das Jahr 1834*.

1836 Veröffentlichung der Novelle »Der Schatz« im *Jahrbuch Schwäbischer Dichter und Novellisten.*

1837 Beginn der Freundschaft mit Hermann Kurz; in Kerners Haus in Weinsberg Begegnung mit Ludwig Uhland und Karl Mayer; August/September: Kuraufenthalt in Mergentheim, Intensivierung der Beziehung zum »Urfreund« Wilhelm Hartlaub, Pfarrer in Wermutshausen; Entstehung der *Sommersprossen von Liebmund Maria Wispel.*

1838 August: die erste Ausgabe der *Gedichte* erscheint bei Cotta in Stuttgart.

1839 *Iris. Eine Sammlung erzählender und dramatischer Dichtungen* erscheint bei Schweizerbart, enthält: »Der Schatz«, »Die Regenbrüder«, »Der letzte König von Orplid«, »Lucie Gelmeroth«, »Der Bauer und sein Sohn«.

1840 September: Reise mit dem Bruder Ludwig (Louis) an den Bodensee und in den Thurgau; im Dezember erscheint die *Classische Blumenlese* bei Schweizerbart.

1841 26. April: Tod der Mutter Charlotte, Beisetzung neben dem Grab von Schillers Mutter; Veröffentlichung eines Aufsatzes »Der Spuk im Pfarrhaus zu Cleversulzbach« in Kerners Zeitschrift *Magikon.*

1842 Das Stuttgarter Konsistorium verweigert die erneute Anstellung eines Vikars und fordert Mörike auf, seine Amtspflichten wieder selbst zu führen oder sich pensionieren zu lassen.

1843 Besuch bei Hölderlins Schwester in Nürtingen, Durchsicht von Hölderlin-Manuskripten; 17. Juli: auf eigenen Wunsch Pensionierung, Ruhegehalt 280 Gulden. Umzug mit Schwester Klara zu Hartlaubs nach Wermutshausen.

1844 15. April: Umzug nach Schwäbisch Hall; 1. November: nach Mergentheim; eine von Mörike vorgenommene Auswahl der Gedichte von Wilhelm Waiblinger erscheint bei Heubel in Hamburg.

1845 März: Umzug in das Mergentheimer Haus des Oberstleutnants Valentin von Speeth, Beginn der Freundschaft mit Margarethe Speeth.

1846 Veröffentlichung der *Idylle vom Bodensee* bei Schweizerbart.

1847 November: die zweite Auflage der *Gedichte* erscheint bei Cotta.

1848 August: Kur in Teinach, Besuch bei Johann Christoph Blumhardt in Möttlingen.

1851 April bis Juli: Aufenthalt in Egelshofen am Bodensee, Plan, in Konstanz ein Mädchenpensionat zu gründen. Umzug nach Stuttgart; 15. Oktober: Beginn des literarischen Unterrichts am Stuttgarter Katharinenstift; 25. November: Heirat mit Margarethe Speeth in Mergentheim.

1852 5. August: Verleihung der Ehrendoktorwürde durch die Tübinger Universität.

1853 Mai: Veröffentlichung des *Stuttgarter Hutzelmännleins* bei Schweizerbart.

1855 12. April: Geburt der Tochter Fanny; Juli/August: Veröffentlichung der Novelle *Mozart auf der Reise nach Prag* in Cottas *Morgenblatt für gebildete Stände,* danach als Buch, Freundschaft mit Emanuel Geibel, Besuch von Theodor Storm.

1856 September: Verleihung des Professorentitels durch König Wilhelm I. von Württemberg, Veröffentlichung der dritten

Auflage der *Gedichte* bei Cotta und der *Vier Erzählungen* (»Der Schatz«, »Lucie Gelmeroth«, »Der Bauer und sein Sohn« und »Die Hand der Jezerte«) bei Schweizerbart.

1857 28. Januar: Geburt der Tochter Marie, Besuch von Friedrich Hebbel; Juli: mit Ehefrau Margarethe Reise über den Bodensee in den Bregenzer Wald.

1859 Juli: Besuch bei Hartlaubs in Wimsheim.

1862 Juli: Reise mit Johannes Mährlen in den Schwarzwald, Kuraufenthalt in Rötenbach bei Nagold; Auszeichnung: Ehrengabe der Deutschen Schiller-Stiftung; Dezember: Ernennung zum Ritter des bayerischen Maximilians-Ordens.

1863 September/Oktober: Aufenthalt mit Schwester Klara und Tochter Marie in Bebenhausen.

1864 Verleihung des Ritterkreuzes des württembergischen Friedrichsordens; Beginn der Freundschaft mit Moritz von Schwind, Veröffentlichung von *Anakreon und die sogenannten Anakreontischen Lieder* bei Krais und Hoffmann in Stuttgart.

1866 Beendigung der Lehrtätigkeit am Katharinenstift.

1867 Juni: Umzug mit der Ehefrau nach Lorch, Klara und die Töchter bleiben in Stuttgart, vierte Auflage der *Gedichte* bei Göschen in Stuttgart.

1869 November: Rückkehr nach Stuttgart.

1870 Anfang Februar: Umzug nach Nürtingen.

1871 Juni: Rückkehr nach Stuttgart; häusliche Zerwürfnisse werden Dauerzustand.

1872 Prachtausgabe des *Stuttgarter Hutzelmännleins* mit Zeichnungen von Schwind, fünfte Auflage der *Gedichte* bei Göschen.

1873 Juli: Trennung von der Ehefrau, Reise zu Hartlaub auf die Stöckenburg, dann nach Lorch; September: Umzug mit Klara und Tochter Marie nach Fellbach; im November: Rückkehr nach Stuttgart.

1874 Juni/Juli: Aufenthalt in Bebenhausen, Besuch von Marie und Isolde Kurz; im Herbst: letzter Besuch bei Hartlaub auf der Stöckenburg.

1875 21. Mai: Wiedersehen und Versöhnung mit Margarethe; 4. Juni: Tod, Beisetzung auf dem Stuttgarter Pragfriedhof am 6. Juni.

Bildnachweis

Cartomedia/Silberburg-Verlag: Seite 14, 52, 205, 239.
Deutsches Literaturarchiv, Marbach am Neckar: Vorderes Vorsatzblatt, Seite 2, 16, 17, 19, 23, 25, 32, 43, 51, 58, 59, 68, 77, 78, 82, 85, 88, 89, 93, 97, 105, 110, 111, 114, 117, 120, 129, 130, 143, 148, 151, 152, 154, 155, 161–163, 166–169, 175, 177, 181, 183–185, 188–190, 192–196, 198, 213, 214, 216, 224, 225, 232, 240–243, 245, 246, 248–250, 253, 254, 257, 259, 260, 262, 263, 266, 267, 269, 273, 275, 277, 285–287, 288, 289, 291, 292, 295, 297, 298, 306, 307.
Frankfurter Goethe-Museum: Seite 61.
Hundert2prozentig Birgit Hermann und Simone Kienle/Silberburg-Verlag: Übersichtskarte auf dem hinteren Vorsatzblatt.
Peter Neumann: Seite 301, 303.
Privatsammlung: Seite 35, 36, 38, 41, 45, 48, 50, 55, 62, 65, 71, 76, 80, 84, 87, 91, 95, 96, 99, 101, 104, 107, 227, 229, 231, 271, 280, 281, 283.
Silberburg-Verlag, Archiv: Seite 159, 294.
Stadtarchiv Filderstadt: Seite 113.
Stadtarchiv Leonberg: Seite 138, 141, 144.
Stadtarchiv Ludwigsburg: Seite 20.
Stadtarchiv Stuttgart: Seite 234, Mörike-Porträt auf dem hinteren Vorsatzblatt.
Stadtmuseum Tübingen: Seite 300, 305.
Städtisches Museum Ludwigsburg: Seite 12, 13, 15, 21, 22.
Württembergische Landesbibliothek Stuttgart: Seite 92, 112, 137, 170.

Benutzte und weiterführende Literatur

(Auswahl)

Eduard Mörike, *Werke und Briefe*. Herausgegeben von Hubert Arbogast, Hans-Henrik Krummacher, Herbert Meyer, Bernhard Zeller. Klett-Cotta, Stuttgart 1967 ff.

Eduard Mörike, *Sämtliche Werke in zwei Bänden*. Herausgegeben von Helmut Koopmann. Artemis & Winkler, Düsseldorf/Zürich 1996 (3. Aufl.).

Mörikes Werke. 3 Bände. Herausgegeben von Harry Maync. Bibliographisches Institut Leipzig/Wien 1909.

Eduard Mörikes Haushaltungs-Buch. Wermutshausen, Hall, Mergentheim 16. Oktober 1843 bis 27. April 1847. Faksimile der Handschrift, erläutert von Hans-Ulrich Simon. Vorwort von Hermann Bausinger. Verein Deutschordensmuseum, Bad Mergentheim 1994.

Irene Ferchl, *Stuttgart. Literarische Wegmarken in der Bücherstadt*. Klett-Cotta, Stuttgart 2000.

Andrea Fix, *Menschen aus Ludwigsburg. Justinus Kerner, Eduard Mörike, Friedrich Theodor Vischer, David Friedrich Strauß*. Katalog zur Ausstellung im Städtischen Museum Ludwigsburg 1994.

Werner Frasch, *Wie heimlicher Weise ... Eduard Mörike in Owen, Ochsenwang und Weilheim an der Teck*. Bräuer Verlag, Weilheim an der Teck 2003.

Carlheinz Gräter, *Mörike in Franken*. Fränkisch-Schwäbischer Heimatverlag, Donauwörth 1974.

Hans Egon Holthusen, *Eduard Mörike in Selbstzeugnissen und Bilddokumenten*. Rowohlt Verlag, Reinbek 2000 (11. Auflage).

Georg Holzwarth, *Heimwohl und Heimweh. Auf den Spuren der Dichter zwischen Schwarzwald und Oberem Neckar.* Donzelli-Kluckert Verlag, Bremgarten 1997.

Helmut Hornbogen, *Tübinger Dichter-Häuser.* Verlag Schwäbisches Tagblatt, Tübingen 1999 (3. Auflage)

Dieter Ising, *Johann Christoph Blumhardt. Leben und Werk.* Verlag Vandenhoeck und Ruprecht, Göttingen 2002.

Ulrich Keicher, *Eduard Mörike in Eltingen – »Ein Verbannter in Siberien«.* In: *»Schlummert sanft, ihr modernde Gebeine«.* Leonberger Literaturgeschichte vom Mittelalter bis heute. Stadt Leonberg 1994.

Alfred Kelletat, *Mörike in Bebenhausen.* In: *Tübinger Blätter 41* (1954), Seite 35–37.

Ehrenfried Kluckert, *Eduard Mörike. Sein Leben und Werk.* DuMont Verlag, Köln 2004.

Manfred Koschlig, *Mörike in seiner Welt.* Verlag Solitude, Stuttgart 1954.

Christa Linsenmaier-Wolf, *»zu dreien in Ruhe und Frieden geborgen«. Eduard Mörike in Fellbach.* Deutsche Schillergesellschaft, Marbach am Neckar 1997 (Spuren 37).

Mathias Mayer, *Eduard Mörike.* Literaturstudium. Reclam Verlag, Stuttgart 1998.

Mathias Mayer (Hrsg.), *Gedichte von Eduard Mörike.* Interpretationen. Reclam Verlag, Stuttgart 1999.

Mathias Mayer, *Mörike und Peregrina.* Geheimnis einer Liebe. C. H. Beck, München 2004.

Hartmut Müller, *Literaturreisen: Mörike in Schwaben.* Klett, Stuttgart/Dresden 1991.

Adolf Schahl, *Lauter Kleinigkeiten zwar ... Auf den Spuren von Eduard Mörike.* Verlag Adolf Bonz & Co., Stuttgart 1962.

Thomas Scheuffelen, Eva Dambacher, Hildegard Diecke, *»... in Dichters Lande ...«. Literarische Museen und Gedenkstätten in Baden-Württemberg.* Eine Ausstellung im Schiller-Nationalmuseum Marbach am Neckar 1981. Deutsche Schillergesellschaft, Marbach am Neckar 1981.

Thomas Scheuffelen, *Mörike in Ochsenwang.* Marbacher Magazin 27/1983. Deutsche Schillergesellschaft, Marbach a. N. 1983.

Friedrich Schick, *Zu Cleversulzbach im Unterland ... Mörike und Cleversulzbach.* Heilbronn 1925.

Heinz Schlaffer, *Eduard Mörike und Wilhelm Waiblinger. Eine poetische Jugend* (Korrespondenzen 6). Verlag Hatje-Cantz, Stuttgart 1994.

Wilfried Setzler, *»Orplid, mein Land, das ferne leuchtet!« Eduard Mörike in Tübingen,* In: *Tübinger Blätter* 90 (2003/04) Seite 4–14.

Hans-Ulrich Simon, *Mörike-Chronik.* Verlag J. B. Metzler, Stuttgart 1981.

Hans-Ulrich Simon, *Mörike-Häuser. Wohnen in Stuttgart zwischen 1851 und 1875.* Klett-Cotta, Stuttgart 1996.

Inge und Reiner Wild unter Mitarbeit von Ulrich Kittstein (Hrsg.), *Mörike-Handbuch. Leben – Werk – Wirkung.* Verlag J. B. Metzler, Stuttgart 2004.

Bernhard Zeller, Walter Scheffler, Hans-Ulrich Simon, *Eduard Mörike 1804 – 1875 – 1975.* Gedenkausstellung zum 100. Todestag im Schiller-Nationalmuseum. Texte und Dokumente. Deutsche Schillergesellschaft, Marbach am Neckar 1990.

Ortsregister

Personenregister

Lebensstationen
Eduard Mörikes